Über dieses Buch Die Frage, ob es weibliches und männliches Denken gebe, ob nicht gar der menschliche Geist mit seinen zerstörerischen Potenzen männlichen Ursprungs sei, rückt seit Beginn der modernen Frauenbewegung immer wieder ins Licht öffentlichen Interesses und wird zum Gegenstand erbitterter Diskussionen. Christoph Türckes Studie ist der Versuch, über die sattsam bekannten, allzu einfachen Antworten hinauszugelangen und ein Stück weit in die komplizierte wechselseitige Bedingtheit von Geschlecht und Denken einzudringen.

Am Beispiel wichtiger kulturgeschichtlicher Knotenpunkte vermag er zu zeigen, daß selbst die abstrakteste philosophische Begrifflichkeit den jeweiligen Stand des Geschlechterkampfes zum Ausdruck bringt, daß aber zugleich das Denken eine Eigendynamik gewinnt, die bis ins alltägliche Leben der Geschlechter einwirkt. Die Entstehung von Matriarchat und Patriarchat, der Übergang vom mythischen zum begrifflichen Denken, die Ideenlehre Platons, der christliche Gedanke der Trinität, die Inquisition und die Herrschaft des Kapitals werden kenntlich als Denk-Stufen, die zugleich Etappen eines Machtkampfes sind.

Dieser Kampf ist inzwischen in eine paradoxe Situation eingemündet, in der die Forderung nach bloß formaler Gleichstellung *beide* Geschlechter um eine wirkliche Emanzipation bringt. Daß die Frauenbewegung dieses Paradox noch immer weithin verkennt, zeigt Türcke im abschließenden Kapitel.

Der Autor Christoph Türcke, geb. 1948, lehrt Philosophie in Kassel und in Porto Alegre/Brasilien. Buchveröffentlichungen u. a.: *Die neue Geschäftigkeit* (1989), *Gewalt und Tabu* (1987), *Vermittlung als Gott* (1986). Als Fischer Taschenbuch erschien *Der tolle Mensch. Nietzsche und der Wahnsinn der Vernunft* (Bd. 6589).

Christoph Türcke

Sexus und Geist

Philosophie im Geschlechterkampf

Fischer Taschenbuch Verlag

Originalausgabe
Veröffentlicht im Fischer Taschenbuch Verlag GmbH,
Frankfurt am Main, Juni 1991

Umschlaggestaltung: Buchholz / Hinsch / Hensinger
Umschlagabbildung: Pastell von Gabriele Koerbl
zu Heinrich von Kleists ›Penthesilea‹
mit freundlicher Genehmigung
des Buchverlags Der Morgen, Berlin
Gesamtherstellung: Clausen & Bosse, Leck
Printed in Germany
ISBN 3-596-27416-8

Inhalt

Vorwort

Das Vernunftvermögen, welches die Menschen von den Tieren unterscheidet, kommt zweifellos sowohl Männern als auch Frauen zu. Ob beiden auch in gleicher Weise, ist damit freilich noch nicht entschieden. »Grad und Art der Geschlechtlichkeit eines Menschen reicht bis in den letzten Gipfel seines Geistes hinauf«, sagt Nietzsche[1] und scheint uns vor eine heikle Alternative zu stellen. Entweder besagtes Vernunftvermögen ist Exponent des Geschlechts; dann sind Gedanken stets nur männlich oder weiblich, aber nie allgemeingültig. Oder es ist die geschlechtsübergreifende Kraft, Allgemeingültiges auszudrücken; dann ist das Geschlecht einer Person belanglos dafür, was und wie sie denkt. Oder gibt es ein Drittes?

Daß menschlicher Geist beides zugleich sein könnte, nämlich sowohl geprägt durchs Geschlecht als auch unabhängig davon, scheint logisch unmöglich. Und doch verhält es sich so. Darum geht es in diesem Buch. Es will zeigen, wie sehr Geschlecht und Geist ineinandergehen – und wie wenig sie dabei ineinander aufgehen. Es richtet sich gegen die Obsession, Geist sei von Haus aus männlich und gewalttätig, gegen die fixe Idee, das, was die moderne Gesellschaft so kalt und zerstörerisch mache, sei ein Übermaß an Männlichkeit und Rationalität – und ist gleichwohl darauf bedacht, die Wirkungen und Nachwirkungen des Patriarchats bis in tiefste Seelen- und Geistesgründe um keinen Deut zu unterschätzen. Dazu muß weit ausgeholt werden. Von Sexus und Geist zu handeln, ohne aufs archaische Matriarchat einzugehen, bedeutet Entfaltung des Themas ohne seine historische Grundlage. Von Sexus und Geist zu handeln, ohne auf die moderne Frauenbewegung zu kommen, bedeutet Entfaltung des Themas ohne seine Aktualität. Fundierte Aktualität verlangt, Ältestes und Jüngstes zueinander in Beziehung zu

1 F. Nietzsche, *Jenseits von Gut und Böse*, *Werke in 6 Bänden*, hg. v. K. Schlechta, Bd. IV, München 1980, S. 626

setzen. Das kann man nicht, indem man die gewaltige Zeitspanne zwischen beiden überspringt. Aber ebensowenig kann man das Geschlechterverhältnis von Stein- bis Neuzeit abhandeln und damit auch noch zu Lebzeiten fertigwerden wollen. Daraus erhellt die Verfahrensweise. Statt einer neuerlichen, materialüberquellenden Vorgeschichte und Geschichte des Patriarchats wird ein Begriff davon gegeben, wie sich an bestimmten epochalen Knotenpunkten Sexus und Geist besonders delikat und folgenreich verschlungen haben. Bei der Auswahl dieser Punkte ist eine gewisse Zufälligkeit unvermeidlich. Vielfach wären andere und mehr Beispiele möglich gewesen, alles Dargelegte hätte durch weitere Belege wenn nicht vertieft, so doch verbreitert werden können. Das Weglassen eröffnet freilich auch eine Chance. Indem zwischen weit voneinander entfernten Epochen und Problemkonstellationen der rote Faden straff gespannt wird, tun sich Zusammenhänge auf, die sich auf der Heerstraße der Philosophiegeschichte und beim Abarbeiten von Sekundärliteraturbergen schwerlich entdecken lassen.

›Philosophie im Geschlechterkampf‹ bedeutet zweierlei. Im Geschlechterkampf steckten gravierende, weichenstellende philosophische Implikationen längst ehe es eine geistige Disziplin namens Philosophie gab; und dort, wo diese Disziplin aufkommt, steckt sie ihrerseits tief im Geschlechterkampf – eine Befangenheit, die sie nicht loswird, indem sie darüber schweigt. Dies wechselseitige Ineinanderstecken begreiflich machen heißt den Blick dafür schärfen, wieviel Unphilosophisches in der Philosophie zu Kopfe gestiegen ist, wieviel unerkannt Philosophisches bis in die Niederungen des Alltags hinabreicht und wie beides dazu beiträgt, daß der Zustand der selbstverschuldeten Unmündigkeit, aus dem Aufklärung einmal heraushelfen wollte, fortdauert.

1. Matriarchat – Patriarchat

Zu Freuds großen Einsichten gehört, daß die sogenannten sexuellen Abirrungen, über die sich der honorige Bürger entrüstet, bloß um eine Nuance vom für normal gehaltenen Sexualleben abweichen und allesamt darin angelegt sind.[1] Daß das kindliche Gefühlsleben keineswegs eine sexualfreie Unschuldssphäre darstellt, daß die Lust, die mit dem Saugen an der Mutterbrust, mit dem Ausscheiden von Harn und Kot sowie mit dem Berühren der eigenen Geschlechtsorgane verbunden ist, sehr deutlich und doch in einem sehr unbestimmten Sinne sexuell ist, weil orale, anale und genitale Regungen darin noch weitgehend ungeschieden sind, daß aber gerade diese Unbestimmtheit die »polymorph perverse Anlage«[2] des Kleinkinds ausmacht, d. h. die Formbarkeit seiner Sexualität in ganz verschiedenen erlaubten und unerlaubten Richtungen – dies alles hat man dem, der es entdeckte, besonders verübelt. Mit der natürlichen kindlichen Unschuld war nämlich auch die natürliche Sexualität des Erwachsenen, die gleichsam von sich aus zu bürgerlicher Ehe und Familie führt, als frommer Wunsch enttarnt und bewiesen: Der menschliche Geschlechtstrieb ist von Natur aus nicht eindeutig fixiert. Die besondere Ausprägung, die er jeweils bekommt, hängt von den Lebensumständen und Erfahrungen der heranwachsenden Individuen ab und ist selbst bereits eine kulturelle Leistung.

Dieser Befund gestattet einen Schluß, den Freud selbst nicht gezogen hat: Wenn die verfestigten kulturellen Bahnen, in die der Geschlechtstrieb seit Jahrhunderten durch einen harten Erziehungsprozeß systematisch gedrängt wird, bis heute nicht haben verhindern können, daß er immer wieder von ihnen abweicht, wie ungeformt, wie diffus muß er da erst gewesen sein, als diese Bahnen noch gänzlich fehlten. Einer dif-

1 S. Freud, *Drei Abhandlungen zur Sexualtheorie*, *Studienausgabe* Bd. V, Frankfurt am Main 1972, S. 37ff.
2 S. Freud, a. a. O., S. 97

fusen Triebnatur entspricht ein sexuell ungeregeltes Zusammenleben, und als ein solches müssen wir uns folglich den Naturzustand denken, aus dem die menschliche Spezies sich durch Triebverzicht erhoben hat.[3]

Triebe pflegen sich nicht selbst einzuschränken. Wo Triebverzicht herrscht, da ist bereits etwas am Werk, was die Menschen befähigt, Natur auf spezifische Weise zu bearbeiten: die äußere Natur in der Herstellung von Lebensmitteln, die innere durch Aufrichtung von Tabus. Dies Etwas ist der Geist. Er ist der Natur entsprungen, und zwar im Doppelsinn des Wortes: aus ihr entstanden und ihr gleichsam entwischt, Naturprodukt und doch etwas qualitativ anderes als Natur: aus ihr nicht logisch herleitbar. Das ist ein Ärgernis bis heute. Als man in grauer Altsteinzeit anfing, aus Steinen Faustkeile, aus Baumstämmen Keulen zu machen, also Naturstoffen eine Form aufzuprägen, die nicht ihre eigene ist und sie in Werkzeuge verwandelt, da war unzweifelhaft bereits menschlicher Geist tätig. Daß er nicht aus Überfluß und Überdruß in Gang kam, sondern aus Schrecken und Lebensnot, ist gewiß – aber nichts, was ihn erklären könnte. Schrecken und Not kennt die ganze Tierwelt, ohne zu Geist je gelangt zu sein. Desgleichen: Wo das Sexualleben beschränkt, gehemmt, in einen Zustand versetzt wird, den es von Natur aus nicht hat, da ist es der Geist, der diese Verwandlung vornimmt. Nicht freiwillig, versteht sich. Gewisse zur Werkzeugproduktion fähige Lebewesen müssen irgendwann einmal vor der Wahl gestanden haben, sich entweder sexuelle Beschränkungen aufzuerlegen oder etwas Schlimmeres zu erleiden. Was das Schlimmere war, in welcher Weise es drohte, darüber gibt es bloß Vermutungen. Aber daß sie in der Lage waren, hier abzuwägen und sich gegen den eigenen Sexualtrieb zu stemmen, läßt sich weder aus ihrer Triebnatur noch aus irgendeiner Notlage erklären. Ein zureichender Grund für die ersten

3 Schon Bachofen wurde dies Eingeständnis sauer; gern hätte er der Menschheit »die schmerzliche Erinnerung einer so unwürdigen Kindheit« »ganz ungeregelter Geschlechtsverhältnisse« erspart (J. J. Bachofen, *Das Mutterrecht*, Auswahl, hg. v. H. J. Heinrichs, Frankfurt am Main 1980, S. 29). Natürlich waren sie inzestuös und auch sonst nach späteren Kriterien in vieler Hinsicht pervers – und doch längst nicht so wild, wie der Zivilisierte sie sich vorstellen mag. Regellos heißt nämlich nicht orgiastisch. Orgien setzen stets das Bewußtsein voraus, daß sie eigentlich verboten sind. Sie werden als Exzeß, als Ausnahmezustand gefeiert, aus dem das Kollektiv alsbald ins gewöhnliche Leben zurücksinkt.

Tabus wird sich daher nie finden.[4] Wo sie aber in Kraft sind und den Geschlechtsverkehr mit bestimmten Personen, sei es der nächst älteren oder jüngeren Generation, sei es mit Brüdern und Schwestern, strikt verbieten, da ist man zu der Erkenntnis gezwungen, wie man mit wem verwandt ist, und dafür gibt es nur *einen* eindeutigen Orientierungspunkt: die Mütter; denn wer wessen Vater ist, ist zunächst einmal höchst unsicher, der Zusammenhang von Zeugung und Geburt anfangs unbekannt. Als aus Naturhorden mit regellosem Geschlechtsverkehr sich menschliche Sippen mit geregelten Abstammungsverhältnissen bildeten, war es also unzweifelhaft das weibliche Geschlecht, das deren Zusammenhalt bewirkte, wie sich auch an der natürlichen Zuständigkeit der Frauen für die Ernährung der Kinder zunächst die Arbeitsteilung ausrichtete.[5]

Wer aber den Zusammenhalt der Sippe stiftet, der ist geradezu prädestiniert, auch den Sinn des Lebens zu stiften, sobald man beginnt, auf einen solchen zu reflektieren. Ist nicht die Mutter als die Gebärende der fruchtbaren Erde gleich und die Erde die Urmutter allen Lebens? Den größten Teil der Altsteinzeit, also Hunderttausende von Jahren, hat der menschliche Geist wahrscheinlich gebraucht, um sich von seinem ersten schwachen Schimmer bis zu solch einer Überlegung emporzuarbeiten. Wann sie zuerst angestellt wurde, wissen wir nicht. Wir kennen nur ihren materiellen Niederschlag in sogenannten »Venusstatuetten«, bestehend aus »Stein, Elfenbein, Knochen, Geweih, Ton oder Rötel«, »die man in so vielen jungpaläolithischen Siedlungen vorfindet«[6], deren älteste Exemplare also durchaus im 10. vorchristlichen Jahrtausend oder früher gefertigt sein mögen. Sie sind die ältesten erhaltenen Skulpturen.

4 Was Freud als Grund angibt, ist zum einen ein Mythos, zum andern vom Begründeten nicht unterschieden. Die Gefühlsambivalenz, die er im Tabu ausgedrückt sieht, soll Resultat des Urvatermords sein, ist aber auch das, was zu ihm führt; das Hergeleitete entpuppt sich als das schon Vorausgesetzte. (S. Freud, *Totem und Tabu*, *Studienausgabe* Bd. IX, Frankfurt am Main 1974, S. 424ff.) Zudem setzt Freuds Mythos einen Urzustand mit festen, patriarchalen Geschlechtsverhältnissen voraus und verstellt damit den Ausblick, den die polymorph perverse Anlage des Individuums auf die Anfänge der Gattung eröffnet. Freuds Hypothese über den Ursprung der Kultur trübt die Einsichten seiner eigenen Sexualtheorie.

5 Vgl. J. J. Bachofen, a. a. O., S. 1ff.

6 E. Borneman, *Das Patriarchat*, Frankfurt am Main 1975, S. 52

Wie sehen sie aus? »Nicht der geringste Versuch der Individualisierung wird unternommen. Dagegen werden nicht nur die spezifisch weiblichen Eigenschaften betont, sondern alles, was nicht mit der Paarung, dem Gebären und dem Nähren zu tun hat, wird fortgelassen oder verkleinert: Brüste, Schenkel, Hüften, Becken, Vulva werden hervorgehoben; Kopf, Arme, Füße werden vernachlässigt. Im Körperausdruck wird das Mütterliche, das Gebären und Nähren ebenfalls herausgearbeitet. Manche Figuren werden völlig auf Brüste oder Vulva reduziert, sind also nichts als Darstellung primärer oder sekundärer Geschlechtsmerkmale der Frau.«[7] Aufgestellt waren solche Statuetten »anfangs in den Zelten und Hütten, später in den Wandnischen der Wohnbauten und schließlich im Zentrum von Kultstätten«.[8] Und daraus geht hervor, daß sie einer beträchtlich entwickelten Kulturstufe angehören, auf der man bereits gelernt hatte, Ton, Stein, Holz, Geweih, Knochen auf differenzierte Weise zu bearbeiten und Wohnbauten zu errichten: »zeltförmige Überdachungen aus Häuten und Fellen über Holzgerüsten, Verschläge und Wände in natürlichen Höhlen, Reisighütten mit eingetieften Erdarbeiten.«[9]

In diesem Kontext verraten die so ausdruckskarg anmutenden, vornehmlich auf Geschlechtsmerkmale konzentrierten Frauenstatuetten allerlei über den Stand des menschlichen Bewußtseins. Längst hat es bei Jagen, Sammeln, Fischfang einige Bekanntschaft mit den Kräften der Natur gemacht und gelernt, ihnen gezielten Widerstand entgegenzusetzen: Werkzeuge herzustellen, durch sie Naturkraft gegen Naturkraft zu kehren und so die Natur gleichsam mit ihren eigenen Mitteln zu überlisten. Wo es derart differenziert auf Natureigenschaften einzugehen weiß, ist es auch längst darüber hinaus, die Natur als Wirkungsstätte jenes ungeschiedenen, unfaßbaren, unheimlichen Etwas anzusehen, das die Melanesier »Mana« nennen[10], das überall und nirgends ist, das unversehens in jedem Stein, Fluß, Baum, Tier oder Menschen sitzt, sobald er sich in ungewöhnlichem oder bedrohlichem Zustand zeigt, und sich ebenso unversehens daraus wieder zurückzieht; das allem anhaftet, was menschliche Aufmerksamkeit in seinen Bann schlägt,

7 E. Borneman, a. a. O., S. 52
8 A. a. O., S. 53
9 A. a. O., S. 50
10 G. Mensching, *Die Religion*, München o. J., S. 122

Schrecken oder unheilvolle Begierde erregt, erschüttert, lähmt oder die Sinne raubt und daher entweder strikt zu meiden oder unschädlich zu machen ist. Mana ist ein spätes Wort für den Alp, den der menschliche Geist sich mit seinem Heraustreten aus der Natur aufgeladen hat: von einer Wirklichkeit umlauert zu sein, die als das schlechterdings Fremde, Furchtbare jäh und tödlich über ihn hereinbrechen kann. Wo ein Wort für diesen Alp, da ist schon Linderung, Beschwichtigung, Abgrenzung. Im Begriff Mana steckt denn auch eine erste Unterscheidung zwischen der erscheinenden Natur und einem Höheren, das in ihr wirkt. Doch diese numinose Macht, die diffuse Urform des Heiligen[11], hat auf dem geistigen Stand von Venusstatuetten längst deutlichere Konturen bekommen. Das menschliche Bewußtsein ist auf die Differenz von beseelter und unbeseelter Materie gestoßen, hat die Lebendigkeit als das Wirkende in der Natur, als ihre schöpferische Potenz zu erahnen begonnen und gemerkt, daß ihm das Lebendige verwandter ist als das Leblose. Dieses verharrt gleichgültig in sich, jenes bezieht sich auf anderes, agiert und reagiert, verhält sich vergleichsweise verständig. Doch auch über diese Stufe des Animismus, der das Beseeltsein der Natur als ihr Wesen erachtet und es in bestimmten Pflanzen und Tieren in besonderer, verehrungswürdiger Weise anzutreffen meint, ist das Bewußtsein hinaus, welches sich in Venusstatuetten vergegenständlicht. »Venus« ist freilich eine anachronistische Bezeichnung, höchst fraglich, ob mit diesen Figuren schon bestimmte Göttinnen gemeint sind. Zweifellos aber sollen sie etwas zu Verehrendes, Heiliges darstellen und geben dem Glauben Ausdruck, daß das Heilige anthropomorph, der Inbegriff des Anthropomorphen aber das Weibliche sei.

Darin stecken gleich mehrere Denkschritte. Wie zuvor das Wirken der Naturkräfte auf die Lebendigkeit, so wird diese nun auf das Menschenartige in ihr zurückgeführt. Der Animismus spezifiziert sich. Wo die Lebendigkeit von Pflanzen und Tieren als ihre Menschenähnlichkeit erscheint, wird von Leben überhaupt ein spezifisch Menschliches gesondert und zugleich zum Inbegriff und Bezugspunkt allen anderen Lebens erhoben. Der Mensch wird erstmals zum Maß aller Dinge – freilich noch nicht in der reflektierten Form griechischer Sophistik, sondern ganz elementar: Er weiß nicht anders Zusammenhang

11 R. Otto, *Das Heilige*, München 1963, S. 5ff.

und Sinn in die Vielfalt der erscheinenden Natur zu bringen, als daß er gleichsam sich selber in sie hineinlegt und sie so anthropomorph auslegt. Wo aber zeigt sich die menschliche Lebendigkeit intensiver als im Hervorbringen von Leben, also im Gebären? Folglich ist die Frau, an der sich die Spezifizierung der Verwandtschaftsverhältnisse und der Sippenzusammenhalt naturgemäß ausrichtet, auch der wahre Repräsentant jenes Menschengestaltigen, das aller Wirklichkeit ihren Zusammenhalt gibt. Und erst die Kombination dieser beiden Gedanken läßt dem weiblichen Geschlecht die Verehrung zukommen, die sich in Venusstatuetten ausdrückt. Erst wenn das menschliche Gebären mehr bedeutet als es selbst, wenn es jenen kreativen Vorgang darzustellen scheint, dem sich Dasein überhaupt verdankt, kann ihm jene Heiligkeit zuwachsen, die die weiblichen Geschlechtseigenschaften zum Mittelpunkt eines Kults werden läßt.

Ein solcher Kult muß auch schon die frühsten Venusstatuetten umgeben haben; undenkbar, daß sie um reiner Kontemplation willen aufgestellt waren wie im Salon des bürgerlichen Kunstfreunds. Als Objekte eines Kults aber, auch wenn wir nicht wissen, wie er sich anfangs abspielte, besagen sie zumindest dies: das Weibliche ist es selbst und mehr als es selbst, nämlich Lebensprinzip. Prinzip bedeutet hier freilich noch nichts von der Sinnenwelt Abgezogenes. Anschaulich muß es sein, zeigen, inwiefern es allem, was ist, zugrunde liegt. Der buchstäblich mit Händen zu greifende Grund aber von allem, was kreucht und fleugt, heißt Erde. Aus ihr wachsen die Pflanzen, auf ihr bewegen sich die Tiere. So lädt ihre Beschaffenheit nachgerade dazu ein, Weib und Erde zusammenzudenken. In allen uns überlieferten Formen eines weiblich-mütterlichen Kults ist dieser Schritt denn auch getan, die Erde als Urweib und Urmutter geheiligt, die Frau als Repräsentantin der Erde geehrt.

Indem die Erde als Nährboden des Stoffwechsels ins Bewußtsein tritt, nährt sie auf besondere Weise auch den Geist. An ihr nämlich bildet sich ein erster, noch vager, aber folgenreicher Begriff des Grundes, der imstande ist, verschiedene Bewußtseinsinhalte zu vereinigen. Daß es so etwas wie Ursache und Wirkung gebe, muß schon denen gedämmert haben, die die ersten Werkzeuge herstellten; und wo man differenzierte Materialbearbeitung, Techniken der Jagd und des Fischfangs gelernt hat, gehört Kausalität zu den Selbstverständlichkeiten des Alltags – allerdings in einem sehr eingeschränkten Sinne: Einigermaßen klare Konturen gewinnt sie nur so weit wie die menschliche Naturbeherrschung reicht, wie planmäßig mit bestimmten Mitteln bestimmte Wirkungen erzielt werden. Und auch das ist noch vermischt mit Zauberei, die die Naturkräfte beschwört statt zähmt, mit Zaubermitteln vermeintliche Wirkung ausübt statt reale. In dies Knäuel von gewußtem und vermutetem Kausalzusammenhang bringt die Vorstellung von der Urmutter Erde einige Kontur: zunächst einmal die Ahnung, daß Ursache und Wirkung nicht dort aufhören, wo die menschliche Wahrnehmung endet, sondern auf eine Ur-Ursache verweisen, von der sie abstammen. Und darin ist schon ein zweites enthalten: die Kombination von Kausalität und Abstammung, die das Dickicht von Toten- und Ahnenkult erheblich lichtet. Uralt ist der Glaube, daß die Toten nicht umstandslos tot sind. Ihr Leib ist noch da, sie dringen noch in die Träume der Lebenden ein; kurzum, sie sind nicht zu Nichts geworden, sondern in eine höhere, numinose Existenz verwandelt, und man muß dafür sorgen, daß sie sich nicht an den Lebenden rächen für das, was ihnen angetan wurde. Die hierzu angewandte Zauberei wächst sich in dem Maße zu regelrechtem Kult aus, wie aus der höheren Existenzweise der Toten mehr wird als ein vorübergehender Spuk, wie sie sich mit dem Gedanken der Dauer verbindet und die Verstorbenen als diejenigen erscheinen läßt, deren Lebensweise sich in den Hinterbliebenen kontinuiert. Weil fortlebt, was die Toten taten, leben die Toten fort. So werden sie zu Ahnen, den ersten Hütern einer Tradition, den ersten Exponenten eines kollektiven Gedächtnisses. Daß der Tod die menschliche Gestalt zerstört, ferner das Numinose, das Heilige zunächst immer als das Fremde erlebt wird, ehe Reflexion es der menschlichen Gestalt anverwandelt – dies muß der Grund dafür sein, daß die Fortexistenz der Toten anfangs nicht anthropomorph vorgestellt wurde, sondern in der skurril undeutlichen Form von Dämonen, Gespenstern oder auch von Tieren.[12] Anders jedenfalls läßt sich das Phänomen des Totemismus, der Glaube, »von einem zumeist tiergestaltigen Urwesen

12 Vielleicht berührt Kafkas »Odradek« deswegen so eigenartig, weil in dieser Figur das Skurril-Undeutliche solcher Vorstellungsweisen tatsächlich aufbewahrt ist – als Resultat deutlichster Beschreibung. Odradek ist die leibhaftige Ungeschiedenheit von Ding, Tier, Mensch, Gespenst, ein unendlich fernes, ungreifbares Wesen – als Hausgenosse. (Vgl. F. Kafka, *Die Sorge des Hausvaters*, *Werke*, Bd. 4, Frankfurt am Main 1976, S. 129)

abzustammen«[13], schwerlich erklären. Der Totemismus ist Ahnenkult auf animistischer Stufe, der Glaube an eine Urmutter Erde seine Rationalisierung durch Vermenschlichung. Jedes Kind ist Wirkung einer mütterlichen Ursache, gehört einer mütterlichen Ahnenreihe an, die in nicht näher bestimmte Vorzeit reicht und an deren Anfang Urmutter Erde steht: unendlich fern und nah zugleich, als der unvordenkliche Ursprung des menschlichen Lebens und das allgegenwärtige Element, aus dem jede neue Generation direkt Kraft und Nahrung zieht. Darin schillert bereits, wie undeutlich auch immer, das Dialektische der Kausalität: daß sie sowohl ein Auseinander als auch ein Ineinander von Ursache und Wirkung bedeutet, sowohl ein Nacheinander als auch ein Zugleich, sowohl ein Verhältnis zwischen Einzeldingen als auch die Art und Weise, wie sich ein Allgemeines im Einzelnen manifestiert. Auch den unanschaulichen Gedanken der Dauer, der im Totenkult etwas sehr Vages hat, hilft die als Urmutter verstandene Erde zu präzisieren: Sowohl Urahn als auch Gegenwart vermag sie zu sein, weil sie sich aufs Anschaulichste als das Beharrliche im Wechsel der Generationen zeigt und nicht aufhört, Leben aus sich hervorsprießen zu lassen und wieder in sich zurückzunehmen. Ihr Tun bringt die abstrakte Dauer, die den Ahnen zukommt, zur sinnlichen Erscheinung, sie bürgt für die Kontinuität der Genealogie und hält sowohl das Nebeneinander der Einzeldinge als auch das Nacheinander der Generationenfolge zusammen. In alldem stellt sie den Makrokosmos dar, zu dem sich die Frau als Mikrokosmos verhält. Schon im ältesten Weiblichkeitskult steckt keimhaft ein philosophisches Konstrukt, das von den Pythagoräern an wie kein zweites dazu gedient hat, Mensch und Welt, Einzelnes und Allgemeines in Einklang zu bringen. Seine Methode: Die Homogenität des menschlichen Organismus als Miniatur eines organischen, harmonischen Weltganzen interpretieren und durch Analogieschluß vom anschaulichen Einzelexemplar zum unanschaulichen Begriff der Totalität gelangen. Hier freilich ist es noch nichts mit abstrakten Begriffen. Was die Homogenität des Menschen ausmacht, sein Wesen also, ist das weibliche Geschlecht, und dessen Kraft, zu gebären und nähren, ist Prototyp jener Kraft, die die Welt zusammenhält: Synthesis des Mannigfaltigen.

Die Verweiblichung der Erde bedeutet erhebliche Vergeistigung. Auf

13 G. Mensching, a. a. O., S. 131. »Ich bin ein Känguruh«, sagt z. B. ein Angehöriger des Känguruh-Clans. (ebd.)

ihre Weise spinnt sie bereits an jenem Kausalnetz, worin die Welt später begriffen und angeeignet wird. Damit nicht genug. Wo Mutter Erde als Einheitsstifterin verehrt wird, die das Nacheinander der Generationen und das Nebeneinander aller gegenwärtigen Dinge zu *einer* Realität zusammenfaßt, da liegt die Frage nahe, wie sie das eigentlich macht: Einheit stiften und für zeitliche und räumliche Ordnung sorgen. Und wo Menschen beginnen, unter dieser Fragestellung ihre Umgebung genauer zu betrachten, da gewinnt sie wie von selbst eine dreiteilige Struktur. Die Erde hat etwas Sichtbares über sich: den sie überwölbenden Himmel; und etwas Unsichtbares unter sich: die Sphäre, in die alle Vegetation und Lebewesen wieder hinab müssen. Die Welt ist dreistökkig, und um sie zusammenzuhalten, muß die Erde selbst etwas Dreifaches sein, selbst eine überirdische und eine unterirdische Dimension haben. Und noch in anderer Hinsicht waltet sie dreifach. Immer wieder läßt sie in regelmäßigen Abständen zuerst die Vegetation sprießen, dann genießbare Früchte reifen und schließlich das Hervorgebrachte verdorren und absterben. Die Dreiheit der Jahreszeiten – Herbst und Winter gelten als eine – ist ein elementares Zeitmaß, und es scheint, als habe es eine Entsprechung in der Spanne des menschlichen Lebens: Jugend, Reife und Alter.

Die Vervielfältigung der einen Erde in dreifache Gestalt – räumlich wie zeitlich – ist der Geistesblitz, der den Mutterkult zu einer alles Frühere weit überragenden Weltanschauung und Kultur hat aufgehen lassen. Die Dreifaltigkeit, nach Hegel das geistige Wesen der Religion schlechthin, »das Spekulative«[14], das sie für die Philosophie überhaupt interessant macht, findet sich bereits in einem Frühstadium der Religion, das Hegel ignorierte, dessen Bedeutung für die Formierung des Geistes er nicht gewahr wurde. Die Vorstellung einer unterirdischen Dimension der Erde hat im griechischen Hades und der christlichen Hölle überlebt und ist auch heute noch nicht ganz verblaßt. Fremd hingegen der Gedanke, auch das Überirdische könnte erdbestimmt sein. Dabei war er bestechend konsequent. Der dunkle Erdschoß, aus dem alles Lebendige hervorgeht, ist auch das Grab, in das es zurück muß. Und wie auf Erden, so im Himmel: Die Dunkelheit ist das Element, woraus das Licht hervorgeht und worin es wieder verschwindet.

14 G. W. F. Hegel, *Vorlesungen über die Philosophie der Religion* II, *Werke*, Bd. 17, Frankfurt am Main 1969, S. 229

Die Nacht gebiert und verschlingt den Tag. Dieser Analogieschluß von der Erde aufs Überirdische hat auch in den ältesten Schichten matriarchaler Mythologie, die uns aus dem Mittelmeerraum und Vorderen Orient fragmentarisch erhalten sind, schon stattgefunden. Die Nacht erscheint überall als natürliches Attribut der Erde, der Denkschritt, der beide erst hat verbinden müssen, ist unkenntlich geworden, »der Prinzipat der Nacht über den aus ihrem Mutterschoße hervorgehenden Tag« hat den Schein eines »Grundgesetzes«[15] mütterlicher Kultur gewonnen. Nur Hesiod läßt noch erahnen, daß es nicht immer so war. In seiner Schrift über die Entstehung der Götter rechnet er Gaia, die Erde, zur ältesten Götterschicht und Nyx, die Nacht, zur darauffolgenden.[16] Darin hat sich ein verstohlener Fingerzeig auf das logische Ableitungsverhältnis zwischen beiden erhalten.

Nun ist die »schwarze Nacht«, aus der »Äther und Tag entstanden«[17], ja nicht *nur* dunkel, sondern hat ihr eigenes, fahles Licht, und unter den Gestirnen, die es spenden, ist das auffälligste der Mond. Er bestimmt hauptsächlich, wie hell es nachts wird, und vor allem: Der Mondzyklus hat die gleiche Dauer wie der Menstruationszyklus. Das war eine überaus folgenreiche Entdeckung. Wenn das Hauptgestirn der Nacht sich als kosmische Entsprechung zum weiblichen Rhythmus offenbarte, dann war es prädestiniert, zum weiblichen Gestirn par excellence zu werden: zum astralen Reflex der Erde. Nur so erklärt sich Bachofens Feststellung: »Alle großen Naturmütter führen eine doppelte Existenz, als Erde und als Mond.«[18] Im Mondlicht, das seine Strahlen auf die Erde wirft, erstrahlt die Weiblichkeit der Erde. Dies wechselseitige Ineinanderscheinen – philosophisch: Reflektieren in anderes als Reflektieren in sich selbst – ist fast überall, wo Muttergottheiten unter der Patina patriarchaler Mythologie hervorschimmern, in vollem Gange: Zeichen dafür, daß der Erdkult im Übergang zum Astralkult begriffen ist.

Das bringt weitere Differenzierungen mit sich. Der Mond, Reflex

15 J. J. Bachofen, a. a. O., S. 10
16 Hesiod, *Theogonie*, 116ff.
17 Hesiod, a. a. O., 123f.
18 »So glänzen Athene, so Artemis, so Aphrodite als leuchtendes Nachtgestirn am feuchten, befruchtenden Nachthimmel. Zu dem Monde wird Helena, zu dem Monde Iphigenia erhoben.« (J. J. Bachofen, a. a. O., S. 128)

der dreifaltigen Erde, ist selber dreifaltig. Seine drei Phasen (zunehmend, voll, abnehmend) sind gleichsam seine Jugend, seine Reife, sein Altern: eine Miniatur sowohl der drei Jahreszeiten als auch der menschlichen Lebensalter. Die Vorstellung und Darstellung der Erde als Mädchen, Frau und Greisin paßt daher genausogut auf den Mond. Unter räumlichem Gesichtspunkt hingegen lassen sich Mädchen, Frau und Greisin auf Mond, Erde und Unterwelt verteilen. Die Lebensalter wiederum lassen sich durch Tiere ausdrücken – etwa die Wildheit der Jugend durch den Löwen, die Zeit der Fruchtbarkeit und des Nährens durch Rind oder Ziege, die Zeit des Alterns durch die ins Erdinnere kriechende Schlange oder den Nachtvogel Eule. Und diese Tierzeichen wiederum lassen sich auf die Jahreszeiten und Mondphasen abbilden wie diese aufeinander und auf die Lebensalter – kurzum es eröffnet sich eine Vielzahl von Kombinationsmöglichkeiten, in denen die aufblühende Einbildungskraft sich denn auch ausgiebig ergangen hat. Allein Athene, jene Uraltgöttin, die nach alter pelasgischer Überlieferung aus Libyen stammt[19], im ägyptischen Sais als Göttermutter Neith verehrt wurde[20], höchstwahrscheinlich mit der palästinensischen Anatha identisch ist[21], in Sparta, Troja, Smyrna eine Akropolis gehabt haben soll[22], vereinigt auf sich nicht bloß die bekannten Attribute Pallas (Mädchen), Aigis (Ziegenfell) und Eule, sondern wird auch Alea (korngebend)[23], Agraule (tauspendend, nämlich als Mond)[24], Narkaia (betäubend, nämlich als Todbringerin)[25] genannt. Keines dieser Attribute hat sie ganz exklusiv, alle kehren in anderer Zusammensetzung, mit anderer Wortwahl und Akzentuierung bei anderen Göttinnen wieder, so daß der Schein entsteht, die Vielfalt, in die sich die »Große Mutter« da zu verlieren droht, sei das Produkt einer kunterbunt ausufernden Einbildungskraft – ohne jede logische Struktur. Dabei ist es umgekehrt. Die logische Struktur ist das unsichtbare Gängelband, an dem die Einbildungskraft sich bewegen lernt. Nur vermag sie die innere Logik jener Dreifaltigkeitsgespinste, die sie da ausheckt und bis zur Verwirrung

19 R. von Ranke-Graves, *Griechische Mythologie*, Reinbek 1984, S. 36
20 Platon, *Timaios*, 21 b
21 R. von Ranke-Graves, a. a. O., S. 396 u. ö.
22 A. a. O., S. 39
23 A. a. O., S. 512
24 A. a. O., S. 87
25 A. a. O., S. 370

ineinanderarbeitet, noch nicht zu durchschauen. Das ist kein Wunder. Wir machen uns heute kaum mehr klar, welche Schwierigkeit dem damaligen, durch und durch bildhaften Denken das Phänomen der Dreifaltigkeit bereiten mußte. Das christliche Symbol für die göttliche Trinität, gleichseitiges Dreieck im Kreis, ist eine durch Geometrie und Reflexion hindurchgegangene Allegorie. Was aber tun, wo für solche Reflexion noch alle Begriffe fehlen? Wie den Sachverhalt, daß ein und dasselbe drei Gestalten hat, in jeder mit sich identisch und doch unterschieden ist, bildlich fassen?

Ein früher Versuch ist die berühmte Chimaira. Schon in dem alten hethitischen Tempel zu Karkemisch ist sie abgebildet[26], wie Homer sie ein Jahrtausend später schildert: als weibliches Wesen mit Löwenkopf, Ziegenleib und Schlangenschwanz.[27] Es handelt sich um ein in Vorderasien und im Mittelmeerraum offenbar weitverbreitetes Kürzel der drei Jahreszeiten: den vielleicht ältesten Bildkalender. Ein schwacher Versuch, Dreifaltigkeit darzustellen, wenn man Maßstäbe strenger Logik anlegt, aber einer, der sich beträchtlich in Richtung solcher Logik bewegt. Er nimmt drei heterogene Lebewesen als *einen* Organismus, faßt ihr Verhältnis als eines von Teilen und Ganzem – aber von Teilen, deren jeder einzelne selbst wieder für ein Ganzes steht und gleichsam danach verlangt, daß der ganze Organismus auch in jedem seiner Teile eine integrale Gestalt sei. Die Chimaira ist das Bild gewordene Drängen nach einem geistigen Ausdruck der Dreifaltigkeit – und das Unvermögen dazu. Ihr Versuch, den inneren Zusammenhang der Natur bildlich zu fassen, gelingt nur in einem unnatürlichen Wesen, das keinem Menschen je über den Weg gelaufen ist. Es ist eine Abstraktion von der Natur, aber eine bildhafte: eine *Collage*, die sich hier freilich noch nicht als ästhetische Technik weiß, vielmehr eine Art hilfloser Geniestreich ist, der die weiblich-göttliche Dreifaltigkeit, an die er nicht heranreicht, gleichwohl in eine fabelhafte Gestalt zwingt.[28]

Die Chimaira ist ein Knotenpunkt matriarchalen Denkens: einerseits

26 A. a. O., S. 230
27 Homer, *Ilias*, VI, 179
28 Die Sphinx und die Hydra sind Variationen der Chimaira (Hesiod, *Theogonie*, 306 ff.), ebenso die merkwürdigen geflügelten Gestalten mit Kopf eines Menschen, eines Löwen, Stiers und Adlers, die dem alttestamentlichen Propheten Ezechiel im Gefolge Jahwes erscheinen (Ez. 1,5 ff.).

Konzentrat vielfältiger Anstrengungen, Dreifaltigkeit zu fassen, andererseits Ausgangspunkt exakter Zeitmessungen. Daß drei Jahreszeiten allein noch keinen perfekten Kalender machen, wird man spätestens gemerkt haben, als man entdeckte, daß der Mondumlauf 28 Tage beträgt. Das Jahr ließ sich nach Monden ungleich genauer berechnen. Es empfahl sich, auch die besonderen Ereignisse des Jahres danach auszurichten: »(...) jede wichtige Zeremonie fand bei einer bestimmten Phase des Mondes statt; die Sonnenwenden und die Tag- und Nachtgleichen wurden nicht genau festgelegt, sondern dem nächsten Neu- oder Vollmond angenähert.« So ergibt sich übrigens heute noch der Ostertermin. »Selbst als es nach sorgsamen astronomischen Beobachtungen klar wurde, daß das Sternenjahr 364 Tage und einige Stunden hatte, wurde es in Monate – d. h. Mondzyklen – und nicht in Fraktionen des Sonnenzyklus aufgeteilt. Die 7-Tage-Woche war eine Einheit des 28-Tage-Mondmonates.« »Und da das 364-Tage-Jahr genau durch 28 teilbar ist«, »hatte das Jahr dreizehn Monate«. »So wanderte die Sonne durch dreizehn monatliche Stationen, die bei der Wintersonnenwende, wenn die Tage« »wieder länger wurden, begannen«[29].

Diese Einsichten gehören allesamt noch matriarchalem Denken an: als Errungenschaften seiner Spätphase.[30] In die phantastischen Verwicklungen des dreifaltigen Raums mit der dreifaltigen Zeit sind Berechnungen eingewoben, die das Verhältnis der Erde zu den Gestirnen schon erstaunlich präzise bestimmen und in die zeitliche Abfolge ein hohes Maß an Regelmäßigkeit bringen, indem sie das Nacheinander der Ereignisse zu Zyklen biegen, in denen sie zu immer wiederkehrenden, identischen werden. Differenziertes Zählen und systematische Beobachtung sind hier an der Tagesordnung – Mittel, sich das Walten der Großen Mutter vertraut zu machen: an Details, die ein unverwechselbares *Immer wieder* aufweisen, sich gleichsam als ihre spezifischen Charakterzüge lesen lassen. Im Teil steckt das Ganze, im Besonderen wirkt das Allgemeine: dieser Gedanke ist auf der Höhe matriarchaler Kultur bis in die Anfänge der Astronomie und Mathematik hinein ausgearbeitet – und dennoch von einem dezidierten Mono- und Pantheismus noch weit entfernt. Er hat nicht die Unerbittlichkeit logischer

29 Ranke-Graves, a. a. O., S. 14f.
30 Zwischen ihr und der Frühphase der »Venusstatuetten« mögen durchaus fünf Jahrtausende liegen.

Strenge. Die Überzeugung, daß das Heilige anthropomorph, der Inbegriff des Anthropomorphen aber das Weibliche sei, ist nicht etwa so in die Welt getreten, daß sie alle Gespenster, Dämonen und Spukwesen, die man bis anhin in Toten, Feinden, an unheimlichen Orten oder sonstwo wähnte, mit einem Schlag hat verschwinden lassen. Sie verblaßten zwar in dem Maße, wie die Große Mutter zum Zentrum des Kults wird, sind aber nicht unversöhnlich mit ihr; es tut ihr keinen Abbruch, wenn in dieser Quelle, jenem Baum, Hain, Berg oder Unwetter irgendein partikulares numinoses Wesen verehrt wird. Das biblische »du sollst keine anderen Götter haben neben mir«[31] ist ihr schon deshalb fremd, weil der Begriff des Göttlichen hier noch keine scharfe Kontur hat. Es gibt Heiliges, zu Verehrendes, dies aber ist noch nicht gestaffelt in mehr oder minder heilig, enthält noch keine Definition des Göttlichen, die alles, was mit ihr nicht übereinstimmt, als ungöttlich von sich ausschließt. Wie das Anthropomorphe der Gottheit sich erst allmählich herausarbeitet, so daß sich in erzählerischer und bildlicher Darstellung ihre Menschengestalt noch lange mit Tier- und Pflanzengestalt vermittelt und vermengt zeigt, so ist auch das Göttliche selbst noch nicht als durchgearbeitete Einheit verstanden, die alle Verehrung nur für sich verlangt und alle partikularen Numina in sich aufgesogen hat. Selbst den entwickelten Mutterkult haben wir uns nicht als monolithischen Block vorzustellen, sondern mit undeutlichen, verblassenden, immer weniger verehrten Wesen im Schlepptau, gegen die er gleichwohl nicht feindselig war.

Diese Offenheit befähigte ihn, etwas in sich aufzunehmen, was bisher noch nicht Thema war: das Männliche. Die Mütter als Einheitsstifterinnen der Sippe zu erkennen ist eines; das mütterliche Tun mit dem der Erde vergleichen und die Erde als Urmutter imaginieren, ist ein anderes: eine Analogiebildung, die vom Besonderen auf ein Allgemeines schließt, ungleich mehr Geistigkeit verlangt, einen Schritt in die Abstraktion darstellt, dessen Mühseligkeit fürs damalige Bewußtsein wir uns kaum mehr vorzustellen vermögen. Das weibliche Dasein in der Sippe ist anschaulich, die Weiblichkeit der Erde aber gerade das Unanschauliche, bloß Erschlossene, zu Glaubende an ihr. Logisch gesehen greifen hier zwei Denkleistungen als Urteil und Schluß direkt ineinander. Historisch mögen Jahrtausende zwischen beiden gelegen

31 Ex. 20,3

haben. Desgleichen: Die Entdeckung, daß Mond- und Menstruationszyklus übereinstimmen, hat logisch zur Folge, daß der Mond das weibliche Gestirn par excellence ist: die astrale Entsprechung der Erde, deren andere Gestalt. Aber bis dieser Schluß tatsächlich gezogen wurde, in Fleisch und Blut überging, sich zur Kultpraxis ausformte, ist es in der realen Geschichte ein weiter Weg – zumal für Menschen, denen der Gedanke an historischen Wandel, geistigen Fortschritt, Innovation ebenso fremd war wie er heute selbstverständlich ist. Und so ist auch dem Phänomen der Zeugung nicht von heute auf morgen religiöse Dignität zugewachsen. Die Entdeckung, daß die Frauen nicht ohne männliche Befruchtung gebären, ist sicher viel älter als ihre Eingliederung in den Kult, die logisch gesehen ebenfalls einen Analogieschluß darstellt, zu dem sich der Geist erst hat kräftigen müssen: Wie bei Menschen und Tieren, so im Weltganzen. Mutter Erde bedarf, um Allgebärerin zu sein, selbst der Befruchtung; und wie sie nicht als dieser oder jener Erdhaufen, sondern als Erde überhaupt, zum Element verallgemeinert, verehrt wird, so müssen auch die Naturkräfte, die für ihre Befruchtung stehen, zu ähnlicher Allgemeinheit aufsteigen: sich abheben von jenen subalternen Geist- und Spukwesen im Schlepptau des Mutterkults, sich läutern zu einigen wenigen von weitester Verbreitung. Die Numina in dieser Quelle, jenem Wipfel, Gipfel oder Abgrund, waren zufälligen oder undeutlichen Geschlechts. Die Aufnahme der männlichen Zeugung in den Mutterkult bringt geschlechtsspezifische Ordnung in die Welt, läßt Naturphänomene, auf deren Geschlecht es bis dahin nicht ankam, als dezidierte männliche Entsprechungen zur Erde erscheinen. Das Wasser, jenes gestaltlos Zerfließende, das in der Mythologie nicht von ungefähr oft für Chaos steht[32], wird nun als das die Erde befruchtende Element imaginiert, die geschlechtslose Weite des Himmels als die männliche Kraft, die sie umfängt und gleichsam auf ihr ruht, der Lichtstrahl als zeugend, insofern er das Wachstum der erdentsprossenen Kreatur fördert. Und doch ist es die Weiblichkeit der Erde, durch die diese Naturkräfte ihre Männlichkeit erst empfangen, wie auch die Sonne dadurch männlich wird, daß der Mond weiblich ist. Dies logische Verhältnis drückt Hesiods Theogonie genealogisch aus. Die Erde gebiert zunächst »ohne verlangende Liebe« sowohl Uranos, den Himmel, als auch Pontos, das Meer; erst dann hält sie »Beilager mit Ura-

32 Vgl. Gen 1,2

nos«[33] und bringt zahlreiche weitere Kinder hervor. Mit anderen Worten: ihre Weiblichkeit ist die Bedingung der Männlichkeit von Himmel und Meer, die Heiligung der Lebenskraft in der Geburt die Bedingung dafür, zur Verehrung der Lebenskraft in der Zeugung fortschreiten zu können. Die Bedingung liegt hier dem Bedingten nicht nur logisch, sondern auch zeitlich voraus. Der Gedanke der Zeugung ist später als der der Geburt, war für den Mutterkult nicht konstitutiv, ist erst in ihn eingetreten und hat ihn spezifiziert. Historisch deutet dieser Vorgang auf eine Aufwertung der Männer. Ihre Bedeutung für den menschlichen Lebenserhalt wächst. Aber das macht noch kein Patriarchat. Auch wo statt mehrerer männlicher Elemente nur eines verehrt wird wie in der Vorstellung, die heilige Hochzeit zwischen Himmel und Erde sei *der* kosmische Vorgang, der alles Leben auf der Erde erwecke, ist der Rahmen matriarchalen Denkens noch nicht gesprengt. Befruchtung bedeutet zunächst nur soviel wie Auslöser. Die gebärende Kraft ist die eigentliche, sich selbst genügende, in sich subsistierende Lebenskraft, der männliche Same nur das Hinzukommende, oder philosophisch ausgedrückt: sie die Substanz, er das Akzidens. Und erst wo dies Verhältnis sich auflöst, findet der Übergang zum Patriarchat statt.

Die matriarchale Kultur hat zur Formierung des menschlichen Geistes Unschätzbares beigetragen. In ihr fängt der Gedanke der Einheit der Natur zu dämmern an, in ihr beginnt das folgenreiche Unternehmen, diese Einheit anthropomorph aufzufassen. Grund und Boden werden hier zugleich zu Grund und Ursache; die Dialektik der Kausalität wirft ihre Schatten voraus. Der Analogieschluß feiert seine erste Blüte; menschliche Zusammenhänge werden vielfältig auf kosmische übertragen. Das Verhältnis von Ganzem und Teil wird so weit durchgearbeitet, daß sogar das Spekulative der Dreifaltigkeit, die gleichzeitige Identität und Nichtidentität von Einheit und Dreiheit, schon von ferne anklingt. Die Reduktion der mannigfaltigen Naturkräfte auf einige wenige Elemente schreitet voran, und aus der Verhältnisbestimmung von weiblich und männlich lugt bereits das philosophische Lehrstück von Substanz und Akzidens hervor. Hohe geistige Errungenschaften – aber alles Andeutungen und Vorformen ausgerechnet jener Logik und Metaphysik, deren Entfaltung ins Patriarchat fällt und unzweifelhaft dessen Handschrift trägt. Das läßt stutzen. Ist das matriarchale Denken

33 Hesiod, *Theogonie*, 132f.

vielleicht nur Präludium des patriarchalen? Es sieht ganz danach aus. Aber das sagt noch nicht viel; denn die entscheidende Frage ist: Präludium in welchem Sinne? Warum ist das matriarchale Denken nicht selbst zu jener Logik und Metaphysik gelangt, in deren Richtung es weist?

Erinnern wir uns: Die Verweiblichung der Erde bedeutet auch Vergeistigung des Heiligen – jenes Fremden, Inkommensurablen in der Natur, dessen Erfahrung Horror, Tremor, Schauder heißt. Wir machen uns kaum mehr eine Vorstellung davon, wie der Schrecken die frühe Menschheit umgetrieben haben muß – und zwar um so mehr, je weniger Worte sie für ihn hatte, je weniger fixierbar und berechenbar er war. Ihn wegzuarbeiten gab es nur zwei Möglichkeiten: sich dem Schrecklichen anzugleichen oder es sich vertraut zu machen. Vertraut aber wird, was sich benennen, begreifen, gefügig machen läßt. Das Heilige als menschengestaltig-weiblich zu imaginieren, was daher ein gewaltiges Stück Emanzipation vom diffusen Kollektivschrecken. Das Fremde als ein verwandtes Wesen mit typischen, regelmäßigen Charakterzügen: dieser Gedanke ist einmal wie ein Aufatmen durch die Menschen gegangen. Den Wechsel von Tag und Nacht, die Dreiheit der Jahreszeiten, die Dreistöckigkeit der Natur als die Regelmäßigkeiten zu wissen, in denen sich eine menschenähnliche, Leben spendende Gesamtkraft manifestiert, der man nicht nur ausgeliefert ist, der man sich und die man sich verständlich machen kann: das muß eine seelische Entlastung ersten Ranges gewesen sein. Dennoch: Was sich da als menschenähnlich offenbart, hört nicht schlechterdings auf, das Fremde zu sein. Sosehr etwa Frühling und Sommer, das Sprießen und Reifen der Kreatur, auf eine weiblich-mütterliche Kraft hindeuten – Herbst und Winter tun das nicht. Mütter gebären und nähren ihre Kinder, aber gewöhnlich verschlingen sie sie nicht. Die Erde tut beides. Ihre Mütterlichkeit schlägt um in ein gänzlich Unmütterliches. Aber selbst dies Umschlagen verliert ein wenig vom Jähen, plötzlich Überfallenden, wenn es als einer vertrauten Abfolge angehörig verstanden werden kann. Der Schrecken ist weniger schrecklich, wenn er nicht als das ganz Andere, sondern bloß als das andere Gesicht der Mütterlichkeit erscheint.

Die Erzeugung dieses Scheins ist eine spezifisch matriarchale Leistung, ihr Sinnbild die alte Frau. In der Sippe hochgeehrt als die Weise, Erfahrene und damit die eigentlich mütterliche Autorität, stellt sie andererseits eine vergangene Mütterlichkeit dar, in der Gebären und Nähren nicht mehr real sind. Sie ist das Mutter-Sein in anderer Gestalt, ihre kosmische Entsprechung folglich die andere Gestalt der Erde: das Unterirdische. Als Sinnbild genommen bedeutet Greisin das dunkle Reich des Todes, ist gleichermaßen Ausdruck des Schreckens wie sein Dementi, gibt noch dem Schrecklich-Unmütterlichen ein mütterliches Ansehen, lehrt das Grab, in das alles Leben zurück muß, als den Schoß verstehen, woraus es neu hervorgeht: als Wendepunkt, worin sich das Leben verliert und woraus es wieder in sich zurückkehrt.[34]

Diese Rückwendung – philosophisch: Reflexion – des Todes ins Leben, des Schreckens ins Vertraute geschieht nicht nur im Kopf, sondern vor allem im Kult; und wo Kult ist, ist Opfer. Wie so vieles haben die Menschen auch das Opfern erst lernen müssen. Sie mußten erst einmal fähig werden, Mächte, die nicht unmittelbar sichtbar, aber immerhin so konstant, identisch und verständig sind, daß sie Opfer überhaupt anzunehmen und zu schätzen wissen, gedanklich zu fixieren. Mana, das überall und nirgends umhergeisternde Heilige, ist noch zu unstet und diffus dazu. Wann die ersten Opfer dargebracht wurden, läßt sich ebensowenig ermitteln wie die ersten Gedanken, Werkzeuge, Tauschakte. Aber eine geregelte Opferpraxis hat sich erst ausprägen können, wo sich die Menschenähnlichkeit des Heiligen zu einem halbwegs dezidierten Gedanken verfestigte. Der Analogieschluß, der Mutter und Erde verknüpfte und heiligte, hat zwar das Opfer nicht erfunden, wohl aber bahnbrechend für seine Entwicklung gewirkt. Wo sich die Verehrung der Großen Mutter zum Kult auswächst, ist denn auch ein ausgiebiges Opferwesen nachweisbar. »Einige archäologische Zeugnisse können wir um das 4. Jahrtausend v. Chr. auch in mitteleuropäischen Fundgruppen erfassen, die wesentlich von einer orientalischen Kultur-

34 Man glaubt, Hegel zu hören: »Es ist das Los der menschlichen Endlichkeit, zu sterben«, »alle Eigentümlichkeit, alle Interessen und Zwecke, worauf der natürliche Wille sich richten kann, alle Größe und alles Geltende der Welt ist damit ins Grab des Geistes versenkt« (G. W. F. Hegel, a. a. O., S. 289). »Der Verlauf bleibt aber nicht hier stehen, sondern es tritt nun die *Umkehrung* ein«: »der *Tod des Todes*«, »der Triumph über das Negative«. »Die Überwindung des Negativen ist aber nicht ein Ausziehen der menschlichen Natur, sondern ihre höchste Bewährung« (a. a. O., S. 291). Keine schlechte Überraschung, Uraltes und Hochmodernes derart innig verbunden zu finden: im Herzen des Mutterkults eine gedankliche Struktur anzutreffen, deren begriffliche Entfaltung absoluter Idealismus heißt. Das stärkt den Verdacht, daß matriarchales Denken nicht das ganz Andere, sondern nur das Andere des Denkens ist, von dem es abgelöst wurde.

trift frühagrarischer Art geprägt und abhängig sind: Kannibalismus und Kopfjagd, Beisetzung von Schädeln, Menschenopfer, zumal auch Opferung von Kindern und Jugendlichen, Körperzerstückelung und Verstümmelung, vornehmlich Zahnausschlagen, Opferung von Jungschweinen, das sind die wichtigsten archäologischen Zeugnisse eines Rituals«, bei dem »zumal Jungschweine und junge Mädchen« »gleichwertig nebeneinander stehen«. »Tod und Zeugung, Vergehen und Wiedererstehen der Menschen, der Tiere und der Pflanzen, sind dabei die zentralen Motive.« »Menschen- wie Schweine-Opfer werden auch in Gruben gestoßen oder in Schluchten geworfen, und das Opfer fördert das Gedeihen der Feldfrüchte.« »Teile des zeremoniell getöteten Menschen oder des Schweineopfers werden von den Opfernden verzehrt, andere Teile beigesetzt.«[35]

Opfer sind ursprünglich nicht fröhliches Erntedankfest, sondern Widerhall des Schreckens, den sie besänftigen wollen. An dem Schrecklichen, das sie selbst begehen, läßt sich das Ausmaß des Schreckens erahnen, vor dem sie zu schützen suchen. Sie veranstalten ihn selbst, geben ihm die feste, domestizierte Form eines immer wiederkehrenden Rituals, damit er berechenbar, begrenzt, gleichsam ins Vertraute gezogen werde und so *aufhöre*, das Schreckliche zu sein. Die grauenerregenden Opferzeremonien sind selbst schon ein erster Schritt zur Emanzipation vom Grauen: Zeugnisse der Fähigkeit, den Schrecken geistig zu fixieren und zu formen, sich von seiner Fremdheit und Unfaßbarkeit ein wenig zu entlasten, und erst an diesen Entlastungsmaßnahmen wird seine traumatische Kraft überhaupt sichtbar. Wie mag sie erst auf ein zur Entlastung noch unfähiges Seelenleben gewirkt haben! Ein Stück psychischer Urgeschichte öffnet sich unversehens dem Blick. Die sogenannte »traumatische Neurose«, die Freud an Patienten mit Verkehrsunfallen und Kriegserlebnissen auffiel, hat vor Jahrtausenden offenbar zu den allgemeinen Konstituentien der menschlichen Psyche gehört. Das »Hauptgewicht der Verursachung« fällt bei dieser Neurose »auf das Moment der Überraschung, auf den Schreck«, den Freud sorgsam von Angst und Furcht unterscheidet: Angst ist »Erwartung der Gefahr und Vorbereitung auf dieselbe, mag sie auch eine unbekannte sein; Furcht verlangt ein bestimmtes Objekt, vor dem man sich fürchtet;«

35 K. J. Narr, *Das Studium der Ur- und Frühgeschichte,* zit. n. E. Borneman, a. a. O., S. 85

Schreck überfällt unvorbereitet. »Ich glaube nicht, daß die Angst eine traumatische Neurose erzeugen kann; an der Angst ist etwas, was gegen den Schreck und also auch gegen die Schreckneurose schützt.« Und letztere ist selbst schon eine Schutzmaßnahme gegen den Schrecken. Im Traumleben schlägt sie sich so nieder, daß sie »den Kranken immer wieder in die Situation seines Unfalles zurückführt, aus der er mit neuem Schrecken erwacht«[36]. Der Zwang, das Schreckliche zu wiederholen, ist der Versuch, den Schrecken wegzuarbeiten, ihn ins Vertraute zu ziehen – ganz wie im archaischen Opfer. Nur daß sich dort die traumatische Neurose im ungewohnten Licht einer bedeutenden historischen Errungenschaft zeigt: Die aus heutiger Sicht krankhafte Fixierung ans Immergleiche war ursprünglich eine identitätsbildende geistige Leistung, die ewige Wiederkehr, für Benjamin »das mythische Verhängnis«[37] schlechthin, war einst ein rettender Gedanke.[38]

Im archaischen Opferkult zittert die archaischere Epoche nach, die er ablöst. Wie mächtig aber das Nachzittern ist, verraten exemplarisch die oben erwähnten archäologischen Funde, die schwerlich aus der Frühphase des Mutterkults stammen. Zu eingeschliffen und vielfältig zeigt sich hier schon die Opferpraxis, und doch zeigt sie sich grauenhaft. Die

36 S. Freud, *Jenseits des Lustprinzips*, *Studienausgabe*, Bd. III, Frankfurt am Main 1975, S. 222f.

37 W. Benjamin, *Das Passagen-Werk*, *Gesammelte Schriften*, hg. v. R. Tiedemann und H. Schweppenhäuser, Bd. V, 1, Frankfurt am Main 1982, S. 178

38 Natürlich kommt uns solch ursprüngliche Schreckabwehr grauenhafter vor als der Naturschrecken selbst, weil dessen unmittelbar seelenzerrüttende Kraft sich im Zeitalter der Naturwissenschaften kaum mehr nachempfinden läßt. Die Unfähigkeit hierzu ist die Wiege neuzeitlicher Naturromantik, die auch unter Matriarchatsforschern umgeht. Borneman etwa glaubt allen Ernstes an das »freie, fast sorgenlose Leben der alten Wildbeuter« im Matriarchat, eine »Insel der Seligen, frei von Geiz, aber auch von Verschwendung«, »frei von Neid, aber auch frei von allem, was Grund zum Neid geben konnte« (a. a. O., S. 24) – und kann sich nur darüber entrüsten, daß etwas so Häßliches wie das Menschenopfer in etwas so Schönes wie die mütterliche Welt hat eindringen können. Zu erklären vermag er es ebensowenig wie den Übergang zum Patriarchat, den sich Materialist Borneman nach dem alten theologischen Schema von Paradies und Sündenfall zurechtlegt und prompt in die logische Falle tappt, in der sich sämtliche Kirchenväter verfingen: Wenn das Paradies wirklich rundweg gut war, wenn nicht doch irgendwo schon der Wurm drin steckte – wie hat denn dann das Böse daraus hervorgehen können? Das Zuwenig an Psychologie, das Zuviel an Theologie trübt Bornemans so verdienstvolle, materialreiche historische Untersuchungen.

Vertrautheit, die das Heilige im Gewand der Mütterlichkeit gewinnt, vermag das Schreckliche dahinter noch kaum zu verhüllen. Damit der Umschlag des Mütterlichen ins Unmütterliche seine tödliche Intensität verliert, muß er selbst mit tödlicher Intensität zelebriert werden: am weiblichen Geschlecht. Als Repräsentant des Heiligen muß es auch den Weg darstellen, den das Heilige nimmt: aus dem Mütterlichen ins Schreckliche, um das Schreckliche ins Mütterliche zu wenden. Alles spricht dafür, daß im frühen Mutterkult weibliche Wesen die bevorzugten Opfer waren. Anfangs mag in ihrer Verstümmelung und Tötung nichts als der traumatisch-neurotische Wiederholungszwang gewaltet haben. Erst eine zusätzliche Denkleistung erschließt den Sinn dieser Wiederholung: daß sie das unfaßbar Schreckliche in ein Faßbares, Vertrautes verwandeln soll. Wo das Blut der Getöteten feierlich versprengt wird, sie selbst oder Teile von ihnen vergraben, verbrannt oder verzehrt werden, *damit* neues Leben aus ihnen sprieße, da beginnt dieser Sinn zu dämmern, der Wiederholungszwang sich selbst zu begreifen – und das heißt: seiner Legitimationsbedürftigkeit inne zu werden. Jeder Wiederholungszwang braucht einen vernünftigen Anstrich, eine höhere Rechtfertigung, um vor sich bestehen zu können. So auch hier. Das Heilige, das immer wieder zu vergegenwärtigen und darzustellen er nicht umhinkann, wird zum *Adressaten* dieses Tuns erhöht, der es verlangt und den es zufriedenzustellen sucht. Die Zwangsverdoppelung des Heiligen hat sich ein Wozu gegeben und sich zur Dreiheit differenziert, bestehend aus dem Opfernden, dem Opfer und dem, dem es dargebracht wird. Nun erst ist das Opferritual komplett: eine Handlung mit erkennbarem Zweck.

Die Erhöhung des Heiligen zum Adressaten bedeutet auch Distanzierung vom Heiligen. Die Menschen sind nicht länger nur sein ohnmächtiges Echo. Indem sie es sich gegenüberstellen, machen sie sich umgekehrt zu *seinem* Gegenüber: zu Wesen, die bei aller Unterlegenheit dennoch in der Lage sind, ihrerseits auf es einzuwirken – was um so leichter fällt, je menschenähnlicher es sich ausnimmt, je mehr es als die Macht erscheint, mit der man sich ins Benehmen setzen, verhandeln kann. Als ihr Gegenüber hat man ihr etwas zu bieten. Die Darbringungen sind Leistungen, die Gegenleistungen erheischen. Man gibt vom Kostbarsten, nämlich vom weiblichen Geschlecht, um das Kostbarste zu erhalten: die vertraute Ordnung und Regelmäßigkeit des Lebenspendens, als die das Weibliche die Welt durchwaltet. Diese Rationalisierung der Zwangshandlung zum Tausch ist, wenn nicht überhaupt eine Errungenschaft des Mutterkults, so doch entscheidend von ihm befördert worden. Hier erst wird das Heilige so dezidiert anthropomorph, daß auch das menschliche Verhältnis zu ihm grundsätzlich unter den Gesichtspunkt des Äquivalents treten kann. Der Äquivalenzgedanke ist eine bestimmte Form der Identitätsbildung: Gleichsetzung des Nichtgleichen – nicht hinsichtlich der Ähnlichkeit seiner Gestalt oder der Stetigkeit seiner Wiederkehr, sondern des ihm innewohnenden Werts. Was diesen Wert eigentlich ausmacht, ist eine moderne Frage, der Gedanke der Äquivalenz zunächst ohne jede Ahnung von seiner historischen Tragweite.[39] Aber sobald er das Verhältnis zum Heiligen bestimmt, ist die Kategorie da, unter der sich das Opferwesen mit innerer Konsequenz weiter rationalisiert. Die Geschichte des Matriarchats ist eine entscheidende Phase in diesem Prozeß.

Die Äquivalenz im Verhältnis zum Heiligen wirkt aufs Verhältnis der Menschen untereinander und zur übrigen Kreatur zurück. Anfangs waren die geopferten weiblichen Wesen Repräsentanten des Weiblichen überhaupt, standen für alle weibliche Kreatur, ob Mensch oder Tier. Der eigenartige, offenbar uralte Brauch, beim kultischen Ritual Tierfelle und -masken anzulegen, zeigt, wie unscharf die anthropomorphe Vorstellung des Heiligen zunächst noch war, wie sehr die Tierwelt mitgemeint war, wenn Menschen geheiligt, d. h. geschlachtet wurden. So kommt es z. B., daß »Jungschweine und junge Mädchen – so merkwürdig uns das auf den ersten Blick anmuten mag – hier gleichwertig nebeneinander stehen«[40]. Doch in diesem Miteinbeziehen des einen ins andere steckt schon der Gedanke der Ersetzbarkeit des einen durchs andere: die Möglichkeit, statt Mensch plus Tier eines Tages Tier statt Mensch darzubringen und das Opfergrauen von der Menschheit abzuwälzen.

39 Geld, ungefähr so alt wie die griechische Philosophie, ist allgemeines Äquivalent: austauschbar gegen alle möglichen Gebrauchsgegenstände. Kapital ist angehäuftes Geld, das um seiner weiteren Anhäufung willen in den Tausch tritt. Kapitalismus ist das zum gesellschaftlichen Prinzip gewordene Austauschbar-Sein aller Dinge und Menschen im Dienste der Selbstvermehrung des Kapitals. Alle drei sind patriarchale Erfindungen – und doch bloß Entfaltungen des Äquivalenzgedankens, der seine erste Blüte im Mutterkult erlebte. Das Patriarchat ist nicht so originell, wie viele seiner KritikerInnen es gern hätten.

40 K. J. Narr, zit. n. Borneman, a. a. O., S. 85

Die reale Entwicklung ist freilich nicht geradlinig in dieser Richtung verlaufen. Bestimmender war zunächst etwas anderes: daß im Mutterkult allmählich auch die männliche Zeugungskraft in den Genuß kultischer Verehrung gelangte. Mit andern Worten: Auch Männer durften zu Opfern werden. Ihre Aufwertung ist es, mit der sich der Gedanke der Äquivalenz offenbar zunächst am innigsten verbunden hat. Die Zeugungskraft ist minder wertvoll als die Gebärkraft, aber ebenfalls ein zu Verehrendes – ein fast Ebenbürtiges, in dessen Darbringung man seine Verehrung fürs Heilige nahezu genausogut bezeugen kann, ohne immer vom Kostbarsten geben zu müssen. Zudem: Wenn das Dargebrachte ein Männliches, das Empfangende aber nach wie vor das Weiblich-Heilige ist, so gerät der ganze Vorgang in neues Licht. Die Große Mutter bedarf der Empfängnis, um gebären zu können, und sie empfängt im Akt des Opferns nicht minder als im Geschlechtsakt. Opferdarbringung ist also nur die andere Gestalt der Empfängnis, rituelle Tötung die andere Gestalt der Zeugung. Wo die Menschen lernen, das Hinschlachten als Sexualsymbol zu imaginieren, gewinnt der Schein, daß das Schreckliche nur das Andere des Vertrauten, der Tod nur das Andere des Lebens sei, geradezu sinnliche Plausibilität. Die Rationalisierung des Opfers macht einen bedeutenden Fortschritt.

Die erste große Abwälzung des Opfergrauens erfolgte also geschlechtsspezifisch, und es gehört zu den Eigenarten des späteren matriarchalen Denkens, an diesen Vorgang nicht mehr erinnert sein zu wollen. Nur in weniger entwickelten Mutterkulturen haben sich Überbleibsel des früheren Zustands erhalten. »Bei den Azteken wurde ein Mädchen, xilonen, das den jungen Mais symbolisierte, enthauptet; 3 Monate darauf wurde eine alte Frau, welche die Göttin Toci, unsere Mutter, verkörperte (diese bedeutete den schon geernteten und gebrauchsfertigen Mais), gleichfalls enthauptet und geschunden.« »Andernorts, wie z. B. bei den Pawnee-Indianern, wurde der Körper des Mädchens zerschnitten, und die Stücke wurden in den Feldern begraben.«[41] Im Mittelmeerraum hingegen läßt sich das Frauenopfer als beherrschender matriarchaler Ritus nur noch archäologisch erschließen, in der Mythologie ist es lediglich eine verschwindende Erinnerungsspur. Ariadne soll sich »aus Angst vor Artemis selbst erhängt« haben oder von ihr »mit ihren unbarmherzigen Lanzen« getötet worden

41 M. Eliade, *Mythen, Träume und Mysterien*, Salzburg 1961, S. 263 f.

sein[42], die Töchter des Antipoinos opfern sich – angeblich für ihren Vater – und werden »später als Heroinnen im Tempel der Berühmten Artemis verehrt«[43], die Töchter des Erechtheus opfern sich der Athene und bekommen »zum Angedenken ihres Selbstopfers unvergorene Getränkeopfer dargebracht«[44]: dies sind versprengte Reste, die im matriarchalen Mythos, der »als erzählerische Kurzschrift kultischer Spiele, wie sie bei öffentlichen Festen aufgeführt wurden«[45], erst jetzt überhaupt aufblüht, schon keinen rechten Ort mehr haben. Denn im Zentrum dieser Spiele, die, in vielen Varianten über den ganzen Mittelmeerraum und Vorderen Orient verbreitet, die höchste je erreichte Stufe matriarchaler Kultur markieren, steht jenes Herüberspielen der Tötung in die Zeugung, jenes Herunterspielen des Schreckens, das nur am Männeropfer plausibel zu werden vermag – und noch plausibler wird, wenn es zur rechten Zeit stattfindet. Als der Wendepunkt des Todes zum Leben rückt es daher auch zeitlich an den Punkt, wo die Große Mutter sich aus der Phase des Welkens in die des Sprießens zurückwendet: die Wintersonnenwende. Es verschafft sich gleichsam kosmischen Rückhalt – eine weitere Rationalisierung.

Allerdings waltet hier eine eigenartige Wechselbeziehung. Der Gedanke, daß zum rechten Opfer die rechte Zeit gehört, nötigt einerseits zu genauer Beobachtung der Bewegung der Großen Mutter durchs Jahr, schärft so den Blick für die Eigenarten der Jahreszeiten und Gestirne, erhöht schubartig den Wissensstand über Naturzusammenhänge und läßt auch das Opfergrauen einen bedeutenden Schritt zurücktreten: Einer zur rechten Zeit genügt; es muß nicht länger eine Mehrzahl von Männern mehrfach im Jahr hingeschlachtet werden; es muß nicht immer nur zum Menschenopfer sein, wenn man sich feierlich versammelt. Der Kult beginnt sich vom Opferritual zu unterscheiden. Andererseits geschieht gerade dies im Dienste des Opfers. Es ist nur noch Moment eines umfassenderen Zusammenhangs, führt aber die Regie darin. Die Beobachtung des Jahreslaufs ist um seinetwillen so akribisch. Um es korrekt darzubringen, darf man die rechte Zeit nicht verpassen. Vom Kairos des Opfers hängt der aller anderen Riten ab.

42 Ranke-Graves, a. a. O., S. 311
43 A. a. O., S. 423
44 A. a. O., S. 150
45 A. a. O., S. 10

Zuverlässige Kenntnis des Naturverhaltens ist also verlangt. Aber die Natur verlangt ihrerseits das Opfer, um sich zuverlässig zu verhalten. Ihre Regelmäßigkeiten erscheinen anthropomorph: als die typischen Charakterzüge der Großen Mutter, die man kennen und pflegen muß, damit sie ihren vertrauten Charakter behält und nicht aus der Rolle fällt. Und das tut sie, wenn ihr das Opfer nicht angemessen ist. Es ihr anmessen heißt sie zur Ordnung bringen. Im Opfer beginnt sich ein erstes Ungenügen des Anthropomorphismus an sich selbst zu artikulieren. Das Menschenähnliche, der Inbegriff des Vertrauenerweckenden in der Natur, ist auch Unsicherheitsfaktor. Wie der Mensch kann auch die Natur ausrasten. In jedem Unwetter und Erdbeben droht sie es zu tun. Die Wahrnehmung ihrer Regelmäßigkeiten enthält zugleich die Beschwörung, sie möchten das Vertraute, Zuverlässige, als das sie erscheinen, auch wirklich *sein*. Der Gedanke der Objektivität dämmert – aber noch viel zu schwach, um an sich selbst glauben zu können. Er stärkt sich durch Magie. Ein solches Stärkungsmittel ist selbst noch die Figur der Chimaira. Sie bildet nicht einfach ab, was ist, sondern stellt dar, was sein soll: die zu einem homogenen Ganzen zusammengewachsene Dreiheit der Jahreszeiten. Der Urkalender ist Beschwörung der Ordnung, die er registriert, Ausdruck der Furcht, sie zu verlieren.

Wo das Opfer nicht nur aufs männliche Geschlecht überhaupt, sondern auf einen bestimmten Mann abgewälzt und in den kultisch zelebrierten Jahreslauf integriert wird, dürfte sich etwa folgendes abgespielt haben: »Die Stammesnymphe oder Königin wählte aus ihrem Gefolge junger Männer den Liebhaber für ein Jahr, um ihn dann, bei Jahresende, zu opfern: Er war eher ein Symbol der Fruchtbarkeit als der Gegenstand ihrer Lust. Sein Blut wurde versprengt, um Bäume, Getreide und Vieh zu befruchten, und sein Fleisch wahrscheinlich roh vom Nymphengefolge der Königin verzehrt. Die Nymphen waren Priesterinnen.«[46] »Die frühgriechische Mythologie beschäftigte sich vor allem mit der Beziehung zwischen der Königin und ihren Liebhabern.«[47] Diese Beziehung aus einer Fülle von mythologischem Material herausdestilliert zu haben als das Kultische, wovon der Mythos anfänglich die »erzählerische Kurzschrift« war: das ist das Verdienst von Ranke-Graves. »Es wird allgemein angenommen, daß Heras Name das griechische

46 A. a. O., S. 13f.
47 A. a. O., S. 15

Wort für ›Dame‹ ist, doch könnte es auch die elidierte Form von *He Era*, die Erde, sein.«[48] Dann wäre sie nur eine anders benannte Gaia. So oder so aber ist sie eine uralte Version der Großen Mutter. Und ebenso sicher ist: Von Hera kommt Heros. Jene jugendlich-strahlenden, aber frühvollendeten Heroen von Herakles bis Achill, die uns als Inbegriff frühpatriarchalen Draufgängertums erscheinen, haben eine unpatriarchale Vorgeschichte: als die auserwählten Gatten und Opfer der Großen Mutter, stellvertretend empfangen und dargebracht von ihrer priesterlich-königlichen Repräsentantin: jener Frau, die über den korrekten Verlauf der Kulthandlungen zu wachen hatte. Es liegt in der Logik der Rationalisierung des Opfers, daß die Wahl des Heros sich zu einem eigenen Ritus auswächst. Der Mann, der sein ganzes Geschlecht aufwiegen soll, muß sich besonders hervortun: im Faustkampf, Ringkampf, Wettlauf, Bogenschießen, Speerwerfen oder sonst einer Tätigkeit, die im Zuge der langen Arbeitsteilung zwischen den Geschlechtern ein spezifisch männliches Ansehen gewonnen hat. Die Kampfspiele, die in der Ilias Achill zu Ehren seines toten Freundes Patroklos veranstaltet[49] und die schon eine Vorform der Olympischen Spiele sind, waren ursprünglich das Gottesurteil der Großen Mutter: der Wahlmodus, durch den sie den, den sie als Mann wie als Opfer empfangen wollte, sich auserkor. Auch in den berühmten zwölf Arbeiten des Herakles, Tötung des nemeischen Löwen und der Hydra, Ausmistung der Ställe des Augias etc., klingt dies Gottesurteil nach, Herakles – wörtlich: »Der durch Hera Berühmte« – ist nur der Inbegriff des Heros. Doch die unter seinem Namen gesammelten Taten bezeichnen schon den Wendepunkt, erinnern einerseits an Heros-Aufgaben, zu denen anfangs auch das Fangen von oder Kämpfen mit Tieren gehört haben mag; andererseits stehen einige dieser Tiere, wie die Hydra oder die Hindin, für das Weibliche überhaupt, und wie Theseus und Bellerophon wird auch Herakles zu den Amazonenbesiegern gerechnet. Der Kämpfer um die matriarchale Heroswürde wird zum Kämpfer gegen das Matriarchat, das sich in den Heroen seine eigenen Totengräber heranzieht. Das Gottesurteil der Großen Mutter schlägt auf sie zurück.

Der Mutterkult hat zwar geschlechtsspezifischen Inhalt, aber es gibt keine Anzeichen dafür, daß er geschlechtsspezifisch praktiziert, an-

48 A. a. O., S. 42
49 Homer, *Ilias*, XXIII, 272 ff.

fangs nur von Frauen getragen und den Männern erst nachträglich aufgezwungen wurde. Die Vorstellung von Urmutter Erde war beiden Geschlechtern willkommen, machte beiden die Welt erkennbarer und vertrauter, den Schrecken erträglicher. Daß im Laufe der Zeit Frauen zu »Wissenderen« wurden, zu priesterlichen Mittlerinnen zwischen der Urmutter und der Sippe, entsprach nur ihrer naturwüchsigen Autorität, war nichts, was schon grundsätzlichen Geschlechterzwist erregte. Und doch hat der betont geschlechtsspezifische Inhalt des Heiligen ihn vorprogrammiert. Wo die Zeugung in den Rang kultischer Verehrung aufsteigt, kündigt er sich an. Die Aufwertung der Männer – sie steht im Zusammenhang mit der Erfindung des Pfluges und der Tierzähmung, zwei überwiegend männlichen Leistungen – bringt ein bis dahin unbekanntes Konfliktpotential ins Geschlechterverhältnis. Wie gezeigt, ist sie kein reines Vergnügen, bedeutet nämlich auch, daß das heilige Opfer nunmehr aus den Reihen der Männer zu kommen hat. Die Abwälzung des Opfers auf das männliche Geschlecht ist ein psychologisches Kuriosum. Offenbar geschah sie kampflos, d. h. die Männer haben sie sich gefallen lassen – obwohl sie schon damals nicht gerade die körperlich Unterlegenen und zudem die Geübteren im Umgang mit Waffen waren. Jagd war ihr Metier. Erst wenn man sich klarmacht, daß keine physische Macht sie zum Opferwerden zwingen konnte, wird deutlich, wie stark die metaphysische war, die es tat. Die Freiwilligkeit, die da waltete, wird vielleicht ein Stück weit erahnbar an der, mit der in Kafkas *Prozeß* Herr K. sich von zwei »Herren« abführen und umbringen läßt: Unter dem Eindruck eines Ungeheuerlichen wird erst gar kein Widerstand versucht. Nur daß in unserem Fall das Ungeheuerliche den höchsten Stand menschlichen Wissens auf seiner Seite hatte. Danach war Opferwerden nicht nur furchtbar, sondern auch ehrenvoll, weil rettend, gab der Großen Mutter, was sie verlangte, stellte den Einklang mit der Natur her und minderte das Grauen vielleicht ähnlich wie beim Herrn K., als er aufhört, »den Herren« Widerstand zu leisten: »Er setzte sich in Gang, und von der Freude, die er dadurch den Herren machte, ging noch etwas auf ihn selbst über.«[50] Ohne ein solches seelisches Zurückwirken, eine Teilnahme an dem, was man den anderen beschert, ist nicht vorstellbar, wie die Passivität – sich gegen das Opferwerden nicht wehren – sich schließlich gar in Aktivität verwan-

50 F. Kafka, *Der Prozeß*, *Werke*, Bd. 2, Frankfurt am Main 1976, S. 191

delt: sich danach drängen, Opfer zu werden. Vielleicht hat auch diese Aktivität erst einmal grausam eingeübt werden müssen, so daß die Heros-Anwärter sich anfangs nicht in so harmlosen Spielen wie Wettlauf und Speerwerfen zu bewähren hatten, sondern bei Aufgaben, wo es nur Sieg oder Tod gab, wie etwa im Kampf mit wilden Tieren. Die Gladiatorenfreiwilligkeit, die sich unter ihnen offenbar entwickelte, konnte nur unter einem mythischen Bann gedeihen, der wie ein kategorischer Imperativ wirkte: Wen die Große Mutter ruft, der kann sich ihr nicht verweigern.[51] Die Brechung dieses Banns ist ein ebenso geistiger wie materieller Prozeß – und mit dem bloßen Hinweis auf die Produktionsverhältnisse noch längst nicht erklärt. Schon die Gleichung Matriarchat = Agrarkultur geht nicht glatt auf. Daß die Erde es ist, die alles sprießen läßt, konnten auch schon Sippen merken, die jagend und pflanzliche Nahrung sammelnd umherschweiften. Die oben erwähnten Venusstatuetten weisen denn auch ins 10. vorchristliche Jahrtausend, zu Wildbeutern, die von nomadischem Hackbau oder gar seßhaftem Ackerbau noch weit entfernt waren und doch schon einen Weiblichkeitskult pflegten, dem die Verbindung von Mutter und Erde nicht ganz fremd gewesen sein kann. Die Entwicklung zur systematischen Erdbearbei-

51 Diesen Bann ignorieren heißt die Rechnung ohne den Wirt machen – was überall geschieht, wo das Matriarchat zur guten alten Zeit zurechtgeschminkt wird. Damals, so die Matriarchatsforscherin Heide Göttner-Abendroth, wußte man noch »den Dialog mit der Natur zu führen«, sie »als das heilende und damit heilige Umfassende« anzusehen und »diese kosmische Harmonie«, der man »sich unmittelbar verbunden« fühlte, »zu erhalten« – z. B. durch das Heroenopfer. Es ist das »menschlich-heroische Schicksal«, durch das auch der Mann »in diesen Kosmos eingebettet ist«: »freiwilliges Selbstopfer für Land und Volk, das in eine Apotheose mündet«, »denn aus dem Tod und seiner Leere gingen neue Fülle, neues Leben hervor«. Müssen das glückliche Zeiten gewesen sein, als selbst noch das Menschenschlachten eitel Friede und Harmonie war! Und allen Ernstes: »Das Schreckliche des Todes ist eine patriarchale Vorstellung«, die erst aufkam, »nachdem die Göttin und die ewige Wiedergeburt« »verfemt worden waren«. Sic. Der Schrecken, der jedes höhere Säugetier durchjagt, wenn es merkt, daß es ihm ans Fell geht: eine gezielte Verfemung der Großen Mutter; der Selbsterhaltungstrieb und seine geistige Fortsetzung, das menschliche Hadern mit dem Tod: eine patriarchale Erfindung; die geängstete Kreatur: ein potentieller Macho. Es muß schon eine deftige Portion Zynismus her, um die matriarchalen Opferriten so saubergewaschen zu bekommen, wie der Wunsch nach einem goldenen Zeitalter es verlangt. (H. Göttner-Abendroth, *Für die Musen*, Frankfurt am Main 1988, S. 29f.; dies., *Die Göttin und ihr Heros*, München 1980, S. 20 und 100.

tung hin hat diesen Kult natürlich befördert. Der Grabstock, »das Zepter der Frau«[52], die Erdhacke, eine weibliche Erfindung, waren entscheidende Durchbrüche zur Landwirtschaft und haben den Status der Frauen als Repräsentantinnen des Heiligen gefestigt – aber nicht geschaffen. Noch bestand der Zusammenhang zwischen Produktions- und Denkweise, wie Marx ihn erkannt hat, nicht; er mußte sich erst bilden, ist selbst historisches Resultat. Sowenig sich aus dem ersten Faustkeil die Vorstellungswelt seines Erfinders ergibt, sowenig aus der Erdhacke der Mutterkult. Wohl aber wachsen in der Agrarkultur die Produktivkräfte so weit an, daß sie schließlich auf das Ergehen dieses Kults entscheidenden Einfluß gewinnen – und hier erst ist der neuralgische Punkt erreicht, wo auch die Produktionsweise, nicht mehr nur die unmittelbare Natur, zu einer den Geist bestimmenden Kraft wird.

Es ist klar, daß der Ackerbau, dem die Erde das wichtigste Element ist, ihrer Heiligung als Urmutter erheblich Vorschub leistet. Die Früchte, die man ihr zu entlocken lernt – neben Getreide bald auch Öl und Wein –, die edlen Metalle, die sie entbirgt: dies alles sind Insignien ihres Ruhms. Auch die Erfindung des Pflugs, jene Tat der Männer, die ihre gesellschaftliche Aufwertung wahrscheinlich entscheidend befördert hat[53], ist ein Akt, der ihre Fruchtbarkeit erhöht und das männliche Geschlecht, sei es pflügend, sei es zeugend, in ihrem Dienst rührig erscheinen läßt. Je wichtiger die Diener, desto bedeutender die Macht, der sie dienen. Auch daß »die Zähmung der Haustiere und die Züchtung von Herden eine bisher ungeahnte Quelle des Reichtums« erschloß und die Männer die Verwaltung dieser Quelle übernahmen[54], macht noch kein Patriarchat. Der Reichtum gehörte der Sippe, und die Fruchtbarkeit des Viehs erschien als eine weitere Verherrlichung der allgemeinen Gebärkraft, als ein weiteres Ruhmesblatt der Großen Mutter, die männliche Leistung nach wie vor als ein die Gebärkraft nur Erweckendes, zu ihr Hinzukommendes: als das Akzidentelle, das ihre Substantialität nur bestätigte. Solange das Kollektiv im Banne der Großen Mutter steht, dient jeder wirtschaftliche Fortschritt nur ihrer Affirmation, selbst wenn er die Männer begünstigt. Daß die eines Tages anfingen,

52 G. Childe, zit. n. E. Borneman, a. a. O., S. 60

53 Vgl. Borneman, a. a. O., S.83

54 F. Engels, *Der Ursprung der Familie, des Privateigentums und des Staats, Marx-Engels-Werke* (*MEW*), Bd. 21, Berlin 1975, S. 58

sich die Überschüsse ihrer Hirtentätigkeit privat anzueignen und, als sie merkten, daß sie Oberwasser hatten, die mütterliche Erbfolge kurzerhand in eine väterliche umkippten: dies ist das allzu Einfache der Engelsschen Erklärung.[55] Sie macht die Rechnung ohne den Kult, dessen materielle Gewalt in archaischen Gesellschaften gerade eine materialistische Theorie kaum hoch genug veranschlagen kann. Wie im ausgehenden Mittelalter schon längst Kapital, Lohnarbeit und Maschinen vorhanden waren und sie doch erst durch eine zusätzliche historische Tat zum Kapitalismus zusammenwuchsen, so analog im ausgehenden Matriarchat: Privateigentum war längst da[56], desgleichen eine differenzierte Arbeitsteilung zwischen den Geschlechtern, die sich naturwüchsig aus der größeren Zuständigkeit der Mütter für die Kinderaufzucht ergeben hatte, den Frauen eher Hackbau, Webe- und Keramikarbeiten, den Männern eher Pflügen, Roden, Tierzucht, Jagd, Waffenherstellung zukommen ließ und letzteren nach und nach immer mehr Machtmittel zuspielte. Und doch mußte, damit sie frauenfeindlich wirksam wurden, erst ein intellektueller Prozeß einsetzen, der den Bann der Großen Mutter brach – was nur möglich war, weil die Entwicklung der matriarchalen Agrarkultur eine bisher nicht beleuchtete Kehrseite hat.

Je mehr die Erde ihre Fruchtbarkeit demonstriert, desto mehr erweist sie sich auch als Gegenstand der Bearbeitung. Es sind die Menschen, die ihr vielfältige Früchte entlocken, aus ihrem Ton Gefäße, aus Zinn und Kupfer Bronze formen. Das verehrte Element ist auch dasjenige, dem sie mit Werkzeugen systematisch zu Leibe rücken, dessen Gesetzmäßigkeiten sie auskundschaften, das sie beherrschen lernen. In der jahrhundertelangen planmäßigen Anwendung von Hacke und Pflug, in der Entwicklung von Ernte- und Bewässerungsmethoden, Ton- und Metallverarbeitungstechniken versichern sie sich einer kultivierenden, offensichtlich nur ihnen eigenen Kraft, und wo die so groß wird, daß sie sie als etwas von der weiblich anmutenden Erdkraft Ver-

55 F. Engels, a. a. O., S. 60
56 »Gegen Ende des Mesolithikums« bereits galt: »Was man selber hergestellt hatte, am eigenen Körper trug (Kleidung und Schmuck) und allein betätigen konnte (kleinere Werkzeuge, kleinere Jagd- und Fischinstrumente) war Privatbesitz. Was man gemeinsam ausbeutete, erjagte, erzeugte oder bewohnte (Jagd- und Fischreviere, gemeinschaftlich benutzte Jagd- und Fischereigeräte, gemeinschaftlich benutzte Boote, Werkzeuge und Wohngebäude), blieb Sippeneigentum.« (E. Borneman, a. a. O., S. 56)

schiedenes verspüren, beginnt sachte und unmerklich – ein geistiger Erdrutsch. Das Andersartige dieser spezifisch menschlichen Kraft scheint so etwas wie Zeugung zu sein und sich zur Erde zu verhalten wie die männliche zur weiblichen Potenz. Nur daß in Frauen diese Kraft nicht minder steckt als in Männern – gerade weil ihr Anteil an der menschlichen Gesamtreproduktion so hoch und ihr Tun auf Gebären und Nähren nicht beschränkt ist. Als Produzentinnen von Lebensmitteln verhalten sie sich gleichfalls zeugend – und demonstrieren, daß die spezifisch menschliche Kraft gerade nicht das genuin Weibliche ist, eher dem Männlichen ähnlich sieht – selbst wo sie sich in Frauen äußert. Das aber erregt einen folgenschweren Verdacht: Wie, wenn sich in Gebären und Nähren das spezifisch Menschliche gar nicht ausdrückt? Wenn die verehrte weibliche Geschlechtseigenschaft bloß das Naturhafte am Menschen repräsentiert, das er mit den Tieren gemein hat, während die nur ihm innewohnende Kraft zur Erdkultivierung männlicher Art ist?

Dieser Verdacht ist noch viel zu sehr Gefühl, noch viel zu wenig Geist, um sich schon in Worte fassen zu können, aber Geist genug, um die materiellen Errungenschaften der matriarchalen Agrarkultur gegen die Große Mutter zu wenden. Und durch diese Rückwendung – Reflexion – bricht der schon lange schwelende Geschlechterzwist auf. Er erscheint zunächst nicht im Arbeitsprozeß. Da hatte es zwar Machtverschiebungen zugunsten der Männer gegeben, und sicher verlief er nicht ohne Reibereien; aber insgesamt war er gerade nicht feindselig organisiert, nicht so, daß ein Geschlecht unter der Knute des anderen arbeitete. Nicht abwegig, daß auch Frauen bei der Bearbeitung der Erde das Gefühl hatten, sich gleichsam zeugend zu ihr zu verhalten – und daher auch ihnen der besagte Verdacht dämmerte. Ausgeschlossen aber, daß sie ihn gemeinsam mit den Männern ausbrüteten – etwa so einvernehmlich, wie die derzeitige Arbeitsteilung es erwarten ließ. Mochte an ihr vorerst kein Geschlechterzwist sichtbar sein – im Kult kam er zum Vorschein. Die Abwälzung des Opfers vom weiblichen aufs männliche Geschlecht, die damit eingeleitete Geschmacksveränderung der Großen Mutter, nur noch nach – immer weniger, aber immer erleseneren – Männerblut zu dürsten, war die Feindseligkeit, die beide Geschlechter gemeinsam gegen das männliche gerichtet hatten – und die die männlichen Seelen ungleich empfänglicher für den Zweifel an der Heiligkeit des Weiblichen machte. Wo er zu keimen beginnt, lockert sich der Bann der Großen Mutter, der den Männern die Wendung gegen das eigene Geschlecht oder gegen die eigene Person wie ein Naturgesetz auferlegt hatte; ein jahrtausendelang gehemmtes, nach innen gestautes Aggressionspotential wird frei, und der Geschlechterkampf, den der Mutterkult unter dem Schein der Einvernehmlichkeit gegen die Männer eingeleitet hatte, bricht offen aus – gegen die Frauen.

Von der ersten zögerlichen Lockerung des mythischen Banns bis zu seiner beherzten Durchbrechung ist es freilich wiederum ein weiter, im Detail kaum mehr rekonstruierbarer Weg. Entscheidend aber ist: Das Matriarchat beschwor seine Zerstörung selbst herauf. Es ist eine hohe Kulturstufe. Der Gedanke, daß sich in Gebären und Nähren die Kraft manifestiert, die die ganze Natur durchwaltet und zusammenhält, hat wie vielleicht nichts zuvor den menschlichen Geist genährt und sich entfalten lassen – bis er an jenen welthistorischen Wendepunkt gelangt, wo er merkt, daß Gebären, Nähren und Stoffwechsel gar nicht sein Eigenstes sind. Dieser Geistesblitz[57] ist die Selbstentdeckung des Geistes. An sich ist er nichts Geschlechtsspezifisches, nur hatte das Matriarchat die Männer derart für ihn disponiert, daß er als ihr Spezifikum erscheint. Bei ihnen schlug er ein wie in lange getrocknetes Holz, traf auf seelische Energien, die gleichsam ihrer Entfesselung durch ihn harrten, die wiederum ihn entfachten und die Männer zur Befreiung vom Status des potentiellen Opfers drängten. Das Denken des Denkens, jenes philosophische Unternehmen par excellence, fängt höchst unphilosophisch an: als Unglaube an die unbedingte Autorität der Großen Mutter, als Zweifel an der Notwendigkeit des Heroenopfers, als Wut aufs weibliche Geschlecht, in dessen falscher Überhöhung ja der mythische Bann des Matriarchats bestand. Eine Mischung aus Unsicherheit und Aggressivität treibt hervor, was wir rückblickend den höheren Gedanken nennen müssen: daß in Gebären und Nähren tatsächlich das spezifisch Menschliche nicht ausgedrückt ist, daß es vielmehr ein von unmittelbarer Natur Unterschiedenes ist. Nur fehlt für dies Andere noch jeglicher Begriff. Doch halt – offenbart er sich nicht am Geschlechterverhältnis selbst? Wenn menschliche Arbeit zur Erde wie

57 Ein zureichender Grund für ihn läßt sich nicht angeben, nur notwendige Bedingungen. Die menschlichen Produktivkräfte müssen eine bestimmte Höhe erreicht haben, damit er sich entzünden kann, wie einst die Mütter schon Bezugspunkte des gesamten Sippenlebens sein mußten, damit der Gedanke der Urmutter Erde aufblitzen konnte. Aber das Aufblitzen selbst behält ein Moment von Unableitbarkeit.

männliche zur weiblichen Potenz steht, so verhalten sich alle Menschen, wenn sie arbeiten, wie Männer. Die spezifisch menschliche Produktivkraft scheint eine männliche Qualität zu sein und männlich nicht in gleichem Maße Natur zu bedeuten wie weiblich. Mag der Zeugungsvorgang auch genauso physisch sein wie das Gebären – das männliche Geschlecht ist am Fortpflanzungsprozeß entschieden weniger beteiligt. Es steht nicht einmal in sichtbarem Zusammenhang mit dem Gebären und ist als das nachwuchserweckende Element ungleich abstrakter als das, was es erweckt. Im Vergleich zur Frucht, die es entstehen läßt, ist es ein nahezu Unstoffliches: die Naturqualität, die zugleich für ein qualitativ Anderes als Natur steht. Dies Andere, der Geist, beginnt sich selbst zu ertasten, wo er das männliche Geschlecht zum Repräsentanten des spezifisch Menschlichen erhebt und in Göttern verehrt, die der Großen Mutter übergeordnet sind. In ihrer Herabsetzung, im Aufstieg von Männergottheiten wie Re und Seth in Ägypten, Marduk in Babylonien, Apollon, Poseidon, Zeus im griechischen Raum reflektiert sich ein historischer Prozeß, der bei aller lokalen Verschiedenheit, bei allem Dunkel im Detail dennoch eine Grundstruktur hat, die sich nachzeichnen läßt.

Die Lockerung des mythischen Banns äußert sich z. B. so, daß der Heros sein Geopfertwerden hinauszuzögern versucht. War es für die Große Mutter nicht akzeptabel, »das Dreizehn-Monate-Jahr zu einem Großen Jahr von 100 Mondzyklen, an dessen Ende die Sonnen- und Mondzeit fast zusammenfallen, zu verlängern«[58]? Konnte man ihr nicht folgendes vorschlagen? Da »die Felder und Ernten noch immer befruchtet werden mußten, war der König (sc. Heros) bereit, jährlich einen scheinbaren Tod zu erleiden und seine Oberherrschaft für einen Tag (...) dem Ersatz-Knaben-König oder *interrex*, der am Ende des Tages sterben mußte«, »zu übergeben. Nun regierte entweder der Heilige König für den ganzen Zeitraum eines Großen Jahres, mit einem symbolischen Zwilling als seinem Stellvertreter, oder die beiden regierten abwechselnd je ein Jahr oder die Königin ließ sie das Königinnentum aufteilen und zur gleichen Zeit regieren.«[59] Oder der symbolische Zwilling – der Epimetheus zum Prometheus, der Iphikles zum Herakles, der Enkidu zum Gilgamesch – war selbst eine Art interrex, oder es

58 Ranke-Graves, a. a. O., S. 17
59 Ebd.

bildeten sich noch andere Variationen heraus. Welche Gestalt sie aber auch annahmen – sie sind Auflösungserscheinungen der unbedingten Autorität der Großen Mutter, die sich ein Zugeständnis nach dem anderen abhandeln läßt. »Ein neuer Abschnitt war erreicht, als an Stelle der Knaben Tiere zum Opferaltar geführt wurden und die Könige sich nach ihrer verlängerten Regierungszeit zu sterben weigerten.«[60] Denn dies bedeutete, der Großen Mutter ihr Hauptnahrungsmittel zu entziehen, die Rechtmäßigkeit ihres Kults prinzipiell zu bezweifeln, und erst wo die Selbstentdeckung des Geistes diesen Zweifel stark genug gemacht hatte, waren auch die Heroen samt männlichem Gefolge stark genug, das Matriarchat umzuwerfen – im Namen höherer Götter, deren männliche und weniger stoffliche Natur ihnen das Heilige weit authentischer zu repräsentieren schien als selbst die Dreifaltigkeit der Großen Mutter.

Nicht, daß überall im Mittelmeerraum und Vorderen Orient die Ereignisse nach diesem Muster verlaufen sind; wohl aber ist es symptomatisch für den inneren Erosionsprozeß, ohne den das Matriarchat nicht hätte stürzen können. Das Patriarchat kam nicht einfach von außen. Die Indogermanen, jene aggressiven Hirtenvölker, die ab Mitte des 3. Jahrtausends aus der heutigen Kirgisensteppe Westkasachstans nach Osten, Süden und Westen wanderten, wahrscheinlich überwiegend männliche Gottheiten verehrten, vielleicht nie eine matriarchale Phase erlebt hatten, erobernd in die matriarchalen Kulturen des Vorderen Orients und Mittelmeerraums eindrangen[61] – sie reichen zur Erklärung des Patriarchats nicht aus. Zum einen haben sie gewöhnlich die höhere Agrarkultur der Völker, die sie besiegten, übernommen. Zum anderen sind sie in alte Gebiete des Mutterrechts wie Ägypten gar nicht gelangt. Mögen sie zur Lockerung des mythischen Banns der Großen Mutter auch beigetragen haben – die Ursache dafür sind sie nicht. Nur weil in den höchstentwickelten Kulturen selbst – und das waren die matriarchalen – sich die Elemente des Patriarchats bildeten, konnte es Vorderen Orient und Mittelmeerraum so gründlich erobern, daß es ihm fast gelang, die Erinnerung an seinen Vorgänger auszulöschen – und wir erst der Pionierarbeit eines Bachofen bedurften, um die antiken Erzählungen von mütterlichen Abstammungslinien, von einflußreichen Muttergottheiten, von weiblichen Ungeheuern und kämpfenden Amazo-

60 Ebd.
61 Vgl. Borneman, a. a. O., S. 99 ff.

nenscharen als die versprengten Mosaiksteine einer versunkenen Epoche begreifen zu lernen.

Die Mythologie hat den Prozeß, der zur Etablierung des Patriarchats führte, in ähnlicher Weise aufbewahrt wie der schlafende Mensch seine Erlebnisse in Träumen: phantastisch, entstellt, verkürzt, zensiert. Nur daß wir, anders als der Psychoanalytiker, den wachen Menschen nicht zur Hand haben, der uns seine Träume deuten hilft. Heikel daher (und hier nicht der Ort), den exakten historischen Verlauf nachzukonstruieren, vielfach nicht einmal ausgemacht, ob sich in einer Heroenkampferzählung ein Eroberungszug nach außen oder innere Umwälzung des Matriarchats spiegelt. Sicher ist hingegen, daß die spezifische Aggressivität, die die Lockerung des Banns der Großen Mutter beim männlichen Geschlecht freisetzte, ebenso destruktiven wie produktiven Charakter hatte. Zerstörung des Matriarchats bedeutete nicht nur Zurückdrängung oder Beseitigung des Mutterkults, vielfach Inbesitznahme seiner Kultstätten, Entmachtung oder Tötung seiner Priesterinnen[62]; manchenorts bedeutete sie sogar Zerstörung eines großen Teils der Kulturtechniken, die mit dem Matriarchat groß geworden waren, in weiten Teilen Griechenlands gar einen »Rückfall in die Steinzeit, ein halbes Jahrtausend des Verfalls aller Institutionen«[63], der Architektur, Keramik, Metallbearbeitung. Die patriarchale Destruktion geschah im Namen von Göttern, die der matriarchalen Epoche entweder als Repräsentanten der erdbefruchtenden Elemente Wasser, Luft und Licht angehört hatten – oder als Heroen. Die kultische Etablierung und seelische Einprägung dieser Götter ist der erste Akt in jenem welthistorischen Drama, das Bachofen die »Losmachung des Geistes von den Erscheinungen der

62 Der historische Kern des Amazonenmythos sind Priesterinnen, die sich das nicht gefallen ließen. »Wahrscheinlich gab es bewaffnete Priesterinnen« nicht nur »am südöstlichen Ufer des Schwarzen Meeres wie auch am Libyschen Golf von Syrte«, wo einige Reisende offenbar »diese bewaffneten Frauen gesehen hatten«, sondern »auch zu Ephesus« »und in allen Städten, in denen man Amazonengräber zeigte« (Ranke-Graves, a. a. O., S. 322 f.). Jedenfalls ist das Phänomen der sich zusammenrottenden, kämpfenden Frauen, das patriarchale Phantasie später zu ganzen Frauenvölkern ausgesponnen hat, zu eben jenen Amazonen, die Männer nur zur Fortpflanzung dulden und sie ansonsten bei jeder Gelegenheit töten – bereits eine Reaktionsbildung auf patriarchalen Eroberungsdrang.

63 E. Borneman, a. a. O., S. 126

Natur«[64] genannt hat. Eine sehr geglückte Formulierung; sie zeigt an, daß Selbstentdeckung des Geistes nicht bloß ein Vorgang im Kopf ist, sondern ein seelischer Kraftakt. Um das menschliche Selbst als ein von der Natur verschiedenes zu fassen zu bekommen, muß es zunächst einmal für sich genommen, von ihrer Materialität gleichsam losgerissen werden. Um seine Andersartigkeit zu demonstrieren, müssen die Götter, die es gewährleisten und beschützen, sich von der weiblichen Dreifaltigkeit, von Stofflichkeit, Dunkelheit und Nachtgestirn, strikt abstoßen und die Verhältnisse umkehren: Nicht die Nacht regiert den Tag, nicht der Mond die Sonne, sondern der Mond empfängt von der Sonne sein Licht, Helligkeit ist das angestammte Wesen des Himmels und die höhere, die Dunkelheit verscheuchende Kraft. Das von der Natur Verschiedene muß selbst in Naturalform anschaulich werden, damit es sich begreifen lernen kann. Und die Götter des Wassers, des Lichts, des Himmels stehen für eine vergleichsweise unstoffliche Natur, in den Elementen der Flüssigkeit, Flüchtigkeit, Durchsichtigkeit kündigt sich an, was wirklich immateriell ist: der Geist.

Die brachiale Durchsetzung dieser Götter ist auch ein epochaler Akt der Vergeistigung, der damit verbundene kulturelle Rückfall wie ein Zurücktreten, um Anlauf zu nehmen, damit etwas so Schweres wie die Losmachung des Geistes überhaupt gelingen kann. Den Tribut dafür zahlen die Frauen. Die Mythologie stellt das so dar, daß aus alten Muttergottheiten wie Hera, Demeter, Athene, Artemis oder Aphrodite Abkömmlinge göttlicher Väter werden, daß Göttinnen, sofern sie auch weiterhin für Geistiges stehen, das nur als Abglanz von Göttern dürfen: Athene etwa, die Göttin der Weisheit, als Kreatur des Zeus, die er selbst aus seinem Haupte gebiert, auch Dike, die Personifizierung des Rechts, nur als seine Tochter.[65] Aus matriarchalen Insignien werden patriarchale. Die Labrys etwa, die berühmte Doppelaxt mit den zwei halbmondförmigen Schneiden, auch das »Kretische Zepter«[66] genannt, weil vor allem in Kreta die Priesterkönigin mit ihr den Heros erschlug, verwandelt sich in der Hand Poseidons zum Dreizack, in der Hand Zeus' zum Donnerkeil und Blitzstrahl[67]; die Aigis, der ziegenfellbe-

64 J. J. Bachofen, a. a. O., S. 48
65 Vgl. Hesiod, *Theogonie*, 297 ff.
66 Ranke-Graves, a. a. O., S. 161
67 A. a. O., S. 151

spannte Schild der Athene, wird zum Emblem des »aigishaltenden Zeus«. Die archaischen Kämpfe um die Heroswürde, einst das blutige Gottesurteil der Großen Mutter, werden zu Kampfspielen kultiviert, in denen sich die Manneskraft feiert. Aus der kollektiven Opferung des Dionysos, einer kretischen Version des Heros, entwickelt sich die Tragödie[68], in der ein Kollektiv (Chor) Zeuge des Untergangs eines patriarchalen Helden wird. Und die zahlreichen Liebesabenteuer des Zeus sind nur schwach verhohlene Vergewaltigungen: Reflex der patriarchalen Bemächtigung des Mutterkults, aber auch der Art und Weise, wie Frauen angesehen werden, sobald die Autorität der Großen Mutter sie nicht mehr schützt. Ihre Gebärkraft, einst als das Wesen des Menschen verehrt, repräsentiert nun nur noch das Naturhafte am Menschen – das, was er mit den Tieren gemeinsam hat. Das Höhere, Abstraktere hingegen, für das der Begriff noch fehlt, scheint einzig im männlichen Geschlecht angemessen dargestellt zu sein. Sofern auch die Frauen verständige, sprechende, arbeitende Wesen sind, sind sie so etwas wie mindere Männer. Sofern sie aber das andere Geschlecht sind, verkörpern sie den Bann der Natur, von dem das menschliche Selbst, wenn es denn mehr als bloß Natur sein will, sich emanzipieren muß. Entsprechend werden sie behandelt. Waren sie einst diejenigen, die die Kontinuität der Generationen herstellten und in ihren Kindern fortlebten, während Männern eher ein nur persönliches Dasein zukam, das mit dem Tod rasch in Vergessenheit geriet, so kehrt sich nun das Verhältnis um. Aus dem Beisassen am Herd der Frau wird der Besitzer der Frau, dem sie seinen Herd hüten und seine Erben gebären soll. Das menschliche Selbst zeugt sich durch die Männer fort; Frauen sind sein Brutkasten, etwas, was man rauben, kaufen, tauschen kann. Die Brechung des matriarchalen Banns bedeutet in doppeltem Sinne Versachlichung der Frau: Entmythologisierung ihrer Gebäreigenschaften einerseits, Annäherung ihrer Person an eine Sache andererseits. Aufklärung und Verblendung nähren sich dabei gegenseitig. Aus der ungeistigen Aggression gegen das weibliche Geschlecht zieht der Geist die Kraft zur Losmachung von der Natur, ohne die er sich selbst als etwas eigenes nie

68 Tragodia ist »der Gesang, der anläßlich eines Bockopfers (zu Ehren des Gottes Dionysos) vorgetragen wurde« (B. Zimmermann, ›Sophokles' Leben und Werk‹, in: Sophokles, *Dramen*, München 1985, S. 761), ursprünglich anläßlich der Opferung des Dionysos selbst – oder eines Heros anderen Namens.

hätte fixieren können. Und das Geistige an diesem Kraftakt gibt dem Ungeistigen daran eine fatale Plausibilität. Ohne Frauenfeindlichkeit keine Selbstentdeckung des Geistes. Das hat etwas von klassischer Tragödie. Man kann in der Tat nicht sagen, wie ohne solche Gewalt das Denken des Denkens je hätte anfangen sollen, man kann nichts von ihr rechtfertigen, und man macht es sich zu einfach, wenn man nur das eine Geschlecht hier schuldhaft verstrickt sieht. Die besondere Aggressivität, die das Patriarchat bei den Männern freisetzte, hat das Matriarchat geschürt. Auch intellektuell verdankt sich die Selbstentdeckung des Geistes den Errungenschaften des Matriarchats. Gelingen konnte sie nur in eben den logischen Bahnen der Kausalität, Analogie, Abstraktion, Rückwendung in sich, die das Matriarchat schon beträchtlich kultiviert hatte. Sie bringt keine neue Logik, sondern spinnt die alte fort. Nur weil so hohe Dinge wie Einheit der Natur, Grund, Prinzip, Rückwendung in Gestalt der Großen Mutter schon gedacht waren, konnten sie nun anders: geistähnlicher gedacht werden. Das ist einerseits ein Schritt in völliges Neuland, andererseits ein Fortschreiten im alten Trott. Jeder Versuch, die patriarchale Logik als das schlechthin Andere, Böse, Herrschaftsdenken weiszumachen, raubt sich die Chance, das Patriarchat zu *erklären*. Statt Wissenschaft erfolgt Neuauflage eines patriarchalen Mythos, in dem das Patriarchat die Rolle des Sündenfalls, das Matriarchat die des Paradieses spielt. Das Werden des Patriarchats begreifen heißt den doppelten Fortschritt darin begreifen: als Fortschritt im Alten und übers Alte hinaus, als Fortschritt an Geist und Ungeist zugleich – kurzum, als Schulbeispiel dessen, was man Dialektik der Aufklärung nennt.[69]

Nirgends wird das deutlicher als an der Rationalisierung des Opfers. Als die Heroen anfingen, ihr Geschlachtetwerden hinauszuzögern, als das matriarchale Kollektiv in Verhandlungen mit der Großen Mutter trat, um sich dafür zu rechtfertigen, schärfte sich auch der Gedanke der Äquivalenz. Je mehr Gleichwertiges man anzubieten hat, desto souveräner die menschliche Position gegenüber der Gottheit. Und warum sollten Tiere und Pflanzen eigentlich nur Begleiterscheinungen, Ornamente des Menschenopfers sein, warum sollten sie nicht, wenn sie besonders gehegt und gepflegt und feierlich dargebracht wurden, Men-

69 M. Horkheimer/Th. W. Adorno, *Dialektik der Aufklärung*, Frankfurt am Main 1969, S. 1ff., S. 9ff.

schen ersetzen können? Ausgerechnet die patriarchale Selbstentdeckung des Geistes, die das spezifisch Menschliche strikt von der Tierwelt zu trennen anhebt, leistet einem Kultus vorschub, der die Ersetzbarkeit des Menschen durch alle mögliche andere Kreatur praktiziert. Wie das zusammengeht? Nur über die Arbeit. An ihren Resultaten ist den Menschen zuerst ihre Verschiedenheit von der ganzen übrigen Natur aufgegangen. Aber an dieser Verschiedenheit lassen sie die Natur teilhaben – in der Arbeit. Bearbeitete Natur ist eine, in die spezifisch Menschliches: Kraft, Zuwendung, Aufmerksamkeit, Geist eingegangen ist. Die Früchte seiner Arbeit darbringen heißt etwas von sich selbst darbringen. Und warum sollte das minder gottgefällig sein, wenn genug davon hingegeben wurde: ein Quantum, das den Menschen selbst aufwog? »In allen Zuständen mußte die Arbeits*zeit*, welche die Produktion der Lebensmittel kostet, den Menschen interessieren«, sagt Marx im Hinblick auf die zaghaften Anfänge des Produktentauschs zwischen menschlichen Kollektiven – von Stamm zu Stamm. Schon hier, wo noch ganz sporadisch ein Überschußprodukt gegen ein anderes getauscht wird, setzen die Menschen »ihre verschiedenen Arbeiten einander als menschliche Arbeit gleich«[70] – nämlich als Quanta, die sie Zeit kosten. Und dies intuitive Gleichsetzen, wirtschaftlich gesehen zunächst eine bloße Randerscheinung, ist in kultischer Hinsicht – ein Rettungsakt. Wenn ein Quantum Arbeit ein anderes aufwiegen kann, dann auch die menschliche Lebenskraft selbst, die sich darin vergegenständlicht hat. Es kann Menschenblut ersetzen.

Die patriarchale Rationalisierung des Opfers bedeutet seine Abwälzung von *beiden* menschlichen Geschlechtern – potentiell auf alles, was nicht Mensch ist, aber sich durch menschliche Kraft zähmen, formen, kultivieren läßt. Nicht, daß mit einem Schlage das Menschenopfer verschwunden wäre, daß bei der Zerstörung des Mutterkults nicht Priesterinnen triumphierend den neuen patriarchalen Göttern dargebracht worden wären, daß Naturkatastrophen nicht weiterhin die Menschen bewogen, Kinder und Erwachsene beiderlei Geschlechts zu opfern. Und doch sind das Übergangserscheinungen, später Ausnahmefälle, die die Regel bestätigen. Es gibt keine prinzipielle Zurückwälzung des Opfers vom männlichen aufs weibliche Geschlecht – kultisch. Wohl aber sind die Frauen Opfer des Patriarchats – im alltäglichen Leben.

70 K. Marx, *Das Kapital*, Bd. 1, Berlin 1951, S. 77

Ihre Geschlechtseigenschaften und Arbeitskraft werden den Männern geweiht: ihrer sexuellen Lust, ihrem Wunsch nach Nachkommen, ihrer Bequemlichkeit. Frauen werden in jene Zwischenwelt hinabgedrückt, wo man weder Tier noch ernstlich Subjekt ist – und die erst das Patriarchat in großem Stil eingerichtet hat: Sklaverei. Sie ist das zur Profanität rationalisierte Menschenopfer. Seine Nutznießer sind Menschen – eben die, die den Göttern Surrogate dafür als Äquivalente anbieten. Sklaverei als gesellschaftliche Institution gehört zur Lockerung des mythischen Banns, zur Distanzierung vom Anspruch der Götter auf das Kostbarste, was Menschen zu bieten haben. Sie ist ein erstes planmäßiges Vorbeiwirtschaften an den Göttern, der Sklavenhalter einer, der wie Prometheus den Göttern das Ihre stiehlt, aber dabei die Herrschaft, die er ihnen untergräbt, über Menschen um so unnachsichtiger aufrichtet. Im klassischen Patriarchat Griechenlands und Roms ist in der Tat der Status der Frau von dem eines Sklaven nicht prinzipiell unterschieden. In der Gesellschaft, die sich der Abschaffung des Menschenopfers rühmen darf, sind in gewisser Hinsicht die Frauen mehr Opfer der Männer als in der vorangegangenen die Männer Opfer der Frauen. Der mythische Bann der Großen Mutter, der die Männer wehrlos dagegen machte, daß einige von ihnen geschlachtet wurden, schlägt auf die Frauen so zurück, daß er sie insgesamt – mit wenigen Ausnahmen – wehrlos gegen ihr Ausgebeutetwerden macht, wehrlos auch gegen ihren Ausschluß von der Losmachung des Geistes von der Natur, die von männlicher Wut auf Frauen nicht zu trennen ist, aber die Frauen für lange Zeit von aller geistigen Pionierarbeit trennt und damit für den weiteren Verlauf der Menschheitsgeschichte unerhört folgenreich die Weichen stellt.

Kein Zweifel, die Entstehung des Patriarchats ist ein welthistorisches Ereignis. Aber es hat sich nur in einem kleinen Teil der Erde abgespielt: in Gebieten, in denen zuvor ein ausgeprägtes Matriarchat bestanden hat. Daß Matriarchat nichts Ursprüngliches, vielmehr selbst schon eine hochentwickelte Kulturstufe ist, wurde gezeigt.[71] Daß kei-

71 Seine Existenz in der Antike zu widerlegen durch ethnologische Untersuchungen an heutigen Naturvölkern, die es zu seiner kulturellen Höhe nie gebracht haben, eine undeutliche, weder so recht matriarchal noch patriarchal zu nennende Entwicklung nahmen und immer noch im Busch oder Iglu leben, ist kein sehr überzeugendes Verfahren (U. Wesel, *Der Mythos vom Matriarchat*, Frankfurt am Main 1980, S. 71 ff.). Albern aber die These, das antike griechische Matriarchat sei eine Art Jäger-

neswegs alle antiken Völker sich geradlinig auf es hinentwickelt haben, spricht gerade für seine herausragende Bedeutung. Es ist keineswegs eine allgemein notwendige Kulturstufe, aber seine geistigen Errungenschaften sind eine notwendige Bedingung des Patriarchats. Es hat sie in sich eingesogen und vergessen, woher es sie hat. Und wo die patriarchale Hochkultur erst einmal auf dem Siegeszug ist, müssen die vormatriarchalen Völker, denen sie sich aufdrängt, die matriarchale Stufe nicht noch eigens durchlaufen – ebensowenig wie das Christentum später die Heiden zum Jüdischwerden zwingen muß, damit sie gute Christen werden. Nur hat sich das Judentum dennoch erhalten. Das Matriarchat hingegen ist in den Untergrund jener geistigen Entwicklung gegangen, von der in den nächsten Kapiteln einige Hauptstationen thematisch werden sollen.

latein des griechischen Patriarchats. »Man brauchte Gründe, mit denen man die Unterdrückung der Frauen rechtfertigen konnte« und nahm »die Rechtfertigung aus der Vergangenheit«: »Es gab einmal eine Zeit; (...) in der hatten die Frauen den Vorrang. Nun sind wir es.« »Jetzt haben sich die Frauen unterzuordnen, so wie wir uns früher untergeordnet haben.« (a. a. O., S. 61 f.) Das ist ohne Sinn für antikes Denken. »Das Älteste ist das Geehrteste«, sagt noch Aristoteles (*Metaphysik*, 983 b) und spricht damit ein Prinzip des matriarchalen wie patriarchalen Mythos aus. Die Erde genießt ihre hohe Verehrung als Urmutter – die Unvordenkliche. Die Helden der Ilias sind noch auf dem Schlachtfeld darauf bedacht, sich wechselseitig erst einmal die Altehrwürdigkeit der eigenen Abstammung vorzurechnen, ehe sie übereinander herfallen. Und warum sollte Athene zur Kopfgeburt des Zeus, Aphrodite zu seiner Tochter, Eva zur Rippe Adams degradiert worden sein, wenn nicht, weil das Ältere als das Höhere galt? Das Patriarchat rechtfertigt sich nicht, indem es sich als Parvenu darstellt, sondern umgekehrt: In der griechischen Mythologie wirkt das Matriarchat noch dermaßen nach, daß das Patriarchat den Makel des Emporkömmlings nicht ganz los wird. In der alttestamentlichen sind die Erinnerungsspuren ans Matriarchat ungleich gründlicher verwischt.

2. Mythos – Logos

Der Sieg des Patriarchats war einer der gründlichsten in der Menschheitsgeschichte. Und doch hat er das weibliche Geschlecht nicht so rundweg zum recht- und willenlosen Objekt versachlicht, wie die Losmachung des Geistes von der Natur es zu erfordern schien. Die griechische Mythologie ist dafür Kronzeuge. Hesiod etwa, für den die Entstehung der Götter bloß Vorgeschichte des Zeus ist und erst dessen Herrschaft die Einrichtung der wahren Weltordnung, läßt dennoch keinen Zweifel daran, daß die Mächte der Vorzeit von Zeus zwar besiegt, aber nicht völlig entkräftet sind. Die patriarchale Zeus-Ordnung schleppt ihre Vergangenheit als nicht ganz bewältigte mit sich. Gaia, die Urmutter, hört nicht auf, sich einzumischen. Nicht nur hat sie ihrem Sohn, dem Titanen Kronos, die Sichel gegeben, mit der er seinen Vater Uranos entmannte, nicht nur Kronos die Entthronung durch seinen Sohn Zeus geweissagt, nicht nur Zeus vor dem seine Kinder verschlingenden Kronos verborgen; sie weiß auch den Rat, wie Zeus die Hunderthänder befreien und als Mitkämpfer gegen die Titanen gewinnen kann – als sei *sie* die geheime Drahtzieherin der Theogonie. Und die Titanen, die Zeus in den Tartaros hinabgeschleudert hat und streng bewachen läßt, damit sie nichts mehr gegen ihn anstellen, gehören der neuen Weltordnung ebenso als widerspenstige Momente an wie die weiblichen Ungeheuer Gorgo, Hydra, Chimaira, Sphinx oder Echidna. Echidna übrigens ist eine patriarchal entstellte Chimaira: »halb eine schönäugige und schönwangige Nymphe, halb eine gewaltige Schlange, furchtbar und groß, blutgierig sich windend in den Tiefen der heiligen Erde.«[1] Das dreifaltige Sinnbild aus Löwe, Ziege und Schlange hat sich hier in ein zwiespältiges Schreckbild verkehrt, in jenen Doppeltypus nämlich, als der das weibliche Geschlecht nach seiner Unterwerfung den Männern erscheint und ihnen die Früchte des Sieges versalzt: der sanft-

1 Hesiod, *Theogonie*, 299f.

züchtig-anmutige Typus, der männlichem Willen gefügig ist – und doch nicht aufhört, auch der unzüchtig-widerspenstige zu sein, dessen lokkende und drohende Naturgewalt den Männern keine Ruhe läßt. Echidna ist ein Urbild patriarchaler Psychologie des Weiblichen. Nachdem die Männer das weibliche Geschlecht gewaltsam auf die Seite der zu bändigenden Natur geschlagen haben, lauert für sie in jeder Frau das Unbändige: der Schrecken der Vorzeit. Und der wäre nicht so groß, zöge die Männer nicht auch etwas zum Schrecklichen hin. Können sie denn ernstlich wollen, daß das, was ihnen da als ungebändigte Natur erscheint, restlos gebändigt werde, daß jede Frau nur Materiatur des männlichen Willens sei? »Und wenn er mit Gewalt mich zwingen will«, sagt die Lysistrata des Aristophanes, »verderb ich ihm den Spaß und rühr mich nicht«. »Der Mann hat keine Freude, wenn ihm das Weib nicht *gern* zu Willen ist«[2], sondern eben bloß zu Willen. Sexuelle Lust verlangt die Übereinstimmung zweier Willen, aber auch, daß jeder von beiden ein eigener Wille sei. Wird der eine gebrochen, damit der andere ungetrübte Lust genieße, so genießt er sie schon micht mehr ungetrübt. Sosehr der patriarchale Geist die Gefügigkeit der Frau will, so sehnt er sich doch auch nach dem weiblichen Eigensinn, ohne den seine Lust schal wird und den er doch als Bedrohung seiner Herrschaft zutiefst fürchten muß. Echidnas zwiespältiges Wesen – halb Nymphe, halb Schlange – ist in Wahrheit *sein* Zwiespalt; die »Losmachung des Geistes von den Erscheinungen der Natur«, deren erster Akt Etablierung des Patriarchats heißt, emanzipiert die Männer von den Frauen keineswegs so, wie sie es gern hätten. Das verraten die Klassiker der griechischen Mythologie schon im Aufriß. Was wäre die Theogonie ohne Gaia? Was wäre die Orestie ohne Klytaimnestras Mord an ihrem Gatten Agamemnon, was ohne die Erinnyen, jene Rachegöttinnen, die altes mütterliches Recht über väterliches stellen und daher den Muttermörder Orest, der den Mord der Mutter am Vater gerächt hat, bis aufs Blut quälen? Was wäre die Ilias ohne Thetis, die den allgewaltigen Zeus beschwatzt, das beleidigende Verhalten der Griechen gegen ihren Sohn Achill zu rächen und so die Handlung der Ilias erst in Gang bringt? Was wäre die Odyssee ohne die Geduld der Penelope, die als ein Wunschbild patriarchaler Weiblichkeit gelten darf und dennoch nur durch Eigensinn, durch List und Resistenz gegen die sie bestürmenden Freier, ihrem Odysseus die Heimat offen-

2 Aristophanes, *Lysistrata*, 225 u.165

hält? Das Patriarchat ist nicht nur unfähig, den weiblichen Eigenwillen ganz auszuradieren; es kann nicht einmal wollen, daß es so weit kommt, obwohl es erst recht nicht will, daß es mit diesem Eigenwillen jemals ernst werde. Diesen Zwiespalt hat es sich selbst eingebrockt. In ihm rächt sich die Ungeistigkeit, mit der die Selbstentdeckung des Geistes anhob. Wie gezeigt, begann sie nicht als hohe Philosophie, sondern in den Niederungen des männlichen Seelenlebens, hat in Aggression, Rachebedürfnis gegen das weibliche Geschlecht einen ihrer maßgeblichen Antriebe und keinen Begriff davon, warum ihr die mit Sonne, Luft und Licht assoziierten männlichen Gottheiten menschenähnlicher, geheurer vorkommen als die weiblichen von Erde, Mond und Nacht. Sie muß sich selbst erst auf die Schliche kommen: sich selbst entschlüsseln lernen. Dies ist der langwierige Prozeß von Mythos zu Logos, der nirgends so ausgeprägt und folgenreich verlaufen ist wie bei den Griechen.

Götter werden zunächst vertrauter, wenn eine blühende Phantasie sie bis in Details hinein menschenähnlich gestaltet, aber es kommt der Punkt, wo sie derart menschenähnlich werden, daß das Heilige an ihnen zu verschwinden droht. Auf diesem Scheitelpunkt der Mythologie balanciert die unnachahmliche, unwiederholbare Ironie der Ilias. Wie Zeus da sein gewaltiges Lockenhaupt schüttelt und mit den schwarzen Brauen winkt, wie die lilienarmige Hera, seine Gattin, ihn fürchtet und doch um den Finger wickelt, wie Athene, Apoll, Ares, Aphrodite und Hephaistos auf dem Rücken der Kämpfer um Troja ihre olympischen Ränke schmieden – dies alles läßt die Götter eine derart plastische menschliche Individualität gewinnen, daß es mit ihrer Göttlichkeit so ganz ernst nicht mehr ist. Was sich an der Großen Mutter einst schattenhaft andeutete, wird am patriarchalen Olymp offensichtlich. Nur durch Vermenschlichung verwandelt sich das Heilige aus dem schlechterdings Fremden, Jähen, Schrecklichen in ein Vertrautes, Zuverlässiges, Haltgebendes. Aber das Menschliche ist ebenso die Sphäre des Willkürlichen, Beliebigen, Unberechenbaren, und in diese Sphäre hat die griechische Phantasie ihre Götter dermaßen tief hineingearbeitet und verstrickt, daß ihr schließlich zweifelhaft wird, ob man bei solch unsicheren Gesellen überhaupt noch glaubwürdig schwören, geschweige denn einen höheren Halt für Denken und Handeln finden kann. Die geistige Regsamkeit, die der mythologischen Einbildungskraft zu so üppiger Entfaltung verholfen hat, beginnt sich nun gegen sie zu wenden, der Anthropomorphismus sich als unsicherer Kantonist zu erahnen.

»Homer und Hesiod haben die Götter mit allem belastet, was bei Menschen übelgenommen und getadelt wird: stehlen und ehebrechen und einander betrügen«[3], sagt Xenophanes und erläutert damit, warum jene Denker, die man später die ersten Philosophen nennen wird, nicht mehr bei Zeus und Konsorten Sicherheit, Halt, den Grund von allem suchen, sondern in den Naturelementen, für die solche Götter einst standen und die als ihr dauerhafter, zuverlässiger Kern erscheinen, sobald die anthropomorphe Hülle von ihnen abfällt. Wenn Thales das Wasser, Anaximenes die Luft, Heraklit das Feuer für das weltkonstituierende Element hielt, so war natürlich nicht bloß die nächstbeste Pfütze, dieser Windstoß oder jenes Herdfeuer gemeint, sondern das Element überhaupt als das Allgemeine, das die Welt wirklich zusammenhält. Und wenn von Thales einerseits überliefert ist, daß alles aus Wasser sei[4], andererseits, »daß alles von Göttern voll sei«[5], so versteht er das Wasser offensichtlich als den Stoff, aus dem die Götter sind: das Haltbare an ihnen, ihre wahre Unsterblichkeit, die wirklich Halt und Orientierung gibt und daher von allen anthropomorphen Schrullen und Schlacken zu befreien und rein herauszuarbeiten ist. Ganz ähnlich ist der Status der Luft bei Anaximenes, der des Feuers bei Heraklit: der partikulare, sichtbare Naturstoff steht zugleich für die allgemeine, unsichtbare Kraft, aus der und in der alle Dinge ihr Bestehen haben. Das Naturelement ist zugleich Allegorie für anderes als Natur, und bei Heraklit findet sich bereits ein Bewußtsein davon, wofür: »Über alles wird das Feuer, (...) einmal herangekommen, urteilen und es verurteilen.« Es wohnt ihm logische Kraft inne – die Kraft »des immerseienden Logos«[6].

Der Übergang von Mythologie zu Philosophie ist einer von Willkür zu Notwendigkeit. Nicht irgendein Fiktives, sondern was notwendigerweise, unabweisbar allen Dingen zugrunde liegt, Halt und Sicherheit bietet, soll gelten. Ein epochaler Einschnitt; denn ohne Realität von Fiktion, ohne strenges Denken von Einbildungskraft zu scheiden, können die Menschen tatsächlich nicht zu Vernunft gelangen. Der Versuch der ersten Philosophen, in Naturelementen ein Allgemeines, Kon-

3 Xenophanes, Fr. 25, in: J. Mansfeld, *Die Vorsokratiker* I, Stuttgart 1986, S. 221
4 Aristoteles, *Metaphysik*, 983 b
5 Aristoteles, *Über die Seele*, 405 a
6 Heraklit, Fr. 74 und Fr. 2, in: J. Mansfeld, a. a. O., S. 264 und 244

sistentes zu fixieren, zeugt vom Drang des Geistes nach Allgemeingültigkeit und Konsistenz. Und doch ist dieser Drang auch ein Verdrängen: ein Wegschieben der Mythologie. Als Sphäre der Fiktion gewinnt sie das Ansehen, Willkür, Unwahrheit, Unlauterkeit und sonst nichts zu sein. Damit aber schiebt der sich zum systematischen Denken sammelnde Geist seine unsystematische Vorgeschichte weg. Mythologie ist ja nicht nur flatterhafte Lust zu fabulieren, sondern auch beharrliche Verarbeitung tiefer Erschütterungen und Eindrücke, die Natur und Geschichte in der ungefestigten Subjektivität ausgelöst und hinterlassen haben. Mangelhafte Verarbeitung, gewiß, bei der Ausschmückung und Auslassung, Übertreibung und Verkürzung die Realität entstellen – und doch auch *dar*stellen. Mythologie ist Fiktion, aber eine mit geschichtlicher Realität gesättigte; sie ist geistige Willkür, aber auch Widerschein historischer Willkür: der realen Gewaltprozesse, von denen schon die alte Geschichte strotzt und die Etablierung des Patriarchats einer der nachhaltigsten war.

Philosophie hingegen tritt als Abkehr von der Willkür ins Leben, und zwar in doppeltem Sinne: Sie will nicht, daß der Geist länger in Beliebigkeit und Fiktion umhertreibt, und sie will nicht wahrhaben, in welch willkürlichen und finsteren Verhältnissen er sich bis anhin gebildet hat. Sie heftet sich an Wasser, Luft oder Feuer, weil sie keine Geschichte haben. Das Element an sich bleibt, was es ist – und ist daher das Zuverlässige, Haltgebende. Doch welches Element? »Keiner von denen, die ein Element vertraten, hat die Erde als Element bezeichnet«, bemerkt Aristoteles in seinem Rückblick auf die ersten Philosophen, während »jedes von den drei übrigen Elementen einen wohlgesonnenen Richter gefunden« hat. Und warum nicht die Erde? »Offensichtlich wegen ihrer Großteiligkeit.«[7] Weil aus vielen heterogenen Teilen bestehend, gilt sie den ionischen Naturphilosophen als etwas Abgeleitetes, durch Zusammensetzung erst Entstandenes, während ihnen Wasser, Luft oder Feuer, weil homogener, als Dimension der Ursprünglichkeit erscheinen – was sich freilich weder durch Beobachtung ergibt noch zwingend durch Denken. Entstehen nämlich können Dinge ebenso durch Teilung wie durch Zusammensetzung. Wasser und Feuer lassen sich ebenso als Erdabsonderungen denken wie die Erde als Zusammenballung dünnerer Stoffe. Beides ist gleich arbiträr. Daß aber nur

7 Aristoteles, *Metaphysik*, 989 a

eine der beiden Konsequenzen gezogen wurde, daß der Ausschluß der Erde als Weltgrund stillschweigende Übereinkunft der ersten Philosophen ist, verrät, daß ihre scheinbar allein an der Beschaffenheit der Naturelemente orientierten Überlegungen mit Geschichte geladen sind. Die Entthronung der Göttin Erde und die Machtergreifung der Götter von Wasser, Luft und Licht kehrt darin wieder – überhöht zur allgemeinen Seinsordnung. Die ionische Naturphilosophie setzt das Patriarchat voraus, gibt ihm den Anstrich von Allgemeinheit und Notwendigkeit – und wird so die Willkür von Mythologie und Geschichte, denen sie den Rücken kehrt, gerade nicht los. In den Naturelementen sind die patriarchalen Götter vergeistigt und verschwiegen, aber nicht verschwunden. Die Vergeistigung ist zudem ungenügend, bleibt selbst noch am Stoff kleben, von dessen erdiger Gestalt sie sich zu emanzipieren trachtet, und spreizt jeweils ein bestimmtes Element, also einen partikularen Naturstoff, zum alleinigen Ursprung und Grund der Natur auf.

Erst Parmenides macht den entscheidenden Schritt über diese Ungereimtheit hinaus – allerdings, indem er zunächst zurücktritt, nämlich in den Mythos, um von dort aus gleichsam Anlauf zu nehmen zu seinem kühnen Unterfangen. »Die Stuten, die mich tragen, so weit nur mein Mut reicht«, haben »mich auf den kundereichen Weg der Göttin gebracht«, »der den wissenden Mann trägt«, so beginnt er geheimnisvoll und stellt sein Vordringen auf diesem Weg als Himmelfahrt dar, bei der er wie im Zeitraffer noch einmal den Weg durchmißt, den die Mythologie in seiner ganzen beschwerlichen Länge gegangen ist. In rasender Geschwindigkeit fahren ihn »die Sonnenjungfrauen, das Haus der Nacht verlassend, dem Licht zu« – bis an »das Tor der Wege von Tag und Nacht«, welches, »aus Äther bestehend, mit großen Türflügeln erfüllt ist, deren Riegel Dike verwaltet, die Vielvergeltende«. Bis an dies Tor reicht der Weg der Nacht; denn obwohl aus lauterem Äther, ist es gleichwohl aus Stoff; »Türsturz umschließt es und steinerne Schwelle«. Also gehört es selbst noch zur dunklen Sphäre der Unwissenheit, die der »wissende Mann« durchstoßen muß. Das geschieht erst, als das Tor aufspringt, eine »unermeßliche Weite« erscheint und in ihr Dike, die Göttin, die jenseits der steinernen Schwelle den Ankömmling empfängt: »Jüngling, Gefährte unsterblicher Wagenlenkerinnen, der du mit den Stuten, die dich tragen, mein Haus erreicht hast, sei gegrüßt! Denn kein böses Geschick hat dich geleitet« auf »einen Weg, der fernab vom üblichen Pfad der Menschen liegt, sondern Themis (Satzung) und Dike (Recht). So sollst du alles erfahren, sowohl der sicheren Wahrheit unerschütterliches Herz als auch die Meinungen der Sterblichen, worin keine wahre Zuverlässigkeit ist.«[8] Die Himmelfahrt ist zugleich Einweihung ins höchste Mysterium. Dessen Inhalt aber vermag weder »die vielerfahrene Gewohnheit« noch »das ziellose Auge« noch »das widerhallende Gehör und die Zunge«[9] zu erfassen, sondern allein der von allem Sinnlichen gereinigte Logos. Nur ihm nämlich offenbart sich das von aller Finsternis und Stofflichkeit ungetrübte Sein, das reine »Ist«, welches die Göttin als »unentstanden und unvergänglich, einzig und aus einem Guß, unerschütterlich und nicht zu vervollkommnen« feierlich ausspricht. »Denn welche Entstehung wirst du für es finden? Wie, woher wäre es gewachsen? Aus Nichtseiendem? Das werde ich dich weder sagen noch denken lassen; denn das Nichts ist nicht sagbar noch denkbar.« »Aber auch nicht aus Seiendem, denn die Kraft der Gewißheit wird nie zulassen, daß etwas darüber hinaus entsteht.« »Denn es gibt sonst nichts und wird auch nichts geben außer dem Seienden, weil das Geschick verfügt hat, daß es ganz und unbeweglich in sich verharre. Darum ist alles bloß Name, was die Sterblichen festgesetzt haben, im Glauben, es sei wahr: Entstehen und Vergehen, Sein und Nichtsein, Ortswechsel und Farbveränderung.«[10] Solange sie diesen Glauben hegen, sind sie auf dem Holzweg: »Ohnmacht lenkt in ihrer Brust den schwankenden Verstand, und sie treiben dahin«[11] – haltlos wie der Naturprozeß selbst. Mit dem befaßt sich der zweite, nur sehr fragmentarisch überlieferte Teil des parmenideischen Lehrgedichts. Die nicht sehr klare Vorstellung ist offenbar die, daß anfangs das Helle und Dunkle, das Dichte und Dünne waren, daß sie sich dann in Ringen konzentrisch umeinander gelagert haben und nun durch göttliche Anordnung aufeinander einwirken und ineinander übergehen, denn: »Inmitten von diesen aber ist die Göttin, die alles lenkt: denn allenthalben führt sie die abscheuliche Geburt und Mischung herbei, indem sie zum Männlichen das Weibliche schickt, daß es sich mische, und umgekehrt

8 Parmenides, Fr. 4, a. a. O., S. 312 ff.
9 Parmenides, Fr. 10, a. a. O., S. 318
10 Parmenides, Fr. 11, a. a. O., S. 318 ff.
11 Parmenides, Fr. 9, a. a. O., S. 316

zum Weiblichen das Männliche.«[12] Wo Stoff ist, ist Stoffwechsel: Vermischung und Erzeugung, Entstehen und Vergehen – die Sphäre, »worin keine wahre Zuverlässigkeit ist«. Die Göttin, die hier regiert (sie bleibt anonym), ist das Gegenbild der Dike. Denn Recht und Gerechtigkeit ist das, was festen Halt gibt, Stoffwechsel das, was ihn vorenthält. Sein verwirrendes Treiben ist geistfeindlich, der ihm verhaftete Geist ohnmächtig und nicht bei sich selbst: nicht Logos. Das Aufspringen des ätherischen Tores, das Offenbarwerden der Dike, ist das Logoswerden des Geistes, und Dike selbst die ewige, vollkommene Gerechtigkeit: reines Sein, das sich allein reinem Denken erschließt. »Denken und Sein sind dasselbe.«[13] Weil es im reinen Sein aber kein Werden gibt, Werden also nicht Sein ist, schließt Dike es kategorisch von sich aus und schlägt es rigoros auf die Seite des Nichtsein. Die anonyme Göttin, die das Werden besorgt, ist die personifizierte Unbeständigkeit, nichts, was dem Logos Halt geben könnte und *daher* ein Nichts, von dem er sich abzukehren hat: »Es ist notwendig, zu sagen und zu denken, daß nur Seiendes besteht; denn das Sein ist, das Nichtsein aber ist nicht.«[14]

Dies ist der berühmte parmenideische Gewaltstreich, der das Denken von der Wahrnehmung, das wahrhaft Seiende vom Stoff strikt trennt: der Durchbruch zum reinen, unanschaulichen Gedanken, die Geburt des philosophischen Idealismus und zugleich sein Geburtsfehler, mit dem er sein Lebtag geschlagen bleibt. Das unerhört Neue, das hier stattfindet, steht gleichwohl in altehrwürdiger Tradition. Im welthistorischen Drama der »Losmachung des Geistes von den Erscheinungen der Natur« ist es der zweite Akt. Als der Geist sich selbst entdeckte, wußte er nicht, wer oder was er war. Er ahnte lediglich, daß er *nicht* Erde, Stoffwechsel, Gebären sei. Aber die Gestalten, in denen er sich zu fassen bekam, waren Verhüllungen seiner selbst: die anthropomorphen männlichen Gottheiten nicht minder als die Naturelemente, an denen die ersten Philosophen Halt suchten. Erst Parmenides geht der Geist in

12 Parmenides, Fr. 15, a.a.O., S. 326

13 Parmenides, Fr. 7, a.a.O., S. 316. Ob das bedeutet »sind identisch« oder »von derselben Art«, darüber mögen sich die Gelehrten streiten. Es läuft auf dasselbe hinaus: das reine Sein gibt es nur als Gedanken. Selbst wenn Parmenides beide zu unterscheiden trachtete – das Unterschiedene fällt zusammen.

14 Parmenides, Fr. 9, a.a.O., S. 316

seiner eigenen Gestalt auf: der unanschaulich-begrifflichen. Die aber ist etwas so Ungewohntes, daß Parmenides sich selbst Mut zu ihr machen muß. Er bietet Himmelfahrt, Gottheit, Mysterium, die ganze Autorität des Mythos als höhere Beglaubigung auf – für etwas, was doch bloß logisch sein und sich von selbst verstehen soll: daß Sein ist, Nichtsein aber nicht. Die Bedürftigkeit des reinen Gedankens, sich an die Mächte der Vergangenheit anzulehnen, um sich von ihnen abzustoßen, verrät ihn als Fortsetzung des Mythos in anderer Gestalt. Nicht von ungefähr bestätigt er sich durch alte patriarchale Insignien. Die Himmelfahrt ist Hieroglyphe für die Ablösung des Geistes vom Stoff, die einst in der Entthronung von Mutter Erde blutig begann, und was sie dem »wissenden Mann« offenbart, sind zwei Typen des Weiblichen. Hier Dike, die ihn freundlich empfängt und nur ausspricht, was ihn zum wissenden Mann macht, dort die namenlos bleibende Göttin der zügellos sich vermischenden Natur; hier die vollkommene Entsprechung zum Logos, die ihm ganz gefügig ist, dort die logosfeindliche Macht, in deren Fänge er nicht geraten darf. Und was schützt ihn vor ihr? Nichts als der Satz der Identität, der alles vom reinen, mit sich identischen Sein Verschiedene kurzerhand für Nichtsein erklärt und dann begründet, warum man sich davor nicht fürchten müsse: Es gibt kein Nichtsein, denn nur das Sein ist. In der dürren Tautologie steckt der ganze Nachdruck einer magischen Formel. Sie will den Naturschrecken bannen und ist doch nur sein zur Abstraktion erstarrter Ausdruck. Das von allem Werden gereinigte Sein, das sie beschwört, läßt ein von allem Sein gereinigtes Werden übrig. Beide sind – dieselbe Abstraktion. Reines Werden ist Werden von Nichts, reines Sein ist, was nach Abzug der gesamten Sinnenwelt übrigbleibt: Abgezogenheit pur. Ausgerechnet der Satz der Identität, der Sein und Werden strikt trennt, läßt sie auch ineinander umschlagen und praktiziert selbst die »abscheuliche Mischung«, die er dem Stoffwechsel anlastet. Er flieht ihn – und ist doch bloß seine äußerste Verflüchtigung. Sosehr er sich von ihm abkehrt – er kommt von ihm nicht los. Dike ist nur die Kehrseite jener namenlosen Göttin, mit der sie nichts zu tun haben will. Wer sich von Dike empfangen läßt, hat sich auch mit ihrem Gegenbild eingelassen und erweist sich gerade als der Sphäre verhaftet, über die er sich erhebt. Das als Natur behandelte Weib läßt ebensowenig wie die als Weib personifizierte Natur den patriarchalen Geist, der sie unterwarf, aus dem Griff, auch wo er, wie im Satz der reinen Identität, seine sinnliche Hülle abstreift und nackt entfliehen möchte. Und umgekehrt: Im Geist selbst ist etwas, was ihn zur ungezügelt pulsierenden Natur auch dann noch hinzieht, wenn er sie flieht. Er bedarf dessen, was anders ist als er selbst, und sei es nur, um sich daran zu bestätigen – so, wie der Patriarch des weiblichen Eigensinns bedarf. Im Geist, so unsinnlich und begrifflich er auch agiert, ist dennoch ein Rückstand der Sinnenwelt, ein Sehnen, ein Verlangen nach ihr, das seine Losmachung von ihr, wie heftig er sie auch betreibt, zur Scheinhaftigkeit verurteilt. Der gänzlich begierdelos in sich ruhende reine Geist ist Gespinst eines Denkens, das in seiner eigenen Sehnsucht nach Reinheit die Begierde nicht wahrhaben will.

Wir machen uns kaum mehr klar, wie affektgeladen die Entstehung des Idealismus gewesen sein muß. Das »ätherische Tor« springt auf, die »unermeßliche Weite« der Abstraktion gibt sich dem Geist als seine eigene Sphäre zu erkennen, er wird von der Größe dieser Entdeckung überwältigt, überschätzt diesen Schatz und greift nach ihm als dem einzig Wahren, dem absoluten Halt, den Sinnenwelt, Kultus und Mythos ihm nicht mehr gewähren. Dieser überschwengliche Griff ist eine epochale Pionierleistung. Daß der Stoff nicht alles sein kann, daß es etwas von ihm Unterschiedenes, in allem Wechsel Identisches, ihm Struktur und Ordnung Verleihendes geben muß: ein unstoffliches Sein, das sich wiederum nur durch unstoffliche, von jeder Sinneswahrnehmung unterschiedene Begriffe erfassen läßt – dies gehört zu den unhintergehbaren Einsichten des Idealismus, die erst mit Öffnung des ätherischen Tors möglich wurden. Jedoch fördert der Idealismus sie im Überschwang zutage: im Wahn, das von Stoff und Wahrnehmung Unterschiedene sei gänzlich unabhängig von Stoff und Wahrnehmung – ein in sich selbst gegründetes, sich selbst genügendes Reich ideellen Seins. Der »wissende Mann« ist Angelpunkt dieses Wahns: Sitz des angeblich reinen Geistes, der den Menschen überhaupt erst zum Menschen macht. Sein und Werden stehen ihm als weibliche Gestalten gegenüber, die durch ihn definiert werden: als ihm gemäß oder ihm feindlich. Und der männliche Kopf ist auch der Ort, wo diese beiden Weibsgestalten sowohl gegeneinander stehen als auch ineinander umschlagen, der Ort, wo Hesiods Fabelwesen Echidna sich zum Muster philosophischer Realitätserfassung läutert. Wie in der schönwangigen Nymphe die gierige Schlange, so lauert in dem, was dem Logos gefügig ist, ein anderes, das in ihm nicht aufgeht, sich seinem Zugriff entzieht, ihm so seine Nicht-Autarkie zu beweisen droht – und diesen Beweis ausgerechnet dadurch führt, daß der Logos es verleugnet, ihm das Sein abspricht und damit von seiner eigenen Unsouveränität Zeugnis ablegt. Der nur sich und seinesgleichen zulassende Logos ist tief befangen in dem, was *nicht* seinesgleichen ist, sein Erstarren in reiner Identität der Urschrecken des Idealismus. Von Anfang an ist der Wahn der Autarkie des Logos von der Ahnung begleitet, daß er nicht wahr ist – wie der Autarkiewahn des männlichen Geschlechts, aus dem er aufgestiegen ist. Beide begleitet diese Ahnung wie eine Anfechtung, die gleichermaßen verlockt und schreckt – und gegen die resistent zu bleiben als der Beweis des Geistes und der Kraft, das ganze Glück des Idealismus erscheint. Und tatsächlich ist die Kraft, die da den Logos über Gebühr seiner selbst versichert, keine andere als die, die Platon und Aristoteles zu ihren intellektuellen Höchstleistungen beflügelt hat.

Am parmenideischen Sein kritisiert Platon denn auch nicht die Selbstgenügsamkeit, sondern die Abstraktheit. Er faltet es in eine Vielzahl von Ideen aus. Sie sollen das wirkliche Jenseits der Erscheinungswelt sein, den konkreten Einzeldingen Bestand geben – die Idee des Menschen jedem Menschen, die Idee des Schönen allem Schönen etc. – und von ihrer Unbeständigkeit unberührt bleiben. Das ist nur möglich, wenn es zwischen Unstofflichem und Stofflichem etwas gibt, was Parmenides strikt auszuschließen suchte: Gemeinsamkeit. Platon konstruiert sie so: Die Einzeldinge, dem Stoffwechsel unterworfen, haben keine eigene Realität, haben aber an der autarken Realität der Ideenwelt teil wie vergängliche Abbilder an ewigen Urbildern.[15] Im Vergleich zu den Ideen sind sie nichtig, aber ein absolutes Nichtsein sind sie keineswegs. Diese doppeldeutige Stellung zur Realität entspricht bei Platon exakt der Stellung der Frau zur menschlichen Spezies. Es gibt »gar kein Geschäft von allen, durch die der Staat besteht, welches dem Weib oder dem Manne als Mann angehörte, sondern die natürlichen Anlagen sind auf ähnliche Weise in beiden verteilt, und an allen Geschäften kann das Weib teilnehmen ihrer Natur nach, wie der Mann an allen; in allen aber ist das Weib schwächer als der Mann«.[16] Also keine Rede davon, der Frau das Vernunftvermögen abzusprechen, aber auch keine davon, es ihr rundum zuzugestehen. Ähnlich ist sie dem Mann, aber nicht gleich;

15 Vgl. Platon, *Phaidon*, 100 b ff., *Politeia*, 509 c ff. u. ö.
16 Platon, *Politeia*, 455 de. Platon wird zitiert nach der Übersetzung von F. Schleiermacher, Platon, *Sämtliche Werke*, Hamburg 1957 ff., hier: Bd. 3.

also nicht subjektlos, aber auch nicht ganz Subjekt. Die Realität der Menschheit ruht im männlichen Geschlecht; das Weibliche ist bloß der daran teilhabende Abglanz. Der philosophische Terminus Teilhabe, der erklären soll, wie materielles und ideelles Sein zusammengehören, rationalisiert zugleich das Patriarchat. Er scheint plausibel zu machen, warum gewisse Lebewesen, deren Zugehörigkeit zur Menschheit sich schlechterdings nicht leugnen läßt, dennoch nicht so recht zu ihr gehören und den vollwertigen Menschen daher untertan sein müssen. Und doch rückt Platon die Frauen dabei bedenklich nahe an die Männer heran, räumt ausdrücklich ein, daß auch sie »ärztlich«, »tonkünstlerisch«, »gymnastisch«, »philosophisch« oder »zur Staatshut geschickt«[17] sein können und fordert eine entsprechende Erziehung für sie – im idealen, vernunftgemäß eingerichteten Staat. Woraus man schließen darf, was im patriarchalen athenischen Alltag die Regel war: daß Frauen ohne Rücksicht auf ihre Begabungen von den Geschäften der Männer ausgeschlossen und auf das beschränkt wurden, wofür man sie gering schätzte: Gebären, Nähren, Haus und Herd.

In Platons Philosophie rationalisiert sich nicht nur das Patriarchat, sondern auch dessen Ungenügen an sich selbst. Man hat jahrhundertelang die Frauen auf Naturfunktionen herabgedrückt, sie seelisch-geistig verstümmelt, und steht nun vor der Tatsache, daß das andere Geschlecht, zu dem der Sexualtrieb hinzieht, über die Stillung dieses Triebs hinaus kaum etwas zu bieten hat, sich als so beschränkt, geistlos, rachsüchtig erweist, wie man es gemacht hat. Wenn Männer das weibliche Geschlecht für das, was sie ihm angetan haben, eigens noch einmal mißachten, indem sie sich von ihm abkehren, die Gemeinschaft mit ihm auf ein paar Naturnotwendigkeiten beschränken, alle tiefere Anregung, Entfaltung, Erfüllung dagegen bei ihresgleichen suchen, so ist das eine ebenso zynische wie sensible Reaktion des Patriarchats auf seine eigenen Untaten. Und diese Reaktion war in der Zeit des Übergangs von Mythos zu Logos in den griechischen Stadtstaaten und Kolonien zu einer weitverbreiteten Gepflogenheit geworden – nicht in der ganzen Gesellschaft, als ob da plötzlich mehr Männer als sonst aufs gleiche Geschlecht hin veranlagt gewesen wären, sondern vornehmlich in der kleinen, von aller niederen Arbeit freigestellten, die Staatsgeschäfte besorgenden, sich in Kampfspielen, Gymnastik, Müßiggang übenden und

17 Platon, *Politeia*, 455ef.

pflegenden Männerschicht, die wir gewöhnlich meinen, wenn wir von *den* alten Griechen und ihrer ungewöhnlichen Kultiviertheit reden. In der Tat waren diese Männer eines ihnen gemäßen Umgangs, einer Resonanz bei Gleichgesinnten, Ebenbürtigen besonders bedürftig, weil ohne sie so sublime Dinge wie die Kunst der Plastik, der Lyrik, der Tragödie, der schönen und erfolgreichen Rede, der strengen Suche nach dem unbedingt Wahren schwerlich gediehen wären – und auch nicht, ohne daß man sich seine Resonanzkörper dafür eigens heranzog. Die das tun, »wenden sich zu dem Männlichen«, »indem sie das von Natur Stärkere und mehr Vernunft in sich Habende lieben«. »Denn sie lieben nicht Kinder, sondern solche, die schon anfangen, Vernunft zu zeigen. Dies trifft aber nahe zusammen mit dem ersten Bartwuchs.« »Es sollte aber auch ein Gesetz sein, nicht Kinder zu lieben, damit nicht aufs Ungewisse hin so viele Bemühungen verwendet würden. Denn bei den Kindern ist der Ausgang ungewiß, wo es hinaus will, ob zur Schlechtigkeit oder zur Tugend der Seele und des Leibes. Die Besseren nun setzen sich dieses Gesetz selbst freiwillig«. »Denn anständig und sittig betrieben kann keine Handlung, welche es auch sei, gerechter Tadel treffen.«[18]

Dies ist Platons Kurzfassung der Knabenliebe: ihre Beschönigung und ihr Begriff ineins. Sosehr nämlich die Unsitte, sich schon Kindern sexuell zu nähern, grassierte – sonst wäre sie nicht erwähnt worden –, so sehr ferner auch die kultivierteren Männer an den Knaben den »ersten Bartwuchs«, d. h. das Männlichwerden des Körpers entschieden mehr liebten als das Vernünftigwerden der Seele, so gehörte beides doch mehr zusammen, als den Liebhabern bewußt sein mochte. Natürlich suchten sie an ihren pubertierenden Resonanzkörpern das Körperliche – aber eben auch die optimale Resonanz, die weit mehr als bloß körperlich ist und die allein das männliche Geschlecht verheißt, wenn es denn tatsächlich »das von Natur Stärkere und mehr Vernunft in sich Habende« ist. Unter dieser patriarchalen Voraussetzung ist die Knabenliebe bis ins Physische hinein ein weit übers Physische hinausstrahlendes Kulturphänomen. Sosehr sie die Frauen noch einmal verhöhnt für das, was Männer ihnen angetan haben, so sehr zeigt sie auch, daß Männer an den Frauen vermissen, was sie ihnen geraubt haben. Der sich aufs eigene Geschlecht zurückwendende männliche Trieb verrät, daß er

18 Platon, *Symposion*, 181 c ff., a. a. O., Bd. 2

an seinem Lustobjekt auch die Subjektivität will, die ihm am anderen Geschlecht fehlt, daß der Naturdrang übers bloß Natürliche hinausdrängt, daß Eros mehr ist als jene geistfeindliche Urmacht, als welche Hesiod ihn – gemeinsam mit Gaia – an den Anfang seiner Götterfolge gestellt hatte: »In aller Götter und aller Menschen Brust bezwingt er Vernunft und klugen Ratschluß.«[19] Platon leugnet das nicht, macht aber eine Entdeckung, die die Sache ins Gegenteil wendet: Die ungeistige Macht des Eros ist auch Motor des Geistes. Die Rückwendung des männlichen Triebs aufs eigene Geschlecht geht ihm als ein Reflexivwerden der Sexualität auf – ein Vorgang, den er aufs abgründigste darzustellen weiß: »Hierher, Sokrates, lege dich zu mir, damit ich durch deine Nähe auch mein Teil bekomme von der Weisheit«, ruft Agathon, als Sokrates verspätet beim Trinkgelage eintrifft. Antwort: »Das wäre vortrefflich, Agathon, wenn es mit der Weisheit so wäre: daß sie, wenn wir einander nahten, aus dem Volleren in den Leereren überflösse, wie das Wasser in den Bechern durch einen Wollstreifen aus dem volleren in den leereren fließt. Denn ist es mit der Weisheit auch so, so ist es mir viel wert, neben dir zu liegen; denn ich denke mich bei dir mit mancherlei schöner Weisheit anzufüllen.«[20] Ein wahrhaft dialektisches Bild: Ohne Nebeneinanderliegen von Männern überträgt sich Weisheit nicht – aber auch nicht *durch* Nebeneinanderliegen. Die wechselseitige körperliche Mitteilung ist beileibe nicht Weisheitsmitteilung, sondern der unweise, triebhafte Boden, auf dem sie erwächst. Ach wär' sie doch mehr – das ist der Gestus, mit dem Sokrates sich bereitwillig neben Agathon legt, ohne ihm freilich so zu Willen zu sein, wie jener es gern hätte. Sokrates scheut die körperliche Nähe nicht, weil die Erfahrung ihrer Vergeblichkeit ihn erhaben über sie gemacht hat. In Sokrates ist sie philosophisch geworden, hat sie exemplarisch die Wendung genommen, die Platon dem Eros im ganzen seiner Philosophie gibt und die mit der Prüderie, die heute umgangssprachlich unter »platonischer Liebe« firmiert, wenig zu tun hat.

Platon weiß die Knaben- und Männerliebe als Ingrediens der Geselligkeit und Bildung der griechischen Elite seiner Zeit, er weiß, daß ohne sie seine Philosophie nicht wäre und versucht sie ihr ganz einzuverleiben: als integralen Bestandteil. Dabei beschönigt er sie – aber so, daß er

19 Hesiod, *Theogonie*, 121f.
20 Platon, *Symposion*, 175cff.

sie dennoch *sehen* läßt, kein Tabu über ihre triebhaften Niederungen legt, vielmehr immer wieder auf sie zurückkommt als die Wurzeln, von denen die Homoerotik nur so weit Abstand gewinnt, wie sie über sie hinauswächst. »Und schlecht ist eben jener gemeine Liebhaber, der den Leib mehr liebt als die Seele; wie er auch nicht einmal beständig ist, da er ja keinen beständigen Gegenstand liebt. Denn mit der entfliehenden Blüte des Leibes, den er liebte, verschwindet auch er und flattert davon, viele Reden und Versprechungen zuschanden machend. Der Liebhaber eines Gemütes aber, welches gut ist, bleibt zeitlebens, denn mit dem Bleibenden hat er sich verschmolzen.«[21] »Nämlich indem er den Schönen berührt (...) und mit ihm sich unterhält, erzeugt und gebiert er, was er schon lange zeugungslustig in sich trug, und indem er anwesend und abwesend seiner gedenkt, erzieht er auch mit jenem gemeinschaftlich das Erzeugte. So daß diese eine weit genauere Gemeinschaft miteinander haben als die eheliche und eine festere Freundschaft, wie sie auch schönere und unsterblichere Kinder gemeinschaftlich besitzen«[22] – nämlich die geistigen Erzeugnisse, die sie in wechselseitiger Resonanz hervorbrachten. »Der nämlich auf die rechte Art diese Sache angreifen will, der muß in der Jugend damit anfangen, schönen Gestalten nachzugehen, und wird zuerst freilich, wenn er richtig beginnt, nur *einen* solchen lieben und diesen mit schönen Reden befruchten, hernach aber von selbst innewerden«, daß es »großer Unverstand wäre, nicht die Schönheit in allen Leibern für eine und dieselbe zu halten und wenn er dessen innegeworden, sich als Liebhaber aller schönen Leiber darstellen«. »Nächstdem aber muß er die Schönheit in den Seelen für weit herrlicher halten als die in den Leibern« und darauf dringen, »das Schöne in den Bestrebungen und in den Sitten anzuschauen, um auch von diesem zu sehen, daß es sich überall verwandt ist«. »Von den Bestrebungen aber muß er weiter zu den Erkenntnissen gehen, damit er auch die Schönheit der Erkenntnisse schaue«, »bis er, hierdurch gestärkt und vervollkommnet«, »plötzlich ein von Natur wunderbar Schönes erblicken« wird, »nämlich jenes selbst«, »um deswillen er alle bisherigen Anstrengungen gemacht hat, welches« »immer ist und weder entsteht noch vergeht«, »sondern an und für und in sich selbst ewig überall dasselbe« ist. »Und an dieser Stelle des Lebens«, »wenn ir-

21 A.a.O., 183dff.
22 A.a.O., 209c

gendwo, ist es dem Menschen erst lebenswert, wo er das Schöne selbst schaut«[23], nämlich die Idee des Schönen, in der sich zugleich die spezifische Schönheit aller Ideen zeigt: das um seiner selbst willen Erstrebenswerte zu sein.

In der Absicht, den menschlichen Werdegang zur Erkenntnis der Idee darzustellen, verrät Platon hier den Werdegang der Idee selbst. Sie ist das, was übrigbleibt, wenn alle konkrete, an Menschen und Dingen sinnlich erfahrbare Schönheit abgezogen wird: soll der Inbegriff, die vollkommene Fülle alles Schönen sein, und ist doch nur die vollkommene Abstraktion von allem konkret Schönen. Und ihr Genuß, der das Leben »dem Menschen erst lebenswert« machen soll, ist ein von keiner Sinnenlust getrübtes Schauen: reines kontemplatives Begreifen. Ein Scharnier des philosophischen Idealismus wird sichtbar. Die Erfahrung, daß in Sexualität selbst schon Reflexivität steckt, im Trieb geistige Potenz, Kraft zur Sublimierung, wirkt auf den Intellekt als Verführung: suggeriert ihm, seine Fähigkeit, sich über das Triebhaft-Sinnliche zu erheben, sei Unterpfand dafür, daß er sich ganz davon losmachen könne.

Da ist sie wieder, die Losmachung des Geistes von der Natur – Schlüsselkategorie auch für die platonische Ideenlehre, die wie kein Denken zuvor – und kaum eines danach – sowohl auf der Reinheit und Autarkie des Ideellen besteht als auch dessen triebhaft-sinnliche Wurzeln bloßlegt, nicht nur die patriarchalen Gestehungskosten des Idealismus nicht verhehlt, sondern zudem noch sehen läßt, was Spätere kaschieren: wie die Losmachung des Geistes von der Natur mit einer spezifischen Losmachung des männlichen Geschlechts vom weiblichen verbunden war, einer Homosexualität, an der Platon die Selbsttranszendenz des Sexus zum Geist aufging und die ihn verführte, das sich auf sich beziehende, bei sich bleibende, sich nicht an anderes verlierende männliche Geschlecht als Versinnbildlichung der Autarkie des Ideellen und als Modell seiner Erkenntnis zu nehmen, worin »das Ähnliche immer zum Ähnlichen sich hält«[24], die Seele »zu dem reinen, immer seienden Unsterblichen und sich stets Gleichen« sich wendet »als diesem verwandt«[25]. Mit anderen Worten: Nur der ganz in Unsinnlich-

23 A.a.O., 210aff.
24 A.a.O., 195b
25 Platon, *Phaidon*, 79d, a.a.O., Bd. 3

keit aufgelöste, ganz in Geist übergegangene, seine Triebhaftigkeit selbst aufgezehrt habende Eros ist reiner Logos und erkennt ungetrübt – weil sein Erkennen ein Hindurchsehen durch die Sinnenwelt ist auf das, wovon sie nur trübes Abbild ist, er aber strahlender Reflektor. Reiner Geist erkennt nur Geistartiges, und indem er aus sich hinauszugehen und die Fülle des reinen Seins, »der Wahrheit unerschütterliches Herz« in vollen Zügen zu genießen scheint, bleibt er bloß bei seinesgleichen: der selbstgemachten Abstraktion. Das Glück der reinen Erkenntnis ist die leere, unfruchtbare Tautologie.

Auch dies versinnbildlicht die Knaben- und Männerliebe – wider Platons Willen. Würden die Männer ernstlich nur noch unter sich bleiben, so wäre die Gattung bald ausgestorben und niemand mehr da, der ihre unsterblichen geistigen Erzeugnisse weitertradierte. Homosexualität als Sinnbild der Autarkie dementiert sich selbst – wie keiner besser als Platon weiß. Hat er doch selbst das Wesen des Geschlechtstriebs als Bedürftigkeit erklärt – in einem großartigen Mythos von den menschlichen Urwesen, die Zeus einst in zwei Hälften gespalten habe und von denen jedes mit seiner andern Hälfte wieder eins werden will: Seither »ist die Liebe zueinander (Eros) den Menschen angeboren, um die ursprüngliche Natur wiederherzustellen, und versucht aus zweien eins zu machen und die menschliche Natur zu heilen«[26] – die ursprünglich übrigens »drei Geschlechter von Menschen« kannte, »nicht nur wie jetzt zwei, männliches und weibliches, sondern es gab noch ein drittes dazu«, »zusammengesetzt aus jenen beiden«[27], und nur aus der Spaltung dieser dritten Art, der mannweiblichen Urwesen, entstanden die Frauen und Männer, die es heterosexuell zueinander zieht. »Welche Weiber aber Abschnitte eines Weibes sind, die kümmern sich nicht viel um die Männer, sondern sind mehr den Weibern zugewendet«; »die aber Schnitte eines Mannes sind, suchen das Männliche auf, und solange sie noch Knaben sind, lieben sie als Schnittstücke des Mannes die Männer, und bei Männern zu liegen und sich mit ihnen zu umschlingen ergötzt sie, und dies sind die trefflichsten unter den Knaben und heranwachsenden Jünglingen, weil sie die männlichsten sind von Natur«. Und das wiederum sind sie, »weil sie mit Mut und Kühnheit und Mannhaftigkeit das ihnen Ähnliche lieben«; »zur Ehe aber und Kinderzeu-

26 Platon, *Symposion*, 191 d
27 A. a. O., 189 de

gung haben sie von Natur keine Lust, sondern nur durch das Gesetz werden sie dazu genötigt, ihnen selbst wäre es genug, untereinander zu leben unverehelicht«[28]. Das männliche Geschlecht kann, wie Platon genau weiß, nicht wirklich autark sein, und dennoch soll es für die wahre Autarkie stehen, Unterpfand sein für das Genügen des Geistigen an sich selbst. Weibliche Homosexualität wird nur eben erwähnt; was interessiert, ist die männliche, und die gilt Platon nicht etwa als etwas Widernatürliches, sondern als ein Hinauswachsen der Natur über sich selbst. Der Geschlechtstrieb, dessen Natur Mangel, Bedürftigkeit ist, ein Drängen nach dem, was man selbst *nicht* ist und hat, scheint sich hier in einen Drang nach Gleichartigem zu wenden, nach dem, was man durchaus selbst ist und hat. Der Wendepunkt des Triebs in die Selbstgenügsamkeit, der Punkt seines Reflexivwerdens, der Beginn der Selbstrücknahme der Bedürftigkeit ist damit bezeichnet, und am Ende dieser Rückwendung wächst sogar die Homosexualität über sich hinaus; der Erkennende, der über die schönen Leiber und Seelen schließlich zum Schönen selbst gelangt ist, ist mit sich und der Idee allein und hat an ihr, seinem höchsten Abstraktionsprodukt, vollends genug. Der Drang zum Gleichen ist Drang zur reinen Erkenntnis, und nur er ist stillbar: Wo »Denken und Sein dasselbe« ist, ist Bedürftigkeit in Autarkie übergegangen, Eros in reinen Geist aufgelöst – *er*löst.

Sexualität und Erkenntnis sind nach demselben Muster konzipiert: beide münden in Tautologie. Das gilt auch schon für die Heterosexualität. Sie wird aufgefaßt als beiderseitiger Drang zum Mannweib, worin Mann und Weib untergehen – dasselbe werden. Daß Mannweib »nur noch ein Name« ist, »der zum Schimpf gebraucht wird«[29], stört Platon nicht, weil er ihm das Wesen des Triebs zu erklären scheint, auch des homosexuellen. Wenn vor die Liebenden – Platon denkt sogleich wieder an zwei Männer – »indem sie zusammenliegen, Hephaistos (...) hinträte, seine Werkzeuge in der Hand, und sie fragte: Was ist es denn eigentlich, was ihr wollt, ihr Leute«? »Begehrt ihr etwa dieses, soviel als möglich zusammenzusein, daß ihr euch Tag und Nacht nicht verlassen dürftet? Denn wenn das euer Begehren ist: so will ich euch zusammenschmelzen und in eins zusammenschweißen, so daß ihr statt zweier einer seid und, solange ihr lebt, beide zusammen als einer lebt« –

28 A.a.O., 191eff.
29 A.a.O., 189e

»würde auch nicht einer sich weigern oder zu erkennen geben, daß er etwas anderes wollte, sondern jeder würde eben das gehört zu haben glauben, wonach er immer schon strebte«[30]. Was Platon hier als geheimsten Wunsch suggeriert, ist das Schreckbild der siamesischen Zwillinge, das wirklich Liebenden, sosehr sie sich zueinander hingezogen fühlen, die Haare sträubt, als Fessel und Erstickungstod aller Liebe sogleich vor Augen steht – und dennoch die logische Konsequenz ist, wenn Sexualität als Drang zur Einheit und sonst nichts angesehen wird: als Preisgabe aller Eigenarten, allen Eigensinns, aller Individualität. Was Hephaistos, der göttliche Schmied, den Liebenden vorschlägt, ist ein Fleischwerden jener reinen Erkenntnis, worin Logos und Idee sich wie siamesische Zwillinge zueinander verhalten: tautologisch. Die Idee ist der Logos noch einmal: nach außen gestülpt, zur Objektivität aufgespreizt. Und der Logos ist die Idee noch einmal: nach innen gewendet, als Gedanke. Wie es aber um das Einssein beider, das hochgepriesene Glück der reinen Erkenntnis in Wahrheit steht, zeigt sich schlagartig, wo es in Bilder der Sexualität übersetzt wird. Einswerden ohne Andersbleiben ist entweder Terror – wenn es die Angleichung des einen Geschlechts ans andere bedeutet. Oder es ist Horror – wenn es die Selbstpreisgabe beider bedeutet. Ob Mannweib oder zusammengeschmiedeter Doppelmann – beide sind Allegorien der Tautologie, die das Glück, das sie anschaulich machen sollen, aufs heftigste dementieren. Sie erweisen Verstümmelung oder Auslöschen der Individualität als Gestehungskosten *der* Seligkeit, die der Idealismus allein kennt. Mannweib: für Platon nicht etwa Sinnbild der Gleichwertigkeit oder gar Versöhnung der Geschlechter, sondern Stoff einer minderen Sorte Mensch: »Welche Männer nun von einem solchen Gemeinschaftlichen ein Schnitt sind, was damals Mannweib hieß, die sind weiberliebend, und die meisten Ehebrecher gehören zu diesem Geschlecht, und so auch, welche Weiber männerliebend sind und ehebrecherisch, die kommen aus diesem Geschlecht.«[31] Die Heterosexuellen sind die Triebhafteren,

30 A. a. O., 192de

31 A. a. O., 191de. »Aphrodites Sohn Hermaphroditos war ein Jüngling mit weiblichen Brüsten und langem Haar. Natürlich fand er in Androgyne, der bärtigen Frau, sein abnormes Gegenstück in der Natur, haben doch beide ihren Ursprung als religiöse Begriffe im Übergang vom Matriarchat zum Patriarchat. Hermaphroditos ist der heilige König, der die Stelle der Königin vertritt und der künstliche Brüste trägt. Androgyne ist die Mutterkönigin einer prähellenischen Sippe, die, im Zeitalter des

Ungeistigeren; heterosexuelle Tautologie ist lediglich Vorstufe der homosexuellen, wie diese wiederum Vorstufe der reinen Erkenntnis.

Wie weit die Auslöschung der Individualität in der reinen Ideenschau geht, verrät Platon an anderer Stelle: »Gewähren wohl Gesicht und Gehör dem Menschen einige Wahrheit? Oder singen uns selbst die Dichter das immer vor, daß wir nichts genau hören noch sehen?« Sinnestäuschung ist unausrottbar, solange es den Leib gibt – und entsteht so, daß die Seele, »wenn sie mit dem Leibe versucht, etwas zu betrachten«, »von diesem hintergangen« wird. Sie geht nur dann nicht fehl, wenn sie »mit dem Gedanken allein zu jedem geht, ohne weder das Gesicht mit anzuwenden beim Denken, noch irgendeinen anderen Sinn mit zuzuziehen«, »sondern, sich des reinen Gedankens allein bedienend, auch jegliches rein für sich zu fassen trachtet«, was ihr freilich zeitlebens nie ganz gelingen wird, »weil, solange wir noch den Leib haben«, »unsere Seele mit diesem Übel im Gemenge ist«, so daß, »wenn wir je etwas rein erkennen wollen, wir uns von ihm losmachen und mit der Seele selbst die Dinge selbst schauen müssen. Und offenbar dann erst werden wir haben, was wir begehren und wessen Liebhaber wir zu sein behaupten, die Weisheit, wenn wir tot sein werden«, »solange wir leben aber nicht.«[32] Dies ist der kühne Gedanke, den Sokrates am Tag seiner Hinrichtung entfaltet und der ihn den Schierlingsbecher mit atemberaubender Gelassenheit erwarten läßt. Philosophie, die Liebe zur Weisheit, erfüllt sich im Wegfall des Leibes; ungetrübten Genuß der Ideen gibt es erst, wo das physische Leben aufhört – also bringt das Gift den Philosophen ans Ziel. Es verhilft der Selbstauflösung des Eros in Geist zur Vollendung, ist das Heilmittel, das den Eros von sich selbst erlöst. Sokrates' letzte Bitte, als das Gift schon wirkt, ist denn auch, man möge in seinem Namen »dem Asklepios einen Hahn«[33] dar-

Übergangs zum Patriarchat, ihre richterliche Gewalt behalten wollte.« (R. v. Ranke-Graves, a. a. O., S. 62) Wenn das stimmt, so hat Platon, auch wenn er die historische Genesis der Vorstellung vom Mannweib nicht kannte, das Feindselige daran durchaus erraten. Der Hermaphrodit wäre der Mann, der sich der Insignien des Matriarchats bemächtigt, die Androgyne die Frau, die diese Insignien durch Identifikation mit dem patriarchalen Angreifer zu behalten sucht. In beiden Fällen wäre Mannweib ein Bild für die gewaltsame Angleichung des weiblichen Geschlechts ans männliche, worin der Sieg des Patriarchats sich ankündigt.

32 Platon, *Phaidon*, 65 b ff.

33 Platon, *Phaidon*, 118 a

bringen: das Dankopfer des Genesenden an den Arzt-Gott. Mit dem Schierlingsbecher hat er auch den Idealismus ausgekostet, bis zur Neige durchlebt. Bis zum letzten Atemzug bleibt er unerschüttert – auf den Kredit der unerschütterlichen Autarkie der Ideen. Sie ist sein Fluchtpunkt – das Irrlicht, worin ihm reine Erkenntnis und Tod als dasselbe erscheinen: als Erlösung vom Fleische, als Rückgang in die reine Tautologie, ins Genügen des Ideellen an sich selbst. Der idealistische Philosoph verhält sich zu den Ideen wie der Heros zur Großen Mutter: er kehrt in ihren Schoß zurück. Und was im matriarchalen Kultus ein Nacheinander war – sexuelles und sterbendes Einswerden mit ihr –, wird im patriarchalen Logos ein Zugleich: Das reine Erkennen ist Gipfelpunkt des Eros und Selbstaufopferung des Individuums ineins.

Sokrates, von Platon mit Vorliebe zum notorischen Verunsicherer und kritischen Geist stilisiert, der eigentlich nur eines weiß: daß er nichts weiß – diesem Sokrates legt er andernorts das Geständnis in den Mund, »nichts als Liebessachen zu wissen«[34]. Und die Schrift, wo es vorkommt, verrät auch am meisten über Triebdynamik und gesellschaftliche Lage, über das einzigartige patriarchal-homosexuelle Milieu, woraus die platonischen Ideen aufgestiegen sind. Sie wären nicht ohne den Eros, der sie entbindet und sich in ihnen vergeistigt. Sie erscheinen durch ihn als das Unbedingte, aber er scheint in ihnen als ihre Bedingung durch. Die Bewegung der platonischen Philosophie geht nun dahin, ihre physischen Bedingungen sowohl sehen als auch verschwinden zu lassen, die Triebnatur als etwas zu zeigen, wovon die Ideen abhängen – und sie gleichwohl in etwas zu verwandeln, was von ihnen abhängt. Die Ideenlehre zehrt gleichsam ihre eigenen Bedingungen auf, von denen sie doch zehrt – und verfährt dabei so doppeldeutig, wie sie es vom Eros sagt: Er verzehrt sich – nach Platon so, daß er sich in Geist auflöst, in Wahrheit aber so, daß er sich nach einer Erfüllung verzehrt, die er in den Ideen bloß fingiert, nicht erreicht.

Bei Platon wird die Losmachung des Geistes von der Natur selbst thematisch – in ihrer Verwobenheit mit der Losmachung des männlichen Geschlechts vom weiblichen durch Knabenliebe, jener Reaktionsbildung des enttäuschten männlichen Sexualtriebs, der am mißhandelten anderen Geschlecht das qualitativ Andere vermißt, sich für die unerfüllte Sehnsucht danach mit Verlangen nach dem Gleichen ent-

34 Platon, *Symposion*, 177 d

schädigt und die Tautologie als den Inbegriff der Übereinstimmung imaginiert: sexuell, begrifflich, ontisch. Tautologie und Autarkie aber sind stets Surrogate von Erfüllung: Ausdruck einer Verletztheit, die ihre Wunde nicht zeigen will, sich gegen ihr ungestilltes Verlangen nach dem qualitativ Anderen taub macht. Und auch von dieser enttäuschten Verhärtung läßt Platon etwas verspüren, wenn ihm die Allegorie höchster Sinnenlust zum Schreckbild siamesischer Zwillinge gerät, die Autarkie des Logos sich nicht anders zu konkretisieren vermag als im Tod. Und doch ist ihm das Kunststück gelungen, die Verhärtung als eine erst werdende zu zeigen, als einen Prozeß in Richtung Ideenlehre, aber nicht schon als verknöchertes Resultat. Das macht die unvergleichliche Offenheit seiner Philosophie aus: der Ideenlehre noch hinter die Kulissen zu schauen, indem er sie errichtet.

Freilich hängt solches Vermögen vom historischen Augenblick ab; es läßt sich nicht beliebig konservieren. Ist die Ideenlehre erst einmal ausgearbeitet, verlangt sie von sich aus, daß man sich auf sie versteife. Aristoteles, Platons bedeutendster Schüler, hat sie denn auch als fertiges Resultat vorgefunden oder zumindest genommen. Was hinter ihr vorgeht, aus welchem Triebgrund sie aufgestiegen ist, welchen Anteil das griechische Milieu der Knaben- und Männerliebe an ihr haben mag, fällt für ihn aus der philosophischen Besinnung heraus. Die Wahrheitsfrage richtet sich allein auf den Vordergrund – die Argumentation, die die Ideenlehre zeigt. Und an der hat Aristoteles einiges auszusetzen. Solange die Ideen als separate Urbilder der Sinnenwelt gefaßt werden, sind sie bloß ein gedachtes Jenseits ohne eigene Wirklichkeit. Unmöglich, »daß das Wesen gesondert ist von dem, dessen Wesen es ist«, daß »die Ideen als die Wesen der Dinge gesondert von ihnen bestehen«[35], denn wie sollen sie dann mit ihnen zusammenkommen? »Zu sagen, sie seien Urbilder und die anderen Dinge hätten an ihnen teil, heißt leer sprechen und in poetischen Umschreibungen. Denn was ist es, das da, zu den Ideen aufblickend, werkt?«[36] Ein göttlicher Künstler, der nach dem Modell der Ideen die Sinnendinge bildet, existiert nicht, aber aus den Ideen, und wenn sie noch so realitätsprall in sich ruhten, »würden nie die an ihnen teilhabenden Dinge, gäbe es nicht ein Bewegendes«[37].

35 Aristoteles, *Metaphysik*, 991 b
36 A. a. O., 991 a
37 A. a. O., 991 b

Und dem gilt Aristoteles' ganze Aufmerksamkeit. Bewegung kennt er vielerlei. Dinge ändern ihre Lage im Raum, ihre Farbe, Konsistenz und sonstige Beschaffenheit, sie wachsen und schrumpfen, entstehen und vergehen[38] – was alles nicht möglich wäre, gäbe es nicht eine Urbewegung, die dafür sorgt, daß solche Naturprozesse überhaupt stattfinden. Dieses erste Bewegende muß den Ideen selbst innewohnen, wenn sie konstituierende Kraft haben sollen, und die Ideen wiederum müssen den Sinnendingen innewohnen, wenn sie denn *deren* Wesen sein sollen. Nicht als jenseitige Urbilder der Dinge sind sie real, sondern nur als deren innere, sie konstituierende Form: ihr *Eidos*. So arbeitet Aristoteles Ideelles und Materielles ineinander. Der Form rechnet er ein gewisses Etwas zu, das den platonischen Ideen fehlte und das er *Energeia* nennt: *Wirk*lichkeit im Doppelsinn von seiend und wirkend, mit der Doppeleigenschaft, sowohl in sich zu ruhen als auch aus sich herauszutreten, sowohl unbewegt zu sein als auch bewegend. Solche Energeia wähnt er in allen Naturprozessen am Werk, zumal in den organischen. Wie kommt es, daß sie mit so bewunderungswürdiger Regelmäßigkeit ablaufen, daß aus einer bestimmten Sorte Keim, wenn sie sich entwikkelt, immer eine bestimmte Sorte Baum wird, nicht das eine Mal eine Blume, das andere Mal ein Fisch oder Lurch? Offenbar, so die Überlegung, steckt im Keim selbst schon das, woraufhin er sich entwickelt. Dies Woraufhin ist also nicht nur sein äußeres Ziel, sondern auch sein innerer Zweck (Telos = Ziel, Zweck), also nicht nur das, was bei der Entwicklung herauskommt, sondern schon das, was sie in Gang setzt und ihr ihre Richtung und Regelmäßigkeit gibt. »Um des Telos Willen gibt es Entwicklung; Telos aber ist die Energeia«[39]. Organische Entwicklung besteht darin, daß der Zweck wird, was er an sich schon ist; er bringt sich selbst hervor. Die Form ist auch das Formierende; Energeia ihre Kraft zur Selbsterzeugung – nach Aristoteles eine rein ideelle Kraft, die dem Stoff gänzlich fehlt. »Stoff nenne ich, was nicht wirklich (wörtlich: durch Energeia) ein bestimmtes Das ist, sondern bloß potentiell«: das für eine bestimmte Form aufnahmefähige Material. »Daß auch der Stoff ein Wesen ist«, d.h. ein genauso Ursprüngliches, nicht weiter Herleitbares wie die Form, »ist klar«, aber er ist ein bemerkenswert qualitätsloses Wesen. Seine bestimmte Gestalt, Konsistenz, Be-

38 Aristoteles, *Physik*, 201 a
39 Aristoteles, *Metaphysik*, 1050 a

schaffenheit – das ist nicht er selbst, sondern immer schon das Wirken eines anderen an ihm, er nur »das Zugrundeliegende der Veränderungen«[40], dasjenige, woran dies Wirken sich vollzieht. Das Selbst des Stoffes besteht darin, keines zu haben: alle Bestimmtheit und Konkretheit durch die Energeia der Form erst zu empfangen.

Was aber die Natur als ganze konstituiert – wie sollte das nicht konstitutiv sein fürs Geschlechterverhältnis? Jedenfalls macht Aristoteles keinen Hehl aus seiner Auffassung, daß männlich und weiblich sich verhalten wie Form und Stoff. »Weil aber die erste bewegende Ursache, in welcher der Logos und die Form liegt, höher und göttlicher ist als der Stoff, ist es auch besser, daß das Höhere vom Niederen getrennt ist, daher ist überall da, wo es tunlich ist, das Männliche vom Weiblichen getrennt. Denn besser und göttlicher ist das Prinzip der Bewegung, welches das Männliche in den Geschöpfen ist; der Stoff aber ist das Weibliche.«[41] Die Frau ist bei der Fortpflanzung die passive, bloß empfangende Seite, »gleichsam ein zeugungsunfähiger Mann«[42], während dem männlichen Samen die ganze produktive Kraft der Form innewohnt. »Daher ist klar, daß er eine Seele hat und potentiell Seele ist«[43], also bereits das integrale Wesen eines künftigen Menschen enthält, für den die Geschlechtsorgane der Frau nur noch den Nährboden der Entwicklung darstellen. »Der Körper aber kommt vom Weiblichen, die Seele dagegen vom Männlichen; denn die Seele ist das Wesen eines Körpers.«[44] Womit das Patriarchat erstmals den Nimbus einer wissenschaftlich erwiesenen Naturnotwendigkeit erhält: als Modellfall für die Art und Weise, wie in allen Naturprozessen Form und Stoff zusammenwirken.

Aristoteles besteht darauf, daß Form und Stoff ineinander sind; um so absurder, wie er sie dabei trennt: alle Aktivität und Produktivität auf die Seite der Form schlägt und den Stoff zum passiven, defizienten Material disqualifiziert. An keinem Naturbeispiel läßt sich diese Aufteilung empirisch erhärten, viele aber widerstreben ihr. Daß ein Mann, der mit der Zeugung eines Kindes vielleicht nur ein paar Minuten beschäf-

40 A. a. O., 1042 a
41 Aristoteles, *Über die Entstehung der Lebewesen*, 732 a
42 A. a. O., 728 a
43 A. o. O., 735 a
44 A. a. O., 738 b

tigt war, während die Frau es neun Monate austrägt und noch Jahre mit seiner Ernährung und Pflege zu tun hat – daß dieser Mann nichts als aktiv, die Frau nichts als passiv bei der Erzeugung war, ist so offensichtlich gegen jeden Augenschein, daß sich die Frage aufdrängt, wie einer darauf kommen und auch noch beharren kann. Aristoteles verrät es uns – dort, wo er für die Entstehung aller Naturdinge vier Ursachen namhaft macht: »die eine Ursache nennen wir das Wesen (Form, Eidos)«, »die andere den Stoff«, »die dritte ist das Woher, der Anfang der Bewegung, die vierte im Gegensatz zu dieser Ursache das Worumwillen«[45], der Zweck. Wo aber kommen diese vier Ursachen überhaupt deutlich voneinander unterschieden vor? In menschlicher Arbeit. Damit ein Artefakt, etwa ein Haus oder ein Tisch entsteht, müssen zusammenkommen: das Material, der Hersteller, die Form des herzustellenden Gegenstands (die der Hersteller schon im Kopf haben muß, wenn er planmäßig arbeiten will), und der Zweck. Aktivität und Passivität sind hier dankenswert klar verteilt. Das Material tut nichts als die Form empfangen, in die der Hersteller es bringt. Er hingegen tut alles andere: ist das Woher der Bewegung, wenn er seine Muskeln und Werkzeuge in Gang setzt, damit aus Holz oder Stein ein Tisch oder Haus wird, übersetzt dabei die Form, die ihm vorschwebt, in den Stoff und realisiert so den Zweck, um dessentwillen er sich angestrengt hat: daß Menschen diesen Gegenstand gebrauchen können.

Aristoteles hat die Entstehung von natürlichen Organismen nach dem Modell menschlicher Arbeit gedacht – wobei drei der vier Ursachen ineins fallen. Ein Baum etwa entsteht nicht um menschlichen Gebrauchs willen wie ein Haus, sondern um seiner selbst willen. Sein Zweck ist von seiner Form nicht verschieden. Und seine Entstehung? Anscheinend auch nicht. Was bringt einen Baum zum Keimen, was macht aus den Keimen Bäume? Ein Arbeiter oder Künstler ist nicht in Sicht; also scheint die Form selbst dieser Künstler zu sein. Empirisch feststellen läßt sich an Naturprozessen ohnehin nur die Bewegung, nicht aber ihr erstes Woher. Und wo der Stoff dafür gar nicht erst in Betracht kommt, weil als selbstverständlich unterstellt wird, daß er sich in organischer Entwicklung nicht anders verhält als bei menschlicher Arbeit, nämlich als passives, bloß empfangendes Material, bleibt fast nichts anderes als alle Aktivität auf die Seite der Form zu verrechnen

45 Aristoteles, *Metaphysik*, 983 a

und zu folgern: Die Form ist auch das Formierende, Anfang und Ziel der Bewegung, Erzeugung ihrer selbst: Energeia. Und daß es diese unstoffliche, allen Stoff erst strukturierende und qualifizierende Kraft tatsächlich gibt, dafür hat Aristoteles einen bestechenden Kronzeugen: den menschlichen Geist. Er ist sowohl der Künstler, der die Gedanken bildet, als auch das, woraus und worin sie gebildet werden: »Sich selbst denkt der Geist bei seiner Teilnahme am Gedachten. Denn indem er berührt und denkt, wird er Gedanke, so daß Geist und was er denkt – dasselbe sind.«[46] Und auch wieder nicht dasselbe, denn er denkt ja nicht unentwegt, »so daß der Geist, bevor er denkt, nur potentiell Gedanke ist, aber nicht wirklich«, »wie bei einer Schreibtafel, auf die nichts wirklich geschrieben ist«[47]. Wenn er aber denkt, so gelingt ihm ein münchhausenartiges Kunststück: Er überführt sich selbst von Potentialität in Aktualität. »Wie überall in der Natur das eine der Stoff zu jeder Art ist«, »das andere aber das Ursächliche und Wirkende, das alles bewirkt, wie die Kunst (Techne) in bezug auf den Stoff, so kommen auch in der Seele notwendigerweise diese Unterschiede vor. Und es ist der eine Geist so beschaffen, daß er alles wird, der andere, daß er alles macht«, »und dieser Geist, abgesondert, leidensunfähig und unvermischt, ist seinem Wesen nach Energeia«. »Und dieses allein ist unsterblich und ewig.« »Und ohne dieses wird nichts gedacht.«[48] Auch im Geist geht es also zu wie bei Artefakten, nur sublimer. Es ist kein Stoff mehr da, aus dem etwas gemacht wird, und so bleibt übrig: reines unstoffliches Machen und Gemachtwerden. Das ist gemeint mit den beiden »Geistern«. Geist wäre nicht Geist, würde er sich nicht selbst zu dem machen, was er ist, wäre in ihm selbst nicht die Energie zur Hervorbringung all seiner Begriffe, Urteile, Schlüsse – ein produktives Moment, das sich aus nichts anderem herleiten läßt. Hier findet tatsächlich so etwas wie unbewegtes Bewegen statt. Das ist Aristoteles' große Entdeckung. Er wird von ihr ähnlich überwältigt wie Parmenides von der seinen, macht sie nicht, ohne sie zu überschätzen. Das produktive Moment des Geistes ist ein höchst zerbrechliches und flüchtiges, kommt nur in körperlichen Wesen vor, läßt sich aus ihrem Stoffwechsel zwar nicht herleiten, aber auch nicht davon ablösen. Es verfliegt, wenn er stockt. Es ist ein

46 A.o.O., 1072b
47 Aristoteles, *Über die Seele*, 429bf.
48 A.a.O., 430a

Unbedingtes, das gleichwohl physische Bedingungen hat. Die klammert Aristoteles aus, versteift sich allein auf das Nicht-Herleitbare selbst und glaubt darin die unsterbliche, ewige Autarkie des Ideellen beim Zipfel zu erhaschen: Energeia pur.

Genial, wie Aristoteles sie herausdestilliert – durch einen Analogieschluß vom Artefakt auf Natur und Geist. Wie der Künstler sein Material, so bearbeitet die Form den Stoff, der Geist sich selbst. Der Analogieschluß, ein guter alter Bekannter aus dem Matriarchat, ohne den Mutter und Erde nie zusammengekommen wären, ist auch beim Patriarchen Aristoteles noch Motor der Welterklärung. Und indem er die Artefaktentstehung zu ihrem Ausgangspunkt nimmt, verfährt er in der Theorie noch einmal so, wie die Entstehungsgeschichte des Patriarchats in blutiger Praxis einst verfuhr. Wir erinnern uns: Die Selbstentdeckung des Geistes begann damit, daß die Menschen in ihrem Tun etwas wahrzunehmen lernten, was zum Tun der Erde qualitativ verschieden ist: die kultivierende Kraft, aus Natur etwas zu machen, was Natur selbst nicht vermag, ihr durch planmäßige Bearbeitung eine Form und Qualität zu geben, die sie von sich aus nicht hat. Erst im Selbstgefühl dieser Kraft, in der Ahnung, daß sie von Höherem kündet als Stoffwechsel und Gebären, begann die Entthronung von Mutter Erde. Wo diese nur noch als der Klumpen erscheint, aus dem Gott den Menschen formt, wo »Macht euch die Erde untertan«[49] die Parole ist, oder wo sie als das niedere, aus Wasser oder Luft erst gewordene, jeder Ursprünglichkeit bare Element firmiert, da ist der Prozeß ihrer Herabsetzung in vollem Gange, da wird die Produktivkraft als das Höhere im Menschen, als Erscheinungsform des Geistes bereits kräftig gefeiert, auch wenn noch der Begriff für sie fehlt. Aristoteles nennt ihn: *Techne*, die Fähigkeit, Artefakte herzustellen. Sie ist für ihn im doppelten Sinne Ausgangspunkt: sowohl um das Ideelle als Sitz der Energeia zu erweisen als auch um die Erde zum bloßen Stoff zu disqualifizieren. Beides ist *ein* Denkschritt: hochabstraktes philosophisches Kürzel für einen zutiefst archaischen Vorgang, dessen Logik Magie heißt: Einer Macht ist man so lange ausgeliefert, wie man sich ihrer nicht bemächtigt. Einen Feind entkräftet man nur, indem man sich seine Kraft aneignet. Mutter Erde geht ihrer göttlichen Kraft verlustig, sofern andere Götter sie ihr abzwingen. Die Frauen verlieren die geschlechtsspezifische Aura,

49 Gen. 2,7; 1,18

durch die sie als die eigentlichen Gattungswesen erschienen, sofern Männer sie usurpieren und sich als die wahren Gattungswesen setzen. Besiegen heißt enteignen. Davon ist das Patriarchat der grobe historische Beweis, die Metaphysik des Aristoteles der feine geistige Niederschlag. Indem er suggeriert, daß der Stoff nur empfängt und nichts hervorbringt, spricht er der Mutter Erde ihre unerschöpflich-göttliche Gebärkraft ab – und läßt sie als Energeia wiederauferstehen: als unsterblich-ewige Zeugungskraft des Ideellen. Und wie die Erde einst angesehen war als die Kraft, alles aus sich hervorzubringen und alles in sich zurückzunehmen, so nun die Form als das, was alle Organismen entstehen und wachsen läßt, allen Dingen ihre Struktur und Qualität gibt – und dabei doch nur bei sich selbst ankommt, in sich zurückkehrt, das wird, was sie immer schon war: Form. Die Rückwendung in sich ist der aristotelischen Form nicht minder wesentlich als der Großen Mutter. Beide haben die Reflexion als Lebenselixier. Das Sich-Zurückschlingen in den Anfang macht sie unsterblich, unerschöpflich, unvordenklich – und hebt sie übers Geschlechtsspezifische hinaus. Energeia, angeblich das Geheimnis aller Zeugungskraft, ist nur die Logos gewordene Gebärkraft der Großen Mutter. Indem Aristoteles seine ganze Metaphysik auf sie gründet und damit das Patriarchat so konsequent rationalisiert wie niemand zuvor, plaudert er auch aus, daß im männlichen Sieg – das Besiegte gesiegt hat. Das Patriarchat zeigt sich als über sich hinausgewachsenes, rationalisiertes und damit unbewältigtes Matriarchat.

Aristoteles hat die platonische Ideenlehre konsistent zu machen versucht, indem er sie auf eine Zeugungstheorie zuspitzte: die Reinheit und Autarkie des Ideellen einer ungezeugten Zeugungskraft zuschrieb, die nach Platon in den Ideen und ihrer Schau gerade zur Ruhe kommen sollte. Energeia ist gleichsam das Sexuelle im Ideellen – und doch etwas anderes als der platonische Eros, der als der ungeistige Motor des Geistes, als die die Ideenwelt erschließende Kraft zwischen Ideen- und Sinnenwelt gerade in der Schwebe blieb – bis zu seiner Selbstauflösung. Energeia hingegen ist unauflöslich – ein vergeistigter, aber auch enterotisierter Eros. Eros war ja zunächst einmal Trieb – und das Geistige daran lediglich das Hinausdrängen des Naturdrangs übers Natürliche: auf eine Vereinigung hin, die sich im bloßen Zusammenkommen der Körper und Erzeugen von Nachwuchs höchst unzulänglich realisiert, die erst in einer vollendeten körperlich-geistigen Übereinstimmung des Unterschiedenen erfüllt wäre, wie sie der Naturprozeß nicht hergibt, die daher nach theologischem Ausdruck wie dem der ewigen Seligkeit verlangt. Denn »alle Lust will Ewigkeit« [50]. Das hat Platon erraten, auch wenn die Ewigkeit, die ihm vorschwebte, sich als die der *aufgelösten* Lust erwies: als die tautologische des philosophischen Idealismus. Die aristotelische Energeia hingegen ist vorab entschieden unstofflich – und gerade dabei viel naturhafter als der Eros. In ihr versteckt sich kein utopisches Moment, an ihr gibt es nichts zu erraten. Zeugung liegt als der Sinn aller Sexualität offen zutage, und was Zeugung ist, erschließt sich an menschlicher Arbeit: zielgerichtete Einwirkung einer Kraft auf einen passiven Stoff. Mehr geschieht auch im Geschlechtsakt zwischen Mann und Frau nicht. Nichts von wechselseitiger Hingabe, von über sich hinausweisendem Glücksgefühl. Der Mann bearbeitet die Frau. Er zeugt, und sein Zeugen ist wesentlich ein Selbsterzeugen. Das männliche, energeiageladene Element entwickelt sich selbst – und hin zu sich selbst; der weibliche Leib ist nur der Ort dieser Begebenheit. Die Hinwendung des Mannes zur Frau im Geschlechtsakt ist auch schon die Rückwendung des Männlichen in sich, der Punkt der Vereinigung auch der Wendepunkt, das sexuelle Bearbeiten der Frau auch das Sich-Abstoßen von ihr. Die Abkehr des männlichen Geschlechts vom weiblichen bedarf gar nicht erst des Umwegs der Homosexualität. Sie findet in der ganz gewöhnlichen Heterosexualität statt. Das ist der Witz der Energeia: als Zeugungskraft zu agieren und ausgerechnet dabei die Kraft der Losmachung der Form vom Stoff, des Geistes von der Natur zu sein. Kein Wunder, daß jene Knaben- und Männerliebe, die Platon als den Nährboden seiner Ideenlehre erkannte, für Aristoteles keine philosophische Bedeutung hat. Ist die Ideenlehre erst einmal ausgearbeitet, so muß sie unabhängig von ihren Entstehungsbedingungen überzeugen: allein durch ihre gedankliche Konsistenz. Und richtig: Ihr Siegeszug, ihre prägende Wirkung aufs gesamte abendländische Denken hat erst Jahrhunderte später unter christlichen Vorzeichen stattgefunden – in einer Gesellschaft, wo Homosexualität geächtet war. Mag Aristoteles persönlich durchaus noch von ihren Reizen gekostet haben [51] – seine Theorie verbucht sie nur mehr als schlechte Naturanlage oder schlechte Gewohnheit »bei denen, die von Kind auf mißbraucht

50 F. Nietzsche, *Also sprach Zarathustra*, *Werke*, a. a. O., Bd. III, S. 558
51 Vgl. E. Borneman, a. a. O., S. 325

wurden«[52]. Als Fingerzeig dafür, daß Sexualität mehr will als Trieb stillen, zeugen, fortpflanzen; als geheime, uneingestandene Enttäuschung darüber, daß dieses Mehr bei den Frauen, so wie man sie zugerichtet hat, nicht zu finden ist; als Ausdruck des Unbehagens des Patriarchats an sich selbst kommt sie erst gar nicht in Betracht. Weil physisch unproduktiv, scheidet sie auch philosophisch aus. Das Patriarchat gibt sich mit sich selbst zufrieden. Die Frau wird als »gleichsam ein zeugungsunfähiger Mann«[53] taxiert und damit selbst zum Surrogat dessen, was der Mann an ihr vermißt. Eros zerfällt in den geistlosen Naturtrieb und die unstoffliche Energeia. Letztere steigt zum selbstgenügsamen, selbstzufriedenen Schlüsselbegriff des Idealismus auf: scheint die platonische Ideenlehre zu einer geschlossenen metaphysischen Theorie abzudichten, scheint das Patriarchat als Naturnotwendigkeit wissenschaftlich zu erweisen – und kristallisiert sich in alledem nach und nach als das welthistorische Gegenstück der Großen Mutter heraus, das wie sie die Struktur der Reflexion hat, wie sie in allem Tun, in aller Selbstentäußerung nur bei sich selbst bleibt und ankommt, und daher auch erst fähig ist, das auszubilden, was im Mittelmeerraum seit dem Sturz der Großen Mutter keine Gottheit mehr erreicht hat: Dreifaltigkeit. Nicht, daß Aristoteles selbst schon von Trinität spräche. Aber dort, wo sie vier Jahrhunderte später allmählich zum Angelpunkt menschlichen Denkens und Handelns, zum »Alpha und Omega«[54] wird, da ist es, als würde nur die fällige Explikation geliefert, nach der die Energeia eigentlich immer schon verlangt hat.

Es gibt in mancher Hinsicht zwischen Kulturen und Völkern selbst über große räumliche und zeitliche Distanz hinweg frappierende geistige Verwandtschaft, von der die Verwandten nichts wissen. Um etwa höhere Wesen zu verehren, bedurfte es nicht irgendwelcher überregionaler Absprachen. Darauf kamen die einzelnen Volksstämme aller Kontinente allmählich von selbst – genauso, wie niemand sie erst den Naturschrecken lehren mußte. Auch der Analogieschluß, der Mutter und Erde verband, wird sich an verschiedenen Orten gebildet haben. Es fehlt jeder Beweis dafür, daß er sich von einem einzigen Ursprung und

52 Aristoteles, *Nikomachische Ethik*, 1148b
53 Aristoteles, *Über die Entstehung der Lebewesen*, 728a
54 Apk. 1,8

Zentrum aus in die Alte Welt verbreitet hätte. Viel hingegen spricht dafür, daß unter halbwegs ähnlichen geographischen und klimatischen Bedingungen von einem gewissen Grad der geistigen Entwicklung an dieser Schluß sich nahelegte, auch ohne daß andere ihn vorexerzierten. Ebensowenig läßt sich ein Urzentrum des Patriarchats ausmachen, während alles darauf hindeutet, daß die verschiedenen und strukturell doch so ähnlichen matriarchalen Kulturen, sobald sie einmal das Selbstgefühl der menschlichen Produktivkräfte geweckt hatten, von sich aus zu jenen Zweifeln an der Autorität der Großen Mutter Anlaß gaben, die schließlich zu ihrem Sturz führten. Und so hat auch der patriarchale Übergang von Mythos zu Logos mehr als nur ein Gesicht. Das griechische ist sein ausgeprägtestes. Aber die gedankliche Strenge, mit der das zerschlagene, in die babylonische Gefangenschaft verschleppte jüdische Volk seine eigene mythologische Tradition zu bearbeiten beginnt, ist ein kaum minder bedeutendes. Im 6. vorchristlichen Jahrhundert, just zu der Zeit, als Thales und Anaximenes die Vielfalt der Erscheinungswelt auf ein einziges Prinzip, Wasser oder Luft, zurückzuführen wagen, gehen die Juden dazu über, ihren Gott, den einzigen, den sie verehren dürfen, auch als den einzigen zu begreifen, der überhaupt existiert: als Weltschöpfer. Keine Beeinflussung, keine Verabredung ist da zwischen Juden und Griechen nachweisbar, und doch ist die Tendenz, die Vielfalt der Welt, ihr irritierendes Hin und Her, ihr deprimierendes Auf und Ab auf *einen* Grund, *eine* sinnstiftende Instanz zurückzuführen, ein schlagend Identisches in beiden Denkweisen. Vom jüdischen Gott soll man sich zudem »kein Gottesbild machen«[55]; das Sinnlich-Physische ist also nicht sein Element. Hingegen hat er den Menschen »zu seinem Bilde«[56] geschaffen, ist also bereits als eine Art unbildlich-unsinnliches Urbild gedacht, längst ehe Platon das Verhältnis von Ideen- und Sinnenwelt als eines von Urbild und Abbild faßte. Allerdings ist dieser Gott ein tätiges Urbild. »Und Gott sprach: Es werde Licht! Und es ward Licht.«[57] Er spricht die Welt aus. Wie in der menschlichen Sprache der unsinnliche Gedanke in den sinnlich wahrnehmbaren Laut übergeht, so geht in der göttlichen die Schöpfung aus der unsinnlichen Daseinsweise Gottes hervor. Was aber kann ein Gott,

55 Ex. 20,4
56 Gen. 1,27
57 Gen. 1,3

der derart produktiv tätig und doch nicht stofflich ist, einzig sein? Geist. Auch wenn das jüdische Verhältnis zum Geist keines der griechischen Neugier, sondern eines der ehrfürchtigen Scheu ist, die noch lange davor zurückhalten wird, ihn begrifflich zu fassen und auseinanderzulegen, es zumeist vorzieht, ihn nur mittelbar, in seinen Wirkungen an Mensch und Tier aufscheinen zu lassen, so zeigt das nur, wie hoch er veranschlagt wird. Für das nachexilische Judentum ist die Geistigkeit Gottes ebenso konstitutiv wie seine Männlichkeit. Beide liegen ungeschieden ineinander und machen so gerade seine unbedingte Erhabenheit und Aktivität aus. Sie ist eine Art personifizierter, begrifflich aber noch nicht durchgearbeiteter Energeia: unbewegte Bewegung aus der Unstofflichkeit ins Stoffliche,[58] die als Wort oder Tat das wird, was sie immer schon ist: göttlicher Wille, der sich in der Schöpfung manifestiert und sie zugleich von sich abstößt – als das, was anders ist als er. Nur er ist heilig, nicht sie.

Der patriarchale Irrglaube an die Autarkie des Geistes gehört zu den Gestehungskosten sowohl des jüdischen Gottes als auch des philosophischen Idealismus. Im Christentum kommt es an den Tag. Diejenigen, die mit Jesus von Nazareth einst durch Galiläa und nach Jerusalem gezogen waren und bald nach seiner Kreuzigung enthusiastisch behaupteten, er sei auferstanden und der wahre Christus (d. h. Messias) – die hatten nach allem, was wir wissen, von Platon und Aristoteles keinen Schimmer, für Ideen und Energeia weder eine Sprache noch Interesse – und waren ihnen doch weniger fern als sie ahnten. Denn womit waren sie beschäftigt? Die grausame Hinrichtung ihres Meisters zu verarbeiten, auf den sie alle Hoffnung gesetzt und den sie allesamt bei seiner Gefangennahme im Stich gelassen hatten.[59] Wie, wenn dessen Tod gar nicht das Entsetzliche war, als das er erschien – Kreuzigung war als schmählichste Strafe entlaufenen Sklaven und politischen Aufrührern vorbehalten –, nicht das Scheitern eines Charismatikers, der sich an der Schwelle des Reiches Gottes dünkte und es in Wort und Tat vorzubedeuten, herbeizudrängen glaubte, nicht der vernichtende Urteilsspruch des jüdischen Gesetzes über einen, der es nicht heilig genug hielt, weil es ihm zu wenig heilig, zu wenig Reich Gottes war? Wie, wenn Jesu

58 Ob sie die Materie dabei selbst hervorbringt oder irgendwie schon vorfindet, wird später, im 13. Jahrhundert, zu einer großen scholastischen Kontroverse führen.
59 Mk. 15,50

Tod als ein heilbringendes Opfer zu verstehen war, dargeboten von eben jenem Gott, in dessen Namen man ihn hingerichtet hatte und der nun, zur Beschämung der Richter und Henker, Jesus als »seinen Sohn« »voll Macht gemäß dem Geist der Heiligkeit«[60] zu erkennen gab? Dann allerdings war die Frage, was das für ein Gott sei und wie gerade dieser Mensch sein Sohn hat sein können, unabweisbar – und eine neue, weniger scheue Art, die Geistigkeit dieses Gottes zu ergründen, an der Tagesordnung: »denn der Geist erforscht alles, auch die Tiefen Gottes«[61].

Die Umdeutung des Kreuzes vom Skandal schlechthin zur Sinnstiftung schlechthin hat früh begonnen – und ist vielleicht *die* entscheidende Wendung von der Verzweiflung zu jener angespannten Euphorie, in der die frühen Christen sich und anderen versicherten, eine nichts als frohe Botschaft zu verkündigen.[62] Paulus jedenfalls fand den Glauben, »daß Christus für unsere Sünden gestorben ist«[63], schon als feste Formel in der jungen Gemeinde vor und war Intellektueller und redlich genug, um sich der Frage zu stellen: Wie konnte Christus das? Für die Sünden der Menschheit zu sterben vermag nur, wer sowohl sterblicher Mensch als auch sündlos ist; denn wer sündig ist, stirbt nur für die eigenen Sünden: »Der Tod ist der Sünde Sold«[64] und den entrichten seit Adam alle: Durch den ersten Menschen ist »die Sünde in die Welt gekommen« und »der Tod auf alle Menschen übergegangen«[65]. Von diesem Schicksal, das sich seit dem Essen vom Baum der Erkenntnis, der Vertreibung aus dem Paradies – oder philosophisch gesagt: seit die Menschen Menschen, d. h. mit einem Geist begabt sind, der sie über die Naturunmittelbarkeit hinaushebt und uneins damit macht – unerbittlich von Generation zu Generation fortsetzt, kann nur erlösen, wer vom Fortpflanzungsprozeß der Sünde ausgenommen ist: ein »letzter

60 Röm. 1,3 f.

61 1 Kor. 2,10

62 Zunächst einmal waren, wie uns das Markusevangelium noch verrät, mit dem Gedanken der Auferstehung Jesu »Schrecken und Entsetzen« (Mk 16,8) verbunden, wie sie auch noch an jener befremdlichen Stelle in der Matthäuspassion nachzittern, wo es unmittelbar nach dem Sterben Jesu heißt: »Und siehe, der Vorhang im Tempel riß von oben bis unten entzwei, und die Erde erbebte, und die Felsen spalteten sich, und die Grüfte taten sich auf und viele Leiber der entschlafenen Heiligen wurden auferweckt« (Matth. 27,51).

63 1 Kor. 15,3

64 Röm. 6,23

65 Röm 5,12

Adam«, der »vom Himmel« stammt[66] und »von keiner Sünde wußte«[67]. Paulus denkt also durchaus schon darüber nach, wie einer beschaffen sein muß, damit er für die Sünden der Menschheit zu sterben überhaupt in der Lage ist. Um Sohn Gottes und sündlos zu sein, muß er »pneumatisch«[68] sein, der autarken Sphäre des göttlichen Geistes entstammen, um sterblich, muß er Fleisch und Blut eines Menschen haben. Und wie soll beides zusammengekommen sein, wenn nicht so, daß er »in Gestalt Gottes war und es nicht als Raub ansah, Gott gleich zu sein, jedoch sich selbst entäußerte und Sklavengestalt annahm und wie die Menschen wurde; und dem Aussehen nach als ein Mensch befunden, erniedrigte er sich selbst und wurde gehorsam bis zum Tode, zum Tode am Kreuz. Deshalb hat Gott ihn erhöht und mit dem Namen beschenkt, der über allen Namen ist, damit im Namen Jesu sich jedes Knie beuge im Himmel, auf der Erde und unter der Erde und jede Zunge bekenne, daß Jesus Christus der Herr ist, zur Ehre Gottes, des Vaters.«[69] Auch dies ein urchristliches, von Paulus wohl schon übernommenes Glaubensbekenntnis, das klar ausspricht, wie der Tod am Kreuz eine gottgewollte, heilstiftende Gehorsamsleistung nur hat werden können: Der Geopferte muß zuvor aus überirdischer Präexistenz ins

66 1 Kor. 15,45 ff.

67 2 Kor. 5,21. Was bei Paulus offen zutage liegt, zu vernebeln, ist nicht die geringste Leistung neutestamentlicher Wissenschaft. Um den eigenen Glauben aus der schlechten Gesellschaft antiker Opferkulte herauszureden und seine Einzigartigkeit zu sichern, läßt sie es sich angelegen sein, die konstitutive Bedeutung des Opfermotivs fürs Christentum zu leugnen. Weil der Tod Jesu gar kein kultisches Opferritual war – was unzweifelhaft ist –, spiele auch der Opfer*gedanke* beim Versuch, ihn zu verstehen, keine zentrale Rolle. Und um zu beweisen, daß er nur eine Auslegung unter anderen sei, zersplittert man ihn: z. B. in Sühnopfer, stellvertretendes Opfer und Tod als Mittel des Loskaufs, die zwar »nah verwandt«, aber dennoch selbständige Motive seien (vgl. R. Bultmann, *Theologie des Neuen Testaments*, Tübingen 1968, S. 295), oder in Loskauf, Stellvertretung und Opfer, deren Übergänge »schwebend« seien (vgl. H. Conzelmann, *Grundriß der Theologie des Neuen Testaments*, München 1967, S. 89), oder man spricht geheimnisvoll »von der tiefsten Schmach der Inkarnation als dem Preis des ohne unsere Mitwirkung zustande gekommenen Heils« (E. Käsemann, *Paulinische Perspektiven*, Tübingen 1969, S. 79) – als drückten diese verschiedenen Formulierungen nicht ein Identisches aus: die stellvertretende Hingabe eines einzelnen zur Verschonung und Rettung der Allgemeinheit. Und die nennt man schlicht Opfer.

68 1 Kor. 15,46

69 Phil. 2,6 ff.

Irdische hinabgestiegen sein. Im Lichte seines Abstiegs aber zeigt sich seine Erhöhung oder Auferstehung – was für Paulus noch eins ist – als Rückkehr. Der Kreuzestod ist der Extrempunkt der göttlichen Selbstentäußerung, aber auch schon der Wendepunkt. Die Umdeutung der Hinrichtung Jesu in einen Heilsakt, die Umwendung der Jüngerverzweiflung in Christeneuphorie bedeutet zugleich die Rückwendung Gottes in sich: gibt ihm die Struktur der Reflexion. Er bewegt sich unbewegt, d. h. aus freiem Entschluß, zur Rettung der Menschheit, entäußert sich im Kreuz Jesu und kommt in dessen Auferstehung zu sich, erweist sich als das, was er immer schon war – und eben darin besteht sein Offenbarwerden, welches auch offenbar macht, wie wesensverwandt er platonischen Ideen und aristotelischer Energeia ist, wie wenig ihm einfach nur Fremdes übergestülpt wird, wenn das Johannesevangelium von ihm sagt: »Am Anfang war der Logos, und der Logos war bei Gott, und Gott war der Logos.«[70]

Nicht, daß von nun an nur noch darüber gebrütet worden wäre, wie der göttliche Ab- und Aufstieg hat vonstatten gehen können. Dennoch – eine ganz auf Verkündigung und Mission ausgerichtete Religion mußte sich und ihren Adressaten darüber Rechenschaft geben. Hier falsch denken hieß den Glauben verfälschen – ein Sakrileg begehen. Aber hier richtig denken – das war eine unglaubliche Schwierigkeit. Der blutige Kreuzestod, der da Wahrzeichen und Wendepunkt Gottes

70 Joh. 1,1. Das nicht wahrhaben zu wollen, ist ein Haupttrend moderner Theologie. Um aus der Schußlinie all dessen zu kommen, was neuzeitliche Religions- und Idealismuskritik gegen die Existenz Gottes vorgebracht hat, behauptet man einfach, der »Vater Jesu Christi« habe mit antiker Mythologie und Ontologie an sich nichts zu tun: Das seien bloß die damals gängigen Ausdrucksformen gewesen, in die er leider geraten sei. »Eine andere Begrifflichkeit stand nicht zur Verfügung! Die hellenistischen Begriffe waren, so müssen wir aus heutiger Perspektive sagen, der ursprünglichen Botschaft zum Teil wenig angemessen« (H. Küng, *Christ sein*, München 1974, S. 438) – also müssen neue, zeitgemäße her, die die »oft in mythologische oder halbmythologische Formen der Zeit gekleideten Aussagen« (a. a. O., S. 440) von damals ablösen. Man streife Mythos und Logos ab, kleide den authentischen Inhalt, der dann selbstredend unversehrt übrigbleibt, begrifflich neu ein, rechne alles, was einem am biblischen Gott nicht paßt, auf die Seite der antiquierten Verpackung und präsentiere einen von ihr befreiten Gott, der weder metaphysisch noch patriarchal ist, weder absoluter Geist noch Substanz, sondern alles mögliche, was moderne Zeitgenossen beiderlei Geschlechts besonders schätzen: emanzipativ, kommunikativ, solidarisch, mitfühlend etc. So macht man Gott heute genießbar, so bereitet moderne Theologie sich das Gottesgericht, das ihrem Geschmack entspricht.

sein sollte, warf nämlich, sobald man auch nur anfing, über ihn nachzudenken, heikelste Fragen auf, in die das fromme Bewußtsein wie in einen Sog hineingezogen wurde. War es etwa Gottvater selbst, der sich zum Menschen d. h. zum Sohn gemacht und rückhaltlos in Leid und Tod begeben hatte? Dann war niemand mehr da, der ihn aus dem Tod ziehen und in sich zurückwenden konnte, das Kreuz die Selbstvernichtung Gottes. So konnte es nicht gemeint sein. Wie aber dann? War der Sohn Gottes vielleicht nur ein gleichsam von Gott adoptierter und beauftragter Mensch? Das wäre zu wenig gewesen. Ein bloßer Mensch, so ausgezeichnet er auch sei, hat doch irgendwie an dem Gebrechen der Menschheit teil und kann sie nicht davon erlösen. Also muß der Sohn mehr als nur Mensch und damit auch schon vor der Menschwerdung Sohn gewesen sein – *wie* der Vater und doch *anders* als er: »in Gottes Gestalt«, ohne daß er es »als Raub ansah, Gott gleich zu sein«[71]. Wie aber soll das gedacht werden? Vielleicht so, daß der Vater von nichts abhängt, der Sohn aber vom Vater, wohl auch göttlich ist, aber dem Vater dennoch subordiniert, ihm wesensähnlich, aber nicht wesensgleich? Auch das war anstößig. Dann wäre nämlich weniger als Gott Mensch geworden, Gott hätte sich nicht ganz gegeben, Christus wäre nicht sein letztes Wort, nicht vorbehaltlose, unüberbietbare Darbietung der Rettung. Folglich *muß* der Sohn dem Vater wesensgleich sein. Aber ist das nicht das Ende des Monotheismus – der Zerfall Gottes in zwei gleichrangige Götter? Nur dann nicht, wenn es ein Drittes gibt, worin sie verbunden sind, das weder Vater noch Sohn ist und dennoch genauso Gott wie beide. Dies Dritte ist der Heilige Geist. *Daß* er zu Gott gehörte, galt seit den Tagen des Neuen Testaments als klar. Aber *wie* er zu Gott gehörte, ob als Sendbote, Medium oder Erscheinungsform des Vaters, war anfangs durchaus unklar. Erst im 4. und 5. Jahrhundert, nachdem die Wesensgleichheit von Vater und Sohn beschlossene Sache war, wächst ihm eine fest definierte theologische Funktion zu: die vollkommene Übereinstimmung von Vater und Sohn in ihrer Verschiedenheit auszudrücken: die Identität von Identität und Nichtidentität. »Im Vater ist die Einheit, im Sohn die Gleichheit, im Heiligen Geist die Eintracht der Einheit und Gleichheit; und alle

71 Phil 2,6

drei sind eins wegen des Vaters, gleich wegen des Sohnes, verbunden wegen des Heiligen Geistes.«[72]

Die Chimaira, so hatte sich im vorigen Kapitel gezeigt, ist Kurzschrift des matriarchalen Mythos – ein unbeholfener, noch ganz in bildliche Vorstellung gebannter Versuch, Dreifaltigkeit in drei Tierteilen darzustellen, die erst zusammen ein Ganzes bilden und doch jeder für sich schon ein Ganzes repräsentieren. Die christliche Trinitätsformel, so zeigt sich jetzt, ist Kurzschrift des patriarchalen Logos. Hier erst, in der Sphäre des von allen Erscheinungen der Natur losgemachten, sich autark dünkenden Geistes, entwickeln sich die gedanklichen und sprachlichen Mittel, um Dreifaltigkeit als etwas auszudrücken, was die Struktur der Reflexion hat – und Reflexion als etwas, was die Struktur der Dreifaltigkeit hat: Identität, Unterschied und Einheit des Unterschiedenen. Gott ist einer: »Vater unser im Himmel«. Gott ist in sich unterschieden: Vater und Sohn. Und Gott ist der Zusammenschluß des Unterschiedenen: Heiliger Geist. Jede der drei göttlichen Personen ist nur *ein* Moment in Gott, aber in jedem seiner Momente ist Gott ganz. Die Kirchenväter[73] ahnen freilich nicht, wie sehr der Gott, den sie da erdenken und durchdenken, eine entsinnlichte, logifizierte, in reines ideelles Sein verflüchtigte Große Mutter ist. Ihnen hat er sich vielmehr nach und nach folgerichtig aus der frommen Betrachtung der Geschichte Jesu ergeben – von ihrer Pointe her, dem »gestorben für unsere Sünden«.[74] Und da hat sich herausgestellt, daß in Gott selbst schon

72 Augustinus, *Über die christliche Lehre*, 1,5,5

73 Als solche bezeichnet man die maßgeblichen Theologen vom späten 2. bis zum 5. und 6. Jahrhundert, also etwa von Tertullian bis Boethius.

74 Es ist ein Thema für sich, wie durch zahllose jahrhundertelange Streitigkeiten hindurch, an denen Wahrheitsemphase und Intriganz, Frömmigkeit und Machtinteresse schwerlich auseinanderzuhalten sind, die Trinitätslehre im 4. und 5. Jahrhundert schließlich gleichwohl als das dasteht, als was sie dann kodifiziert wurde: als eine Theorie, die mit eiserner, logischer Konsequenz alles ausgeschlossen hat, was *nicht* aus dem Sühnopfer Christi folgen darf: daß Gottvater selbst gelitten hat, daß der Sohn nur adoptiert oder dem Vater subordiniert, daß der Heilige Geist nur das subalterne Medium der göttlichen Selbstmitteilung sei. Das Dogma der Dreifaltigkeit Gottes fixiert einen historischen Sieg der Logik – allerdings einen, der eine Geschichtsfälschung, die Umdeutung einer Hinrichtung in eine Erlösungstat, zum Ausgangspunkt hat, was sich rächt und ihn seiner nicht froh werden läßt. Vgl. hierzu ausführlich meine Schrift *Vermittlung als Gott*, Lüneburg 1986, Kap. 3.

Identität, Unterschied und Einheit des Unterschiedenen sein muß, wenn er sowohl einer sein und bei sich bleiben als auch sich entäußern und Mensch werden soll. Die Trinität ist die Bedingung der Menschwerdung Gottes – und diese der zweite große Brocken für die christliche Spekulation. Nur einer aus der Trinität ist Mensch geworden, nämlich der Sohn, aber der ganz, und wie soll man sich einen denken, der sowohl ganz Gott als auch ganz Mensch ist? Vielleicht so, daß er von der menschlichen Natur das Fleisch hat, von der göttlichen aber den Geist? Dann wäre gerade das, worauf es beim Menschen am meisten ankommt, was ihn von den Tieren unterscheidet, für sein Tun verantwortlich macht und sündig werden läßt, ausgespart: sein Intellekt. Der gehört genauso zur menschlichen Natur wie sein Leib. Christus muß also beide angenommen und obendrein seine ganze Göttlichkeit beibehalten haben – und zwar so, daß er dies alles zu einer integralen Person vereinte und nicht etwa in den wahren, anbetungswürdigen Gottessohn und den von Maria geborenen Menschen zerfiel.

Damit wurde die Frage unabweisbar, wie er denn eigentlich zur Welt gekommen sei. Durch Geburt, versteht sich. Um ganz Mensch zu sein, mußte er eine ganz und gar irdische Mutter haben. Aber um sündlos zu sein, mußte er auf überirdische Weise erzeugt sein – jenseits allen Geschlechtsverkehrs, der als Übertragungsakt menschlicher Keime stets auch der Keim künftiger Sünde ist. Im Dienste dieser gedanklichen Notwendigkeit sind schon die frühesten erhaltenen Geschichten über die Geburt Jesu entworfen worden: »Als seine Mutter Maria mit Joseph verlobt war, fand es sich, ehe sie zusammengekommen waren, daß sie vom Heiligen Geiste schwanger war«[75], heißt es bei Matthäus, und Lukas läßt keinen geringeren als den Engel Gabriel bei der Jungfrau Maria erscheinen und ihr eine außergewöhnliche Schwangerschaft ankündigen: »Der Heilige Geist wird über dich kommen und die Kraft des Höchsten wird dich überschatten; daher wird auch das Heilige, das gezeugt wird, Sohn Gottes genannt werden.«[76] Beide, Matthäus und Lukas, haben die Umstände der Geburt Jesu – über die weiter nichts bekannt war – frei erfunden, und dennoch kommen beide an einem entscheidenden Punkt zum gleichen Resultat, das nicht von ungefähr in die eiserne Ration des Christentums, das Credo, Eingang fand: »Emp-

75 Mt. 1,18
76 Lk. 1,35

fangen vom Heiligen Geist, geboren von der Jungfrau Maria« – das ist das einzige, was da vom Erdendasein Jesu der Erwähnung für wert erachtet wird – außer seiner heilbringenden Passion: »Gelitten unter Pontius Pilatus, gekreuzigt, gestorben und begraben.«[77] Unsere modernen Theologen hätten gern, daß die Jungfrauengeburt zur antiken Verpackung des Dogmas gehört, die man abstreifen, zum historischen Abfall oder ins Glaubensmuseum tun kann, ohne daß die über jeden Zweifel erhabene Erlösungstat Christi dadurch auch nur im geringsten beeinträchtigt wird.[78] Die antiken Theologen waren da redlicher, weil weniger in Bedrängnis. Sie mußten sich noch nicht taktierend und lavierend gegen moderne Naturwissenschaft und Religionskritik behaupten – und legten die Karten offen auf den Tisch. Wenn das »gestorben für unsere Sünden« gilt, dann muß auch die Sündlosigkeit Christi gelten; dann aber auch seine Herkunft aus metaphysischer Präexistenz und seine übernatürliche, unsexuelle, vom Fortpflanzungsprozeß der Sünde ausgenommene Zeugung. »Empfangen vom Heiligen Geist, geboren von der Jungfrau Maria« – das gehörte dann zu den notwendigen Bedingungen der Heilskraft des Todes Jesu.

Darüber war kein Streit – doch man mußte es noch genauer wissen. Was bedeutet es eigentlich für die Geburt Christi, wenn man sagt, er sei ganz Gott und ganz Mensch gewesen? Daß kurz vor, bei oder nach der Geburt zum kleinen Jesulein die göttliche Natur hinzugetreten ist? Dann wäre sie eine Zutat zur menschlichen, dieser auf- oder eingepfropft – und nicht zur integralen Einheit mit ihr zusammengeschlossen. Also müssen beide Naturen schon als geeinte in Raum und Zeit eingetreten sein, genauer: in Maria, als der Heilige Geist »über sie kam«. Als sie Jesus gebar, war sie zugleich »Gottesgebärerin«. Das ist die Formel, die Cyrill von Alexandria 431 auf dem Konzil zu Ephesus

77 H. Denzinger, *Enchiridion symbolorum, definitionum et declarationum de rebus fidei et morum*, Freiburg 1965, Nr. 30

78 »Das Bild von der Jungfrauengeburt ist ein großes Bild, und als Zeichen für Gottes Heilshandeln, als Versuch einer bildhaften Annäherung an das Geheimnis der Erlösung hat es seinen bleibenden Wert.« So sucht sich Uta Ranke-Heinemann (›Maria und die zölibatären Männer‹, *Die Zeit* Nr. 31/1987, S. 29) herauszureden: »Gottes Heilshandeln« ist nach wie vor für bare Münze zu nehmen, die Jungfrauengeburt aber bloß noch metaphorisch: »als Zeichen« dafür. Vgl. meine Replik in: *Die Zeit* Nr. 40/1987, S. 70.

mit unlautersten Mitteln durchpaukte[79] – und die sich gleichwohl als pointiertester Ausdruck der Ambivalenz erweisen sollte, die das Christentum seit Matthäus und Lukas für die Mutter Jesu hegte.

Gottesgebärerin – welch ein Prädikat! Gott, der die ganze Natur umfaßt, soll selbst einmal vom Leib einer Frau umfaßt worden sein? War er dieser Frau damit nicht untergeordnet? Keineswegs. Denn so geheiligt der jungfräuliche Leib auch sein mochte, den Gott zu seiner Menschwerdung auserwählt hatte, so rein von allem Geschlechtsverkehr – schlechterdings sündlos war er nicht, weil selbst aus dem seit Adam mit Sünde geschlagenen Fortpflanzungsprozeß hervorgegangen. Origenes hat das freimütig zugegeben[80], und Augustin hat es genau gewußt, als er den Mantel des Schweigens darüber breitete: »Was die Sünden betrifft, so will ich über sie (sc. Maria) wegen der Ehre des Herrn durchaus keine Untersuchungen anstellen.«[81] Womit ebenso klar wie verschwiegen war: Einen sündlosen Sohn, gar Gott konnte die Jungfrau nur gebären, sofern sie ihre eigene Sünde dabei nicht auf ihn übertrug, sofern sie also bloß das Gefäß eines Samens war, der göttliche und menschliche Natur Christi bereits integral in sich vereinigte und nur noch ausgebrütet werden mußte. Seine Menschwerdung ist *sein* Tun, Mariä Leib bloß der Ort, wo es stattfindet. Ohne daß es mit einem Wort genannt werden muß, waltet zwischen Gott und Maria das aristotelische Verhältnis von Form und Stoff. Als Albertus Magnus und Thomas von Aquin im 13. Jahrhundert dieses Begriffspaar aufgriffen, trugen sie nicht etwas Artfremdes in die Theologie hinein[82], sondern machten nur explizit, was implizit zum festen Bestandteil der Menschwerdung Christi gehört: Sie funktioniert einzig unter der patriarchalen Voraussetzung eines autarken gottmenschlichen Samens, der sich nur deshalb im Leib einer Frau, aber unberührt von ihrer Sünde, zu dem zu entwickeln ver-

79 »Wer nicht bekennt, daß der Emmanuel in Wahrheit Gott ist und deshalb die heilige Jungfrau Gottesgebärerin, (...) der sei verflucht.« (H. Denzinger, a. a. O., Nr. 252)

80 Vgl. R. Seeberg, *Lehrbuch der Dogmengeschichte*, Bd. II, Darmstadt 1953, S. 212

81 Augustinus, *Über Natur und Gnade*, 36, 42

82 So legt man sich's neuerdings gern zurecht, um das frühe Christentum weißzuwaschen. Schuld war die Scholastik: Die »durch Albertus Magnus in die Theologie eingeführte aristotelische frauenfeindliche Biologie, die die Frau nur als eine Art passiven Blumentopf sieht, in den der Mann seinen die Zeugung eigentlich und vorrangig bewirkenden Samen hineinsteckt« (U. Ranke-Heinemann, a. a. O.)

mochte, was er an sich immer schon war, nämlich vollkommen versöhnte und versöhnende Einheit von Ideellem und Materiellem – weil Frauen keine vollwertigen Subjekte sind. Die Erhöhung Mariä zur Gottesmutter ist nur die Kehrseite ihrer Erniedrigung zum Behälter Jesu – das schlechte Gewissen darüber.

Das Ungenügen des Patriarchats an sich selbst, das wir in Platon kennenlernten, kehrt im Christentum wieder: überhöht und vertieft zugleich. Maria ist sein Exponent, aber es ragt bis in die göttliche Trinität hinein. Die drei Personen, die da von Ewigkeit her autark in sich und ineinander ruhen, sind die verewigte Abkehr vom weiblichen Geschlecht, eine sich selbst vollkommen durchdringende und in sich befriedigte Männlichkeit, in der Eros ganz Geist geworden ist und ganz Eros bleibt – Bestandteil einer Dreisamkeit, deren Grad wechselseitiger Durchdringung alle irdischen Liebesverhältnisse, ob homosexuell oder heterosexuell, weit transzendiert. Nur eines in der Welt darf als eine gewisse Entsprechung zur göttlichen Trinität gelten: der menschliche Intellekt. Der ist mit der wunderbaren Fähigkeit begabt, sich auf sich selbst zu beziehen, und wo er das tut, wird er eben dieser Fähigkeit als der Besonderheit inne, die ihn vor aller anderen Kreatur auszeichnet. Sich selbst erkennen kann er nicht, ohne sich um dieser seiner Besonderheit willen auch zu lieben. Und wenn »der Geist sich kennt und liebt, existiert eine Trinität von Geist, Liebe, Kenntnis und wird durch keine Vermischung durcheinandergebracht«, »weil der Geist sich als ganzen liebt und als ganzen kennt, und seine ganze Liebe kennt und seine ganze Kenntnis liebt«. »Auf wunderbare Weise sind daher diese drei untrennbar voneinander, und dennoch ist jedes einzelne von ihnen Substanz, und zugleich sind sie alle zusammen eine Substanz oder ein Wesen, während sie in bezug aufeinander relativ genannt werden.«[83] Das ist Augustins berühmter Versuch, plausibel zu machen, inwiefern Gott den Menschen »zu seinem Bilde« schuf: Der menschliche Intellekt ist Abbild der göttlichen Trinität. Freilich zeigt sich dabei das Abbild plausibler, als Augustin lieb sein kann. Vom menschlichen Selbstbewußtsein her erhellt überhaupt erst, wie es etwas geben kann, das aus drei untrennbaren Momenten besteht und gleichwohl in jedem von ihnen ganz ist. Der sich selbst erkennende Geist ist Subjekt und Objekt, tritt insofern in zwei Momente auseinander, ist aber als erkennender

83 Augustinus, *Über die Dreifaltigkeit*, IX, 5, 8

kein anderer denn als erkannter, so daß die »Liebe« zu sich, die »Eintracht« von Erkenntnis und Geist sich als sein drittes integrales Moment erweist. Womit schlagartig klar wird, *wovon* die göttliche Trinität die Verabsolutierung ist. Ihr irdisches Abbild, von Augustin lediglich als Veranschaulichung und Erläuterung gemeint, entpuppt sich als ihr Schlüssel, der menschliche Intellekt als der Ort, wo die Rückwendung in sich, die Reflexion zu Haus ist und einzig vernünftige Form annehmen kann. Schon im Kult der dreifaltigen Großen Mutter, so zeigt sich rückwirkend, hat der menschliche Intellekt bloß seine eigene Reflexionsstruktur nach außen gekehrt, durch sie die Natur als in sich zurückgebogenen, immer wiederkehrenden Zyklus zu verstehen und sich so in ihr heimisch zu machen versucht. In der Gestalt des christlichen Gottes gewinnt das Nach-außen-Kehren, Projizieren, Verabsolutieren der Reflexion seine vollkommene Form: die von aller Stofflichkeit losgemachte, rein geistige. Überdies aber beginnt dem größten Kopf der antiken Theologie das Projektive daran zu dämmern. Warum sein Bedürfnis, die Vollkommenheit der göttlichen Trinität durch eine ausgiebige Darstellung ihres unvollkommenen Abbilds zu untermauern, wenn nicht aus dem Argwohn, daß sie untermauerungsbedürftig ist, daß ihre vollkommene Form – eine leere Form sein könnte? Je mehr Augustin betont, wie subaltern sich doch das irdische Abbild der Trinität gegenüber seinem Urbild ausnimmt, weil der menschliche Intellekt, gebunden an einen Körper, allmählich und mühselig sich erst bilden muß, seinen Inhalt dabei von außen empfängt, von der Sinnenwelt abhängig und stets mangelhaft und fehlbar bleibt – desto deutlicher stellt er heraus, daß das göttliche Gegenstück dazu, die von Ewigkeit her unfehlbar in sich ruhende, alles erkennende, allen Inhalt und Sinn aus sich und in sich habende Trinität – unendlich blaß ist. Denn was macht ihre unaussprechliche Fülle aus? Das Absolutsein der Reflexion, die nichts hat als sich selbst, aus drei Momenten besteht, von denen jedes nur das Nichtsein der beiden anderen und das Sichbeziehen auf sie ist[84]:

84 »Da nämlich der Vater nicht Sohn, der Sohn nicht Vater, der Heilige Geist (...) nicht Vater oder Sohn ist, so sind es jedenfalls drei.« »Wenn man jedoch fragt, was für drei, leidet die menschliche Sprache großen Mangel. Dennoch sagt man: drei Personen, nicht um es so zu erfassen, sondern um nicht zu schweigen.« (Augustinus, *Über die Dreieinigkeit*, V, 9, 10) Den Mangel sieht Augustin hier ausschließlich in der menschlichen Sprache – damit er ihn nicht im steilen Idealismus der Trinitätslehre sehen muß; vgl. hierzu Verf., *Vermittlung als Gott*, a. a. O., Kap. 3

ein Zusammenschluß von drei Abstraktionen, der von einem leeren Kreisen in sich nicht mehr zu unterscheiden ist. An ihm zeigt sich nun auch, daß die Männlichkeit der Trinität – ihr Mangel ist. Nicht in dem Sinne, daß nun noch ein weiblicher Anteil in die Gottheit aufzunehmen, Maria zum Heiligen Geist zu ernennen oder im biblischen Gott ein mütterlich Herz zu entdecken wäre, was alles nur die kristallklare Projektion der absoluten Reflexion auf einen trüben anthropomorphen Mischmasch herunterbrächte.[85] Wohl aber in dem Sinne, daß zur falschen Verabsolutierung, die diese Projektion darstellt, die Männlichkeit gehört. Daß der am Autarkiewahn krankende Geist männlich vorgestellt wird, ist sowohl Geständniszwang seiner patriarchalen Herkunft als auch Zwang, seine eigene Plastizität und Kraft zu beschwören – weil sie ihm fehlt.

Das dementiert Augustin natürlich – aber die allerheiligste Trinität verrät es selbst. Denn sie hält es bei sich nicht aus. Gott muß Mensch werden, um die Vollkommenheit zu erlangen, die er an sich immer schon hat. Er, der autarke Geist, bedarf des Fleisches, er, die männliche Omnipotenz, bedarf des Weibes, um zu werden, was er ist – und einzig der Kunstgriff der Reflexion bringt es fertig, selbst diese Bedürftigkeit noch einmal als Ingrediens höchster Vollkommenheit erscheinen zu lassen. Die Pointe dabei: In Gottes Menschwerdung stülpt sich die Trinität gleichsam nach außen, wird zu einer Reflexion, die den ganzen

85 Für Papst Johannes Paul I. ist »Gott Vater und Mutter«; Dorothee Sölle betet zu »Vater und Mutter unser im Himmel« (*Das Argument*, Nr. 129, S. 665); Elisabeth und Jürgen Moltmann (*Ev. Theologie* 1/1982, S. 80ff.) graben jene Versuche, den Heiligen Geist weiblich zu fassen, wieder aus, denen Augustin schon ihre prinzipielle Unangemessenheit an die Reflexionsstruktur der Trinität nachgewiesen hat (*De trinitate*, XII, 5, 5ff.); eine ganze Reihe von Theologinnen (z. B. Gerda Weiler, Christa Mulack) lehnt sich an den Patriarchen C. G. Jung an, der »für das wichtigste religiöse Ereignis seit der Reformation« – das 1950 verkündete Dogma von der Himmelfahrt Mariae hält. Die »Gleichberechtigung der Frau« »verlangt nämlich ihre metaphysische Verankerung in der Gestalt einer ›göttlichen‹ Frau«. »Dieser Sehnsucht hat die päpstliche Deklaration tröstlichen Ausdruck verliehen.« (C. G. Jung, *Antwort auf Hiob*, Olten 1972, S. 116f.) Das Sich-Trösten mit zusätzlichen göttlichen Weibsprojektionen, wenn die Mannsprojektionen nicht mehr ausreichen, die Erweichung Gottes zum faulen Kompromiß zwischen den Geschlechtern, d. h. die Aufweichung des Geistigen im christlichen Gott statt Auflösung des Ungeistig-Patriarchalen im Geist – das ist der Haupttrend feministischer Theologie, sofern sie in der Kirche bleiben will.

Kosmos durchläuft und dabei im Großen die Bewegung macht, welche im Kleinen die aristotelische Form am Stoff vollzieht. Wir erinnern uns: Für Aristoteles war Zeugung nicht nur Entäußerung des männlichen Elements, sondern auch dessen Rückkehr in sich – Sich-Abstoßen vom Weiblichen. Diese Reflexion ist lediglich zum Extrem getrieben, wo der Heilige Geist über die Jungfrau kommt, das Höchstmaß an Zeugung stattfindet, aber keinerlei sexuelle Hingebung. Bei der physischen Vereinigung mit einer Frau behält sich der göttliche Geist metaphysisch ganz bei sich – nicht minder als beim Tod Jesu. Gott ist mit dem geschundenen Leib am Kreuz eins – und von seinem Leiden gänzlich unberührt.[86] Nur so kann er die metaphysische Kraft sein, die den Tod ins Leben zurückwendet – in jenes ewige, das Gott immer schon ist. Wie beim matriarchalen Heros rücken beim patriarchalen Christus Zeugung und Tod aufs engste zusammen: als zwei verschiedene Varianten derselben Rückwendung Gottes in sich. Der Tod als Wendepunkt ins Leben, als alternative Zeugung: aus diesem archaischen Motiv, das die Große Mutter jahrtausendelang ernährte, speist sich selbst noch das Christentum. Hier allerdings findet die kunstvollste Sublimierung des Menschenopfers statt: Ein Mensch geht dahin – und ist doch unendlich viel mehr als ein Mensch. Sein sogenanntes Opfer ist nicht willentlich zelebriertes kultisches Ritual, sondern einmalige historische Tat, die vom Wiederholungszwang aller weiteren Opfer erlöst, ihre Heilskraft denen mitteilt, die an sie glauben, aufgehoben im menschlichen Gedächtnis ihre Wirksamkeit entfaltet. Das derart vergeistigte Opfer ist der Angelpunkt, von dem aus der Logos seine reflexive Struktur so rein wie nie zuvor ausgeprägt hat. Sündlosigkeit, Jungfrauengeburt, Präexistenz sind die Stufen, auf denen er, wie gezeigt, zur verabsolutierten Reflexion der göttlichen Trinität aufsteigt. Sie ist der Gipfelpunkt der Entwicklung des Mythos zum Logos – der Punkt, von dem aus das deutlichste Licht auf die Entstehung des philosophischen Idealismus fällt, der Punkt auch, von dem aus schlagartig klar wird, daß die Rationalisierung des Opfers, die sich durchs Matriarchat hindurch bis ins Patriarchat hinein wie ein roter Faden zieht, vor dem Logos nicht etwa haltmacht, sondern in ihm eine neue Dimension gewinnt.

86 »Das Leiden traf ihn ebensowenig, als Schläge, die man wider ein vom Feuer durchglühtes Eisen führt, das Feuer treffen« (Cyrill von Alexandria, *Daß Christus einer ist*, ref. v. R. Seeberg, a. a. O., S. 233)

Schon bei der Einrichtung des Patriarchats und der Sklaverei zeigte sich: Opfer muß nicht immer Altar und Schlachtemesser bedeuten. Es kann darin bestehen, daß Arbeitskraft oder Geschlechtseigenschaften systematisch aufgeopfert werden, daß Menschen den gesellschaftlichen Status eines Opfers haben: ein Dasein, das nichts ist als Dasein für andere. »Von Natur aus Sklave ist nämlich«, sagt Aristoteles, »wer in der Lage ist, einem anderen zu gehören (wörtlich: eines anderen zu sein) und ihm deshalb (!) auch gehört.« »Ferner aber verhalten sich männlich und weiblich von Natur aus zueinander so, daß das eine höher, das andere geringer ist, und das eine herrscht, das andere beherrscht wird.«[87] Und warum von Natur aus? Weil es hier zuzugehen scheint wie zwischen Seele und Leib. »Das Lebewesen besteht zunächst einmal aus Seele und Leib, wovon das eine von Natur aus herrscht, das andere beherrscht wird.« »Denn wo immer etwas aus mehreren besteht und ein gemeinsames wird, (...) da zeigt sich grundsätzlich ein Herrschendes und ein Beherrschtes.«[88] Womit Herrschaft, das rationalisierte und säkularisierte Menschenopfer, ontologisch überhöht ist. Das war schon bei Parmenides absehbar. Wo das rein ideelle Sein als das einzig wahre erscheint, die Sinnenwelt aber bloß als ein Schein, der keinen Bestand hat und als ein Nichtiges verfliegt, da ist die Hierarchie von ideell und materiell, von Geist und Natur beschlossene Sache; es geht nur noch darum, wie sie zu denken ist. Darin sind Platon und Aristoteles sich einig. Sinnendinge und Individuen sind alles, was sie sind, durch anderes: sei es durch die Ideen, an denen sie teilhaben, sei es durch die Form, die ihnen innewohnt und sie prägt. Ihre Eigenart ist, was nach Aristoteles den Sklaven ausmacht: »eines anderen zu sein«. Opfer zu sein ist nicht länger nur ein kultischer oder gesellschaftlicher Status, sondern das Los alles Physisch-Individuellen. Rettung, Wahrheit, immerwährenden Halt gibt es nur für das Nicht-Individuelle am Individuum. Nur konsequent, wenn der platonische Sokrates seinen Tod ersehnt, um endlich ungetrübt die Ideen schauen zu können, wenn er einzig von der Aufopferung seiner physischen Existenz den vollen Genuß der Wahrheit erwartet. In der skandalösen Gelassenheit, mit der er in den Tod geht, durchlebt er nur auf einmalige Weise die allgemeine Botschaft des philosophischen Idealismus: Wahrheit gibt es nur als Unterordnung:

87 Aristoteles, *Politik*, 1254b
88 A.a.O., 1254a

logisch als Subsumtion der Einzeldinge unter allgemeine Begriffe, gesellschaftlich als Subsumtion der Sklaven unter Freie, der Frauen unter Männer, ontisch als Subsumtion der Individuen unter ihre Gattungen. Subsumiert werden, »eines anderen zu sein« muß als der einzige Sinn, die vernünftige Bestimmung alles Materiellen suggeriert werden, mit anderen Worten: die Rationalisierung des Opfers muß philosophisch werden, damit der Geist an seine naturgemäße Herrscherrolle, an die Autarkie alles Geistig-Ideellen glauben lernen und sich vormachen kann, daß überall, wo Herrschaft ist, auch das Geistigere obenauf sei.

Der Idealismus war schon ein halbes Jahrtausend alt, hatte seine erste große Blüte in Platon und Aristoteles längst hinter sich, als ihm – in einem vergleichsweise entlegenen Weltwinkel und in denkbar unphilosophischem Milieu – die Schlüsselrolle aufging, die das Opfer von Anfang an in ihm gespielt hatte. In einer seelischen Extremsituation geschah das: beim Versuch der Jünger Jesu, am Schock der Kreuzigung ihres Meisters nicht irre zu werden. Hier erst zeigte der Opfergedanke seine ganze rettende Kraft. Tatsächlich rettete er sie aus tiefer Verzweiflung – auf den Kredit der Behauptung, der Tod Jesu sei das rettende Opfer für alle Menschen. Das freilich war eine der kühnsten und folgenreichsten Geschichtsfälschungen. Der historische Auftritt Jesu, soweit er in den Evangelien durch die Stilisierung zum sündlosen Gottessohn noch hindurchschimmert, zeigt alles andere als ein willfähriges Opferlamm, das geduldig den Kelch der Passion austrinkt. Das Aufbegehren gegen eine Welt, worin die Individuen entweder von selbst zugrunde gehen oder einander zugrunde richten, das Besessensein von einer anderen Welt, worin Krankheit und Tod, Vergeltung, Sieg und Niederlage verschwunden und die Individuen vollkommen versöhnt und geborgen wären, einer Welt, die er Reich Gottes nannte, von deren unmittelbarem Bevorstehen er überzeugt war, die er durch seine Gleichnisreden, Symbolhandlungen, Heilungen vorzubedeuten und gleichsam herbeizudrängen suchte – das war es, was die ungeheure Faszination wie Provokation Jesu ausmachte, ihm vornehmlich Arme und Kranke, Erniedrigte und Beleidigte zutrieb und ihn schließlich der jüdischen und römischen Justiz: »bis zum Tode am Kreuz«.[89] Das fleischgewordene Sich-Sträuben gegen das Aufgeopfertwerden der Kreatur

89 Vgl. hierzu Verf., *Zum ideologiekritischen Potential der Theologie*, Lüneburg 1990, Kap. III.2.

nachträglich als das Fleischgewordensein des rettenden Opfers erscheinen zu lassen: das ist schon eine Verkehrung ersten Ranges – und dennoch geschah sie nicht, ohne die Erinnerung an das zu bewahren, wovon sie die Verkehrung ist. Nicht nur, daß das Bedürfnis bestand, das Leben Jesu im Gedächtnis zu behalten und so in die Evangelien einiges einging, was in ihr theologisches Konzept nicht passen wollte – das Opfer selbst ist so gefaßt, daß es das Aufbegehren gegen das Aufgeopfert-Werden in sich aufgenommen hat: so, daß die physische Existenz des einen nicht nur um eines höheren Zweckes willen dahingegeben wird, sondern so, daß dies zugleich als der Weg erscheint, auf dem sie gerettet wird. Der Geopferte steht wieder auf – in unzerstörbarem, der Himmelfahrt fähigen Leib. Die Rückwendung Gottes in sich nimmt diesen Leib mit, zieht die menschliche Natur Jesu in die Trinität hinein, macht ihn zum »Erstling der Entschlafenen«[90], d. h. zu dem, dem schon die Rettung widerfahren ist, der alle anderen noch harren.

Ein besonderes Stück jüdischer Tradition hat hier durchgeschlagen: die prophetischen Heilsvisionen. »Da wird der Wolf zu Gast sein bei dem Lamme und der Panther bei dem Böcklein lagern. Kalb und Jungleu weiden beieinander, und ein kleiner Knabe leitet sie, Kuh und Bärin werden sich befreunden, und ihre Jungen werden zusammen lagern; der Löwe wird Stroh fressen wie das Rind. Der Säugling wird spielen an dem Loch der Otter, und nach der Höhle der Natter streckt das kleine Kind die Hand aus. Nichts Böses und nichts Verderbliches wird man tun auf meinem ganzen heiligen Berge«[91] heißt es bei Jesaia, einem Zeitgenossen Homers, und dieses Bild der versöhnten und befriedeten Kreatur, anfangs beschränkt auf den Berg Zion und geknüpft an den nicht ganz ressentimentfreien Wunsch nach Wiedererstehen eines neuen, starken israelischen Königs vom Schlage Davids, wächst in dem Maße, wie es unerfüllt bleibt, ins Allgemeine: »Denn siehe, ich schaffe einen neuen Himmel und eine neue Erde; man wird der früheren Dinge nicht mehr gedenken, und niemand wird sich ihrer mehr erinnern, sondern man wird frohlocken und jubeln auf ewig über das, was ich schaffe.«[92] So liest es sich im 3. Teil des Jesaiabuches, verfaßt etwa zur Zeit von Parmenides oder Anaxagoras. Der Berg Zion reicht zur Ret-

90 1 Kor. 15,20
91 Jes. 11,6 ff.
92 Jes. 65,17 ff.

tung nicht mehr aus. Eine neue Schöpfung muß her; und daß die dann der Ort sein werde, wo das Unrecht der Geschichte rückgängig gemacht wird, wo die Toten zum Gericht erstehen und endlich empfangen, was sie verdienen – das wird von nun an zu einer der großen Hoffnungen, an die das jüdische Geschichts- und Selbstbewußtsein sich klammert. Jesus von Nazareth hat sie zum Extrem getrieben. Rettung, so offenbar seine Vorstellung, muß mehr sein als Gericht: etwas qualitativ Anderes. Wo Gericht ist, da ist noch Vergeltung, Gewalt, Unterwerfung, Aufopferung, da ist noch alte Welt, mit der das Reich Gottes bricht. Dessen Anbruch ist das Aufhören der Vergeltung: das ist die Botschaft, die im Feindesliebegebot der Bergpredigt[93] nicht minder aufblitzt als im Gleichnis vom verlorenen Sohn[94], schlagartig die Rettungsbedürftigkeit einer Welt bloßlegt, die durch Vergeltung zusammengehalten wird, in der Nichtvergelten nicht durchdringt und unter dem Fluch steht, in Gewährenlassen des Unrechts umzuschlagen, statt es zu beenden. Das Schicksal Jesu ist das Siegel darauf. Das offensive Nicht-vergelten-Wollen, das Sich-Sträuben gegen jegliche Form des Aufgeopfert-Werdens beschwört unweigerlich den Arm des Gesetzes gegen den Sich-Sträubenden herauf und richtet ihn zugrunde. Als seinen konsternierten Jüngern nach einiger Zeit der Gedanke kam, ob nicht der Untergang ihres Meisters der Aufgang der Rettung sei, die er so bildkräftig symbolisiert hatte, als sie schließlich glaubten, ihn als Auferstandenen leibhaftig gehört und gesehen zu haben, da ergriff sie mit neuer Zuversicht auch jener apokalyptische Schrecken, der an wenigen Stellen des Neuen Testaments noch nachzittert[95]: Anbruch der neuen Schöpfung hieß Zusammenbruch der alten, und wie sollten sie den durchstehen, wenn er die Verallgemeinerung des Grauens war, von dem sie in der Hinrichtung Jesu schon mehr als genug gekostet hatten? Erst als sie lernten, dem Tod Jesu seinen traumatischen Stachel auszuziehen, als ihnen einfiel, seine Marter als das rettende Sühnopfer »für unsere Sünden« zu interpretieren, seine Auferstehung als das Urbild des Lohns, der all denen zuteil werde, die an die Heilskraft seines Todes glauben, da war das Unerhörte in die altbekannten Kategorien von

93 Mt. 5,44
94 Lk. 15,11 ff.
95 S. o., Anm. 62

Schuld und Sühne, Belohnung und Strafe eingeordnet – die *Fassung* wiedergefunden, aus der die Jünger seelisch wie geistig geraten waren.[96] Und nun erst war die Euphorie möglich, aus der das Evangelium hervorging – und die Anfechtung nicht unüberwindlich, als das Reich Gottes hartnäckig ausblieb. War doch im Tod »für unsere Sünden« das Entscheidende schon geschehen, das Ausbleiben des verheißenen Endes offenbar bloß eine gottgewollte Bewährungsprobe für den Glauben. Die Lehre vom Sühnopfer ermöglichte auch dies: daß die Kirche sich allmählich auf den langen Marsch durch die Geschichte einrichtete.

Nur scheinbar hat sich die Darstellung vom Thema entfernt. Man muß sich die Verwicklung am Ursprung des Christentums klarmachen, wenn man die seelisch-geistige Ambivalenz begreifen will, die davon ausgegangen und geschichtsmächtig geworden ist. Einerseits wird hier das Opfer zum Inbegriff aller Wahrheit und Rettung rationalisiert, und zwar so systematisch, daß sich um den Opfertod Christi die gesamte christliche Lehre rankt – bis in die luftigen Höhen der Trinitätsspekulation hinauf. Und so gelingt überhaupt erst, rein und absolut herauszupräparieren, was an platonischen Ideen und aristotelischer Energeia noch undeutlich blieb: die reflexive dreifaltige Struktur als Inbegriff des sich selbst erfassenden, sich seiner Autarkie versichernden Geistes. Insofern gelangt erst im Christentum der antike Übergang von Mythos zu Logos auf seinen idealistischen Gipfel. Andererseits ist der Boden dieser Gipfelbesteigung unterhöhlt. Ins Dogma vom Opfer Christi ist das Aufbegehren gegens Geopfert-Werden eingelassen, das den wirklichen historischen Jesus umtrieb. Die Vernichtung seiner physischen Existenz wird durch ihre übernatürliche Rettung konterkariert. Die Auferstehung des Fleisches, die ihm schon zuteil geworden sein soll, wird

96 Es liest sich wie ein Kommentar hierzu, wenn Nietzsche fragt: »was versteht eigentlich das Volk unter Erkenntnis? was will es, wenn es ›Erkenntnis‹ will? Nichts weiter als dies: etwas Fremdes soll auf etwas *Bekanntes* zurückgeführt werden.« »Das Bekannte, d.h.: das woran wir gewöhnt sind, so daß wir uns nicht mehr darüber wundern, unser Alltag, irgendeine Regel, in der wir stecken, alles und jedes, in dem wir uns zu Hause wissen – wie? ist unser Bedürfnis nach Erkennen nicht eben dies Bedürfnis nach Bekanntem, der Wille, unter allem Fremden, Ungewöhnlichen, Fragwürdigen etwas aufzudecken, das uns nicht mehr beunruhigt? Sollte es nicht der *Instinkt der Furcht* sein, der uns erkennen heißt? Sollte das Frohlocken des Erkennenden nicht eben das Frohlocken des wiedererlangten Sicherheitsgefühls sein?« (F. Nietzsche, *Die fröhliche Wissenschaft*, *Werke*, Bd. III, S. 222)

zur christlichen Heilserwartung schlechthin: Sie kommt ins Credo. Der Glaube an sie aber besagt nichts Geringeres als dies: Erlösung ist erst, wo die Losmachung des Geistes von der Natur *aufhört*, wo die Individuen ganz gerettet sind, wo nichts mehr an ihnen aufgeopfert wird, wo Fleisch und Geist eine versöhnte, integrale Einheit bilden. Mit anderen Worten: Das Credo dementiert hier feierlich die Autarkie des Geistes. Der materialistische Gedanke par excellence, der der Versöhnung von Geist und Natur[97], geht im Innersten der christlichen Lehre auf – freilich als Bestandteil einer idealistischen Gesamtauslegung der Welt, die alles, was auf Nicht-Autarkie des Geistes auch nur irgend hindeutet, auf absoluten Geist zurückführt: Er ist es, der sich zur Welt wendet, sich an ein Weib veräußert, in ein ganzes Erdenleben sogar bis hinein in schmählichsten Tod, den Leib, den er dabei angenommen hat, schließlich verklärt zu sich emporzieht – und bei alledem doch bloß die Figur der Reflexion beschreibt. Der materialistische Gedanke kommt nicht zum Zuge. Zwar soll Christus selbst schon als leibhafte Versöhnung, als integrale Einheit von göttlicher und menschlicher Natur auf Erden gewandelt sein. Doch das ist durchsichtige geschichtsfälschende Stilisierung, die nötig wurde, um seinen Tod, das Gegenteil aller Versöhnung, als deren Inbegriff erscheinen zu lassen. Was dekretiert und praktiziert wird, ist Versöhnung mit der fortdauernden Unversöhntheit der Welt – und zwar im Namen dessen, der sich wie keiner gegen sie gesträubt hat: »bis zum Tode am Kreuz«.

Versöhnung mit der Unversöhntheit ist nun aber zwiespältig und schillernd wie kaum etwas. Sie bedeutet zum einen: Das Reich Gottes bleibt aus, die Geschichte geht weiter. Und die Gewißheit, daß in Christus die Rettung aus ihr eigentlich schon geschehen und nur noch bis auf einen unbekannten Termin zur Bewährung ausgesetzt sei, trägt fraglos dazu bei, es in ihrem Elend besser auszuhalten. Andererseits hört selbst der derart umgebogene Versöhnungsgedanke nicht ganz auf, der Versöhnungsgedanke zu sein. Er ist *da*, und einmal in der Welt, nagt

97 Adorno sagt vom Materialismus: »Mit der Theologie kommt er dort überein, wo er am materialistischesten ist. Seine Sehnsucht wäre die Auferstehung des Fleisches« (*Negative Dialektik*, *Gesammelte Schriften*, Bd. 6, Frankfurt am Main 1973, S. 207). Materialistische Theorie, die nicht bloß umgestülpter Idealismus, sondern dessen Überwindung sein will, die nicht bloß an die Stelle von Geist Materie setzen, sondern über die falsche Verabsolutierung *beider* hinaus will, kommt nicht umhin, diesen Gedanken als Fluchtpunkt all ihrer Überlegungen in sich aufzunehmen.

er gleichsam an seiner eigenen Perversion und läßt ihr nie ganz wohl bei sich sein. So lief schon im frühesten Christentum eine Parole um, die ein Theologe etwas vollmundig »1. Internationale«[98] genannt hat, und die bei Paulus so lautet: »Denn ihr alle, die ihr auf Christus getauft seid, habt Christus angezogen. Da ist nicht mehr Jude noch Grieche, nicht mehr Sklave noch Freier, nicht mehr Mann und Frau, denn ihr seid alle einer in Christus Jesus.«[99] Mit anderen Worten: In die Versöhnung, die Christus darstellt, schlüpfen die Christen gleichsam hinein, sie »ziehen sie an«, und Versöhnung kann nicht sein, ohne alle irdischen Rangunterschiede zu tilgen: zwischen Völkern, zwischen Klassen, zwischen den Geschlechtern. Heißt das, daß Paulus auf Abschaffung von Patriarchat und Sklaverei gedrungen hätte? Gott bewahre. »Nicht ist der Mann um der Frau willen sondern die Frau um des Mannes willen geschaffen«, er ist »das Haupt der Frau«[100], »die Frauen haben in den Gemeindeversammlungen zu schweigen«[101]. Und die Sklaven? »Jeder bleibe in dem Stande, in dem er berufen wurde. Bist du als Sklave berufen, laß es dich nicht kümmern, sondern auch wenn du frei werden kannst, bleibe umso lieber dabei.«[102] Und wie reimt sich das damit, daß »nicht mehr Sklave noch Freier, nicht mehr Mann und Frau« sein soll, wo Christus ist? Bestens. Christus hat mit seinem Tod »für unsere Sünden« das Entscheidende bereits getan, jeden, der an ihn glaubt, aus seiner Misere gerettet, aus der verschuldeten ebenso wie aus der unverschuldeten, der persönlichen ebenso wie der sozialen, und das heißt auch: jeden Sklaven aus der Sklaverei, jede Frau aus dem Patriarchat. Was bedarf es da noch gesellschaftlicher Umwälzung? Im Gegenteil. Zum Dank für die Rettung soll man sich in dem »Stand«, in dem man sie empfing, um so freudiger bewähren: »bleibe umso lieber dabei«.[103]

Das ist Versöhnung mit der Unversöhntheit, wie sie im Buche steht. Sie zerbricht nicht das Joch, sondern lehrt die Unterjochten, es dankbar und vorbildlich zu tragen. Sie errichtet der Herrschaft eine unschätzbare Stütze in den Seelen der Beherrschten. Und doch erwächst die

98 J. Moltmann, *Perspektiven der Theologie*, München 1968, S. 177
99 Gal. 3,27f.
100 1 Kor. 11,9 u. 3
101 1 Kor. 14,34
102 1 Kor. 7,20f.
103 Vgl. hierzu ausführlich Verf., *Zum ideologiekritischen Potential der Theologie*, S. 57ff.

Kraft, sich derart bereitwillig das Joch selbst aufzudrücken, aus der Überzeugung, daß es das letzte Wort nicht haben werde, daß alles Joch und Aufgeopfert-Werden letztlich nicht sein sollen, daß Rettung von ihnen das einzig Wahre, der einzig legitime Fluchtpunkt menschlichen Hoffens und Denkens ist; kurzum: Die christliche Bekräftigung von Sklaverei, Patriarchat und Despotie geschieht im Namen ihrer Verneinung: *wider besseres Wissen*. Es ist ihr nicht ganz wohl bei sich, und dieses latente Unwohlsein wird sich als die Würze der Psychologie des christlichen Abendlandes erweisen: als das schlechte Gewissen der Herrschaft. Es nagt schon, wo die Umbiegung des Todes Jesu zum Sühnopfer mit Erinnerung an sein so opferunwilliges Leben versetzt wird; es nagt erst recht, wo die Bekräftigung von Patriarchat und Sklaverei sich mit der Beteuerung verbindet, daß in Christus »nicht mehr Sklave noch Freier, nicht mehr Mann und Frau« sind; und es treibt geradezu Blüten im Bedürfnis, der Mutter Jesu eine besondere Verehrung zukommen zu lassen. Ein keineswegs auf Christinnen beschränktes Bedürfnis. Auch den Christen ist nicht wohl dabei, daß die Mutter des Höchsten eben diesen Höchsten nur hat austragen können, sofern sie bloß sein ihm äußerlicher Behälter war – nicht in der Gefahr, ihre eigene Sünde auf ihn zu übertragen. Die Herabsetzung der Frau, die Unversöhntheit der Geschlechter gleichsam als Eierschale am Allversöhner – dieser Makel seiner Geburt weckt den Wunsch, seine Gebärerin zur Immaculata zu machen: ihre Jungfräulichkeit so anzusehen, als wäre sie Sündlosigkeit. Bei Lukas heißt Maria noch schlicht »Gebenedeite« und »Magd des Herrn«[104]; die Evangelien reden mehrfach von den Geschwistern Jesu und unterstellen selbstverständlich, daß seine Mutter später noch weitere, ganz natürlich erzeugte Kinder hatte. Aber der Drang, ihre Jungfräulichkeit ungetrübt zu haben, setzt sich allmählich darüber hinweg, und im 4. Jahrhundert ist beschlossene Sache, daß sie »immerwährende Jungfrau« war, wie es bei Eusebius und Athanasius heißt, und daß, wie Epiphanius hinzufügt, »den heiligen Leib, in dem Gott gewohnt hat« schmäht, wer »Maria nach der Geburt Christi mit einem Mann verkehren« läßt. Entsprechend ihrer physischen Beschaffenheit wird nun auch ihre moralische eingerichtet. »Durch ihre Reinheit« ist sie nach Ambrosius »würdig geworden, Jesum zu empfangen«, »dadurch wird

104 Lk. 1,28 u. 38

sie aber auch die Vertreterin der Frommen bei Gott im Himmel, die sie um ihre Fürsprache angehen«, sie »hilft den Kranken«, wie Sozomenos behauptet, sie »erscheint den Heiligen«, wie Gregor von Nyssa zu wissen glaubt.[105] Von allen Seiten fliegen ihr Prädikate zu, die sie in gottähnlichen Rang erheben, so daß selbst Epiphanius, einer der Beförderer dieser Entwicklung, deren patriarchale Grenze hervorzuheben sich genötigt sieht: »Durchaus war Marias Leib heilig, nicht aber war sie Gott«; »der Vater und der Sohn und der Heilige Geist sind anzubeten, Maria aber bete niemand an«[106] – woraus man schließen darf, daß ihre Anbetung, ein Marienkult, längst um sich gegriffen hatte.[107] Und warum die Erhebung dieser einen Frau über alle irdischen Männer, ihre Stilisierung zu christusähnlicher Reinheit, wenn nicht, weil die Erniedrigung aller anderen Frauen unter die Männer wider besseres Wissen geschieht, infiziert ist von dem Gedanken, daß in Christus *an sich* doch kein Rangunterschied mehr zwischen den Geschlechtern besteht, daß Frauen *an sich* und letzten Endes doch gar nicht jene minderen, tiefer in den Stoff versenkten, weniger geistigen Wesen sein können, als die man sie erachtet, wenn doch das weibliche Fleisch nicht minder der Aufer-

105 Alle Zitate nach R. Seeberg, a. a. O., S. 212
106 Epiphanius, zit. n. R. Seeberg, a. a. O., S. 212
107 Es zeugt nicht von übermäßigem Wahrheitsbedürfnis, wenn feministische Theologie dies Marienbild, eine glatte Geschichtsfälschung, durch eine andere ersetzt und die Mutter Jesu als aufbegehrende, kämpferische Frau aus dem Volke daherkommen läßt, die, ganz im Geiste ihres Sohnes, für die Sache der Unterdrückten, vornehmlich der Frauen eintritt, sich nichts gefallen läßt, schon gar nicht von Männern, und überhaupt alle Eigenschaften vereinigt, die eine gute Feministin heute so braucht. Über die wirkliche Mutter Jesu wissen wir so gut wie nichts. Am glaubwürdigsten, weil so gar nicht ins theologische Konzept passend, ist noch die Stelle, die auf einen handfesten Krach zwischen Jesus und seiner Familie hindeutet: »Und er ging in ein Haus, und das Volk kam abermals zusammen, so daß sie nicht einmal Speise zu sich nehmen konnten. Als die Seinigen das hörten, gingen sie aus, um sich seiner zu bemächtigen; denn sie sagten: Er ist von Sinnen.« (Mk. 3,20f.) Hier wird zwar kein Verwandtschaftsgrad genannt, aber wenig später kehrt das gleiche Motiv in abgemilderter Form wieder: »Und es kamen seine Mutter und seine Brüder; und als sie draußen standen, schickten sie zu ihm und ließen ihn rufen. Und das Volk saß um ihn her. Und sie sagen zu ihm: Siehe, deine Mutter und deine Brüder und deine Schwestern draußen suchen dich. Da antwortet er ihnen und sagt: Wer sind meine Mutter und meine Brüder?« (Mk. 3,31ff.) Das klingt nicht gerade nach Pietà. Das Bild von Max Ernst, auf dem Maria den kleinen Jesus verhaut, kommt der historischen Wahrheit vermutlich näher als die ganze Mariologie – inklusive ihrer feministischen Version.

stehung würdig ist, beiden Geschlechtern die gleiche – die ganze Erlösung dargeboten ist.

Diese Irritation der patriarchalen Weltsicht plagt die Kirchenväter um so mehr, je sensibler sie sind – und verschafft sich doppelten Ausdruck: einerseits in überschwenglicher Marienhuldigung, andererseits in dem niedrigen Versuch, der Niedrigkeit aller übrigen Frauen auch noch niedere Motive unterzuschieben. »Weißt du nicht, daß du Eva bist?« »Du bist die Pforte des Teufels, du bist die Entsieglerin jenes Baumes, du bist die erste Abtrünnige vom göttlichen Gesetz, du bist die, die den überredete, den der Teufel nicht zu überwältigen vermochte. Du hast das Bild Gottes, den Menschen, so leicht zu Fall gebracht.«[108] So geifert das Ressentiment, dem nicht genug ist, daß die Frauen die Unterworfenen sind, weil ihm nicht wohl dabei ist – und das sein Unwohlsein weiblicher Intriganz zuschreibt. Weil in der Frau die patriarchale Irritation leibhaftig anschaulich wird, ist sie auch deren Urheberin – das Wesen, das durch die Attraktion seines Geschlechts den Mann und damit die Ordnung der Dinge aus dem Gleis bringt, wie einst Eva die Schöpfungsordnung. Daß von ihr die Sünde ausgegangen sei, ist ein Gedanke, auf den die Kirchenväter durchweg Nachdruck legen, »Pforte des Teufels« nur eine extrem scharfe Formulierung dafür, die aber, gerade in ihrem abgründigen theologisch-sexuellen Doppelsinn, schlagend jenes spezifisch christliche Unwohlsein bei sich selbst erhellt, das im ausgehenden Mittelalter, zum Extrem gesteigert, sich auch auf extreme Weise entladen wird.[109] Doch schon hier, in seinen vergleichsweise zarten Anfängen, zeigt es sein Doppelsgesicht: Ergebenheitsmiene gegen Maria, bösen Blick gegen Eva. In der Begierde nach ihr nicht über ihr zu stehen, gar als gleichermaßen bedürftiges Wesen zu ihr hingezogen zu sein wie sie zu ihm: das ist Abfall des Mannes vom göttlichen Gesetz, des Geistes von seiner Autarkie – ein unerträglicher Gedanke. Und doch besagt die Idee der Versöhnung, daß das Gesetz der weiblichen Subsumtion einmal aufhören soll und die Autarkie des Geistes letztlich nicht gilt. Die christliche Erlösungsbotschaft selbst verlangt also nach einer Form, das Unerträgliche zu ertragen, und diese Form ist – das Ideal. Die Frau als vollwertiges Subjekt anzuerkennen mag das patriarchale schlechte Gewissen nur in einer

108 Tertullian, *Über den Kult der Frauen*, I, 1
109 S. u. Kap. 3

garantiert unberührbaren, von aller Sexualität abgezogenen Person, die zugleich Unfrau und Überfrau ist, gleichsam die weibgewordene Quadratur des Kreises: Jungfrau und Mutter ineins.

Wagt man, christliche Lehre und Praxis auf ihre äußerste Quintessenz zu bringen, so führt an der Formel »Versöhnung mit der Unversöhntheit« schwerlich ein Weg vorbei: Im Christentum schlägt die Idee der Versöhnung, sie weiß selbst nicht wie, die Augen auf, in pervertierter Gestalt zwar, aber so, daß sie an ihrer eigenen Perversion unablässig nagt und ihr keine Ruhe läßt. Diese theologische Verwicklung verwikkelt unweigerlich auch die Seelen, in denen sie stattfindet; das Charakteristikum der christlichen Lehre wird über kurz oder lang zum christlichen Charakter – und zwar in beiden Geschlechtern. Wo er Platz greift, da ist tatsächlich »nicht mehr Mann und Frau« – und das ist es ja gerade, was das schlechte Gewissen der Männer schlechter als das der Frauen macht, ihm die Note einer spezifisch patriarchalen Irritation gibt, die als hintergründig-hinterhältiges Ressentiment gegen Eva, die geliebte Schwester im Herrn, giftet und im Marienkult ein sich selbst verleugnendes Schuldbekenntnis darüber ablegt; während in den Frauen das schlechte Gewissen sich nicht so sehr als Ressentiment gegen Männer wendet, sondern eher gegen sich selbst – und sich alle Gelüste, mit den Männern gleichzuziehen, in eben dem Glauben verbietet, in dem sie den Männern schon gleich *sind*. Mit jeder Faser freudig den Männern untertan sein, weil Christus von Untertan-Sein erlöst hat – das ist die Maxime. Aber *weil* Christus von Untertan-Sein erlöst hat, macht da nicht jede Faser mit. Und deshalb steckt auch in weiblicher Marienverehrung schlechtes Gewissen: Die Immaculata ist die mit ihrer Rolle als »Magd des Herrn« makellos Versöhnte, das weibliche Ideal, hinter dem alle irdischen Frauen zeitlebens zurückbleiben. Das schlechte Gewissen artikuliert sich weiblich anders als männlich, wie es überhaupt Unterworfene anders als Herrschende prägt und ohnehin in jedem Individuum andere Nuancen anzunehmen weiß – und setzt sich gerade in dieser Verschiedenheit als ein Identisches durch und fest. Es beginnt einen psychologischen Typus auszuprägen, den es so noch nicht gegeben hat, einen Typus, in dem das schlechte Gewissen gleichsam ein neues Kapitel aufschlägt, in dem es zur alle psychischen und intellektuellen Kräfte durchtreibenden und kultivierenden Macht aufsteigt, einen Typus, der schon im Entstehen zu erkennen gibt, wie vieldeutig schlechtes Gewissen sein kann. Zunächst einmal ist es die Wiege der Humanität. Daß es überhaupt erwacht, ist die Bedingung aller moralischen Besserung. Aber daß sein Erwachen zum Besseren ausschlägt, ist keineswegs gesagt. Es kann zur Wut gegen die werden, die es einflößen, zur Verhärtung, zum dezidierten Nicht-wahrhaben-Wollen, zur Selbstqual, zum versteckten oder offenen Zynismus, aber auch zur durchdringenden intellektuellen Redlichkeit – je nach dem, wie, mit welcher Intensität, welcher Bewußtheit, in was für einer Seele es wirkt, und die Entfaltung all dieser Nuancen bis in zarteste Verästelungen hinein sowie ihr vielfältiges Ineinanderscheinen macht geradezu die Kultur des christlichen Abendlandes aus. Schlechtes Gewissen hemmt. Um so bemerkenswerter, daß nicht der vergleichsweise ungehemmte Idealismus eines Platon und Aristoteles den Vorstoß zum trinitarischen Gipfel des Logos unternimmt, sondern der gehemmte christliche. Er erst ist so prätentiös, das Weltganze aus Gott als Alpha herzuleiten und in Gott als Omega zurückzuleiten: es zum Sinnganzen zu runden. Erst im Christentum wird der Idealismus zum System – sei es in der Kurzform des Credo, sei es in der Monumentalform des augustinischen *Gottesstaates*, jener ausladenden Darstellung des Ganges Gottes durch die Welt und zu sich zurück, in der schon die großen theologischen Summen des Mittelalters vorgebildet sind, die nichts Geringeres wollen als das Weltganze »sub ratione Dei«[110], unter dem Blickwinkel der göttlichen Vernunft, zusammenfassen. Offenbar macht erst ein bestimmter Grad schlechten Gewissens reif fürs idealistische System: hellhörig und feinfühlig genug für das, was nicht in es passen will, gewandt genug, es zu umgehen oder zu vereinnahmen, scharfsinnig und kühn genug, sich notfalls auch wider besseres Wissen darüber hinwegzusetzen, und erst der derart durchs eigene Gewissen herausgeforderte, stimulierte, seine Hemmung überwindende Idealismus gewinnt die systematische Form und die spekulative Höhe, die das christliche Dogmengebäude erreicht.

Daß den Autarkiewahn von Anfang an die Ahnung seiner Wahnhaftigkeit begleitet hat, wurde gezeigt. Das Paradoxe daran: Die Kraft, sich gegen diese Ahnung abzuschotten, war keine andere als die, die den Geist befähigte, das Ideelle als eine gesonderte, von stofflicher Natur unterschiedene Sphäre überhaupt erst einmal zu erkennen, es sich als einen eigenen Gegenstand vorzunehmen. Der Wahn, es sei autark, half es zu fixieren, identifizieren, analysieren. Er ist ein Motor der Aufklä-

110 Thomas von Aquin, *Summa theologica*, I q. 1, a. 8

rung, inspirierte zu großen geistigen Errungenschaften. Daß Stoff, Materie nicht alles ist, daß ohne ein Unstoffliches im Stoff, die spezifische Form darin, kein Naturding konsistent und erkennbar, kein Identisches im Verschiedenen, keine Wiederkehr des Gleichen, keine Gattung noch Art wäre – diese Einsicht etwa eröffnete die platonisch-aristotelische Ideenlehre, und keine Naturaneignung kann dahinter zurück – auch keine weibliche. Das macht: Das Ideelle selbst hat kein Geschlecht. Ihm eins anzuhängen, ist die unzulängliche mythische Weise, es zu denken, mit der der Idealismus einerseits bricht, andrerseits behaftet bleibt. *An sich* sind die Ideen nicht mehr Zeus, Apoll etc., sondern ein neutrales, geschlechtsübergreifendes Sein. Und doch ist in ihnen ein Rückstand des Männlichen und damit des Mythischen, solange der Geist sie nicht aus der Physis herauslesen kann, ohne Autarkie in sie hineinzulesen. Desgleichen die aristotelische Form: *An sich* ist sie über dem Sexus, aber der Intellekt, der sie nicht denken kann ohne den Wahn, sie sei auch das Formierende, sich selbst Hervorbringende, lädt sie mit autark-männlicher Zeugungskraft auf. So klebt gleichsam noch zu viel Stoff an ihr. Der Geschlechtscharakter gehört zum Unwesen im Ideellen, zum Ungeistigen im Geist, zur Fortdauer des Mythos im Logos – zu dem, was den Idealismus mit sich selbst entzweit. Denn in seiner Abkehr vom Anthropomorphismus steckt doch eigentlich schon die Einsicht, daß die Wahrheit des Ideellen das Allgemeine daran ist: das, woran beide Geschlechter teilhaben, das, was für beide gilt. Wie auch die Gesetze der Logik. Wenn Aristoteles die Denkformen herausarbeitet, in welchen die von Menschen gebildeten Begriffe sich immer schon befinden, wenn er die identischen, immer wiederkehrenden Muster aufzeigt, nach denen Begriffe zu Urteilen verknüpft, aus Urteilen Schlüsse gezogen werden, so mag er zwar vornehmlich an Männer gedacht haben, aus Gesprächen mit ihnen, aus Schriften von ihnen das Material seiner Untersuchungen gewonnen haben und dennoch arbeitet er dabei – im Grundriß jedenfalls – heraus, was jeder Verstand hat: Formen, ohne die weder Frauen noch Männer vernünftig denken können, Formen, die sich schon im Kult der Großen Mutter wirksam zeigten, als logische Formen noch kein Thema waren, Formen, in denen sich unweigerlich auch jede Kritik am aristotelischen Idealismus artikuliert, weil sie über das Falsche des Idealismus gerade hinausragen, auch wenn das Falsche bei Aristoteles in sie hineinragt: dort etwa, wo er das Moment unableitbarer Produktivität, das den Verstand zur Bildung von Gedanken befähigt, für den Beweis einer autarken Energeia nimmt und so alles Tun des Intellekts gleichsam mit Männlichkeit imprägniert. Der Idealismus hat die Eigenschaft des Hinausweisens über sich, und selbst die hat er nicht allein gepachtet; sie kommt, rudimentär, schon im Kult der Großen Mutter vor. Deren Dreifaltigkeit ist trübster Mythos – und enthält bereits die Struktur der Reflexion, die über alles Mythische hinausweist. Sie bleibt mythisch, solange sie verabsolutiert wird, solange das Weltganze als das Riesenrad einer allumfassenden Reflexion vorgestellt wird, die als höhere Vernunft in und über allen Geschicken waltet – als sei das, was ist, schon das Wahre und Vernünftige. Und so lange behält die Reflexion auch Geschlechtscharakter: ganz offensichtlich in Gestalt der Großen Mutter, die sich selbst in sich zurückschlingt; aber auch in der des christlichen Gottes, jenes zur Absolutheit geläuterten, in sich zurückgebogen ruhenden Logos, der allein durch die Männlichkeit seiner drei Personen noch verrät, daß der reine Geist so rein in ihm doch nicht ist; und sogar noch, wie das übernächste Kapitel zeigen wird, im modernen Herrschaftsprinzip. Der Geschlechtscharakter ist nicht das Wahrzeichen der Reflexion, sondern gehört zum Falschen an ihr, über das sie hinaus muß und ohne das sie dennoch nie geworden wäre: der Preis, den ihre Entstehung gekostet hat, die Fremde, in der sie einzig hat aufwachsen können. Aber durch den christlichen Gott scheint schon mit aller Deutlichkeit durch, wo die Reflexion eigentlich zu Hause ist: im menschlichen Intellekt, dessen Vermögen, sich auf sich zu beziehen, seiner Verstrickung in Verblendung und Unfreiheit innezuwerden, in Frauen nicht minder steckt als in Männern und das beiden gemeinsame Unterpfand aller menschlichen Freiheit ausmacht. Daß dies Vermögen die größte Kostbarkeit der menschlichen Spezies und gleichwohl nicht absolut ist, ist die Ahnung, die im Christentum am Idealismus nagt – bis ins Credo hinein. Nicht Denken des Denkens wird da als Rettung proklamiert, sondern Auferstehung des Fleisches: die opferlose Übereinstimmung von Geist und Natur, wo jedes im andern geborgen und *daher* jedes ganz bei sich wäre. Für Sexus und Geist folgt daraus: Geist irrt sich über sich, wenn er sich autark dünkt – frei von Physis, Trieb, Begierde. Er irrt sich ebenso über sich, wenn er sich ein bestimmtes Geschlecht anhängt. Und er entrinnt diesem Irrtum nur, wenn er lernt, sich als der

Natur ent-sprungen zu begreifen: als Natur, die über sich hinausgewachsen, als Begierde, die etwas anderes als Begierde geworden ist: eine übergeschlechtliche Potenz, die nicht mehr als weiblich oder männlich identifizierbar, sondern das Medium ist, worin beide Geschlechter sich vernünftig aufeinander beziehen, verständigen, auf Versöhnung hinarbeiten können. Versöhnung von Geist und Natur setzt voraus, daß Geist etwas qualitativ Anderes als Natur, auf sie nicht reduzierbar, aus ihr nicht deduzierbar ist. Versöhnung der Geschlechter setzt nicht nur voraus, daß weiblich etwas irreduzibel Anderes als männlich ist, sondern auch Geist etwas irreduzibel Anderes als beide: das Dritte, worin einzig ihre zwanglose Übereinstimmung gelingen kann.

Die Versöhnungsemphase im Credo hat einen Vorläufer und Bundesgenossen, von dem sie nichts weiß: die Vernunftemphase im Denken, wie Aristoteles' berühmter Satz vom zu vermeidenden Widerspruch sie formuliert: »Es ist nämlich unmöglich, daß jemand annimmt, dasselbe sei und sei nicht«, »denn es ist nicht möglich, daß dasselbe demselben in derselben Beziehung zugleich zukomme und nicht zukomme«[111]. Daß Zirkel nicht Quadrat, Holz nicht Eisen, etwas, sofern es ist, nicht zugleich und in derselben Hinsicht nicht sein kann: dies Grundgesetz des Denkens, das niemand, auch keine Frau, bestreiten kann, ohne es zu befolgen (wer nein dazu sagt, kann nicht zugleich und in derselben Hinsicht ja dazu sagen), kommt bei Aristoteles als trockene logische Formel daher und ist gleichwohl theologisch aufgeladen. Denken kann nicht sein ohne das Bestreben, den Widerspruch als das Verwirrende, Haltlose von sich auszuschließen. Indem es dies Bestreben als seinen innersten Motor, als einen über Natur hinausgewachsenen Naturtrieb begreift, gibt es zu verstehen, daß sein Element das bruchlose Zusammenstimmen des Unterschiedenen ist und nur darin der Geist heil, das Heil des Geistes sei. Die Idee der Versöhnung öffnet diesem logischen Satz seine ontologische Dimension. Das Heil des Geistes kann nicht für sich bestehen; es bedarf der bruchlosen Übereinstimmung, der integralen Einheit mit Natur, worin alle Aufopferung, alle Unterwerfung, alles Seufzen der Kreatur aufhört. Der theologische Ausdruck dafür ist »Auferstehung des Fleisches«, der psychologische: »Weh spricht: Vergeh! Doch alle Lust

111 Aristoteles, *Metaphysik*, 1005 b

will Ewigkeit«[112]. Das, was Weh und Lust von sich aus sprechen, ist im Christentum zur inneren Stimme des Idealismus geworden, und nur wer begreift, wie tief sich das schlechte Gewissen da in ihn eingegraben hat, kann auch verstehen, was in der christlichen Inquisition zum Ausbruch kam.

112 F. Nietzsche, *Also sprach Zarathustra*, *Werke*, Bd. II, S. 558

3. Inquisition und Selbsterhaltung

Der atemberaubende Aufstieg des Christentums von einer kleinen jüdischen Sekte zur Religion des Abendlandes läßt sich nicht logisch deduzieren. Daß es hat kommen müssen, wie es kam, daß aus dem spätantiken Stand patriarchaler Sklavenhaltergesellschaft oder der damals vorherrschenden Produktionsweise sich umstandslos die christliche Lehre als entsprechende Ideologie ergibt – das ist vulgärmaterialistische Erklärung, die gerade nichts erklärt. Das Christentum bringt in die materiellen Verhältnisse vielmehr etwas hinein, was es aus ihnen nicht hat, und dies Etwas, ein nicht Vorhersehbares oder Ableitbares, besteht in der eigenartigen synthetischen Kraft, die von dem neuen Glauben offenbar ausging. Der befreite von dem Gewimmel zahlloser Mysterien- und Opferkulte durch ein universalhistorisches Sühnopfer, das ein für allemal für alle Menschen geblutet hatte, das nicht durch weiteres Blutvergießen erneuert, sondern nur erinnert sein wollte, das sinnlich und anschaulich genug war, um sich auch dem einfachsten Menschen tief einzuprägen, und geistig genug, um die Trinitätsspekulation zu inspirieren. Es erwies sich als fähig, Sklaven und Herren, Frauen und Männern, Angehörigen verschiedenster Klassen und Kulturen gleichermaßen aus der Seele zu sprechen und damit in die Seele zu dringen. Die überirdische Versöhnung, die hier in Gestalt einer irdischen, historisch verifizierbaren Person imaginiert wurde, war weder an Privilegien gebunden noch in ferne Zukunft verschoben. Jeder konnte sie hier und jetzt genießen, wenn auch nicht pur, sondern lediglich auf dem Umweg der Versöhnung mit der nach wie vor unversöhnten Welt, aber daß man auf diesem Umweg, gleichsam hinten herum, an dem, was einem vorenthalten war, auch teilhatte, das war eine geniale Wendung der Seele gegen sich selbst, die unvorhergesehene Kraft freisetzte: Kraft zu einer neuen Freiwilligkeit der Entbehrung, die zu verzichten vermag, weil sie *an sich* schon genießt, worauf sie verzichtet, Kraft zu einer Gewißheit, die *an sich* alles Elend, in dem sie befangen ist, schon überwunden weiß, und es nicht nötig hat, sich durch Abtötung aller Gefühle zur Unerschütterlichkeit eines stoischen Weisen hochzuarbeiten. Diese Glaubensgewißheit, die auf ebenso einfache wie listige Weise die Not zur Tugend gewendet hat, muß derart als Überlegenheitsgefühl verspürt worden sein, daß die spätantiken Seelen, nach anfänglichen Wutausbrüchen gegen die so überlegen Daherkommenden, sich massenhaft danach drängten, so zu werden wie sie. Dieser Drang hörte nicht auf, als das Christentum den Reiz des Verbotenen verlor und Staatsreligion des Römischen Reiches wurde, und als dies Reich nach einem Menschenalter zu zerfransen und zerfallen begann, sein kultureller Boden durch Völkerwanderung verödete oder umgepflügt wurde, da saß das Christentum schon zu tief, um sich noch austilgen zu lassen. Es war immerhin so sehr zum seelischen Grundbestand geworden, daß neue Machthaber, die sich als Erben Roms aufspielten, ihren Expansionsdrang gar nicht mehr anders auszulegen wußten als christlich, daß Langobarden, Merowinger und Karolinger nicht sich, sondern das Christentum auszubreiten meinten, daß Karl der Große als allerchristlichster Heilsbringer auftrat, als er die Sachsen abschlachtete, daß das Verhältnis von Heerführern und Gefolgsleuten, Herrschern und Vasallen als eines der wechselseitigen christlichen Treue gedeutet werden mußte, um haltbar zu sein. Daß keine Waffengewalt und Herrschaft mehr umhinkam, sich aufs Christentum zu berufen, daß es gleichsam die geistige Tinktur hat werden können, die die gesamte mittelalterliche Ständegesellschaft durchdrang und ihr das Ansehen einer Lehenspyramide gab, die sich von Bauern und Hintersassen über den einfachen Ritter bis hinauf zu Kaiser und Papst hierarchisch fortsetzte und mit ihrer Spitze über sich hinauswies auf Gott als ihren Ursprung und ihr Ziel – das wiederum war nicht durch bloße Waffengewalt erwirkt; hier spielte die seelenprägende, charakterbildende Kraft der christlichen Lehre ihre eigene Rolle. Nicht, daß nun jeder germanische Bauer und fränkische Ritter vom Scheitel bis zur Sohle Christ geworden wäre, daß es unter Klerikern und Laien nicht reihenweise Heuchler und Schlitzohren gegeben hätte, die mit dem Christentum spielten und intrigierten. Frappierend nur, wie sehr *trotz alledem* die Geschichte des christlichen Abendlands im Großformat darstellt, was der christliche Charakter keimhaft enthält, wie sehr jene Versöhnung mit der Unversöhntheit, die in der individuellen Seele auf einen Punkt zusammengezogen ist, zu komplexen historischen Konstellationen auseinandertritt und das Gesicht einer ganzen Epoche bestimmt.

Daß sich die Kirche von der weltlichen Macht nicht schlucken ließ, daß es ihr gelang, eine Macht eigener Art zu etablieren, im Kaiserreich, aber weit über dessen Grenzen hinaus, nicht auf Waffengewalt gegründet, aber jederzeit in der Lage, sie herbeizurufen – das zeigt, wie sehr sie zum Virtuosen jener Vergeistigung und Verinnerlichung von Herrschaft geworden war, die im Christentum von Anfang an steckte, und die nun in ihrer ganzen Zwiespältigkeit erfahren wurde: einerseits als sittliche Kraft, die sich anders in die Seelen einzuschreiben weiß als bloß mit Knüppel und Schwert – und deshalb um so verehrungswürdiger ist. Das Selbstgefühl dieser Kraft ist kein anderes als jenes Überlegenheitsgefühl, ohne das sich das Christentum zur Religion des Abendlandes schwerlich hätte hocharbeiten können und das nun die geistliche Macht befähigte, auch noch über die weltliche zu triumphieren. Daß ein Kaiser sich im Büßergewand vom Bann des Papstes lösen mußte, wenn er Kaiser bleiben wollte, wie es Heinrich IV. bei seinem berühmten Gang nach Canossa zu Gregor VII. im Jahre 1077 widerfuhr; daß das Papsttum zu derartiger Autorität gedieh, daß bis ins späte 13. Jahrhundert hinein keine weltliche Macht umhinkam, seine Oberhoheit anzuerkennen – das war nicht möglich, ohne daß bis in untere Volks- und Seelenschichten hinein die Überzeugung seßhaft geworden war: der Kirche gebührt in dieser Welt die höchste Macht, weil ihre Macht nicht von dieser Welt ist. Das ist die eine Seite. Doch daß diese Überzeugung sich nicht kräftigen konnte, ohne auch den Zweifel an ihr zu stärken, macht die Kehrseite des kirchlichen Triumphs aus. Denn was passierte, als die Repräsentantin der überirdischen Macht zur obersten irdischen aufstieg? Da eroberte sich die Macht eine neue, sublime Dimension, ohne daß sie die alte brachiale verlor, da erschloß sie sich feines seelisches Brachland, ohne physisch weniger grob und drückend zu werden – und schnitt alle Hoffnungen, die sich an ihren Sieg insgeheim geknüpft hatten – daß die Welt dadurch besser, die Gesellschaft humaner, die Menschheit der Rettung nähergebracht wurde – in aller Stille ab. Die Instanz, die für die Erlösung der Welt einstand, wurde zur höchsten Instanz einer nach wie vor unerlösten Welt und gab damit zu verstehen: etwas Höheres als eine triumphierende Kirche, die jedem die ihm gemäße Stellung vor Gott und den Menschen zuweist, ist auf Erden nicht zu erwarten.

So saß sie einerseits fest im Sattel wie nie. Vorbei war die unsichere Zeit der Selbstfindung, des Ringens um die zentralen Lehrinhalte, darum wie Christus, um Retter der Menschheit sein zu können, beschaffen sein müßte, wie sein Verhältnis zum Vater und Heiligen Geist, wie Maria zu verehren, wie die Rolle der Kirche als Verwalterin des Heils und der Sakramente aufzufassen war. Die Hauptlehrstücke lagen spätestens seit dem 6. Jahrhundert fest; die Kirche hatte nur noch darüber zu wachen, daß die geistige Tätigkeit ihrer Intellektuellen in Einklang mit ihnen blieb. Eine knifflige Aufgabe; denn die dogmatischen Formeln waren zumeist das äußerste, einfachste Konzentrat ausgiebiger spekulativer Gratwanderungen – und damit stets in der Gefahr, daß die Geistesschärfe, die zu ihrer Formulierung erheischt war, sich auch gegen sie wenden konnte. So hatte etwa Berengar von Tours, der Mitte des 11. Jahrhunderts mehrere kirchliche Synoden gegen sich aufbrachte, nicht die geringste häretische Absicht; ihm wollte bloß nicht in den Kopf, wie im heiligen Abendmahl aus Brot und Wein tatsächlich Leib und Blut Christi werden sollen, wo sie doch nach der Wandlung genauso aussehen und schmecken wie vorher und wo es doch als ein logisches Unding zu gelten hat, daß die Substanz einer Sache sich grundlegend ändert, während ihre Akzidentien gleich bleiben. Er schlug daher vor, die Wandlung der Elemente »logisch« zu interpretieren, als einen spirituellen Akt nämlich, worin der Geist des Gläubigen sich zum himmlischen Leib Christi erhebt – und beging damit das Sakrileg, Logik gegen Dogma zu stellen.[1] Erst nachträglich erwies er sich als Entzünder eines Konflikts, der im Christentum zwar schon schwelte, seit es Mission betrieb, d. h. auf einsichtige Rede setzte, dessen Tragweite sich aber erst erschloß, als die großen Köpfe des 12. und 13. Jahrhunderts ihn nach allen Regeln scholastischer Argumentationskunst austrugen. Bedarf die Offenbarung Gottes der Vernunftgesetze, um sich auf angemessene Weise in der Welt zu artikulieren? Oder bedarf die Vernunft der Offenbarung, um über ihre Gesetze und damit auch über ihre Grenzen überhaupt erst das Licht aufgesteckt zu bekommen? Ist der Heide Aristoteles ein Feind Christi oder einer seiner entscheidenden Wegbereiter? So brisant diese Fragen auch waren – sie gingen nicht mehr so ans Mark wie einst der Streit, ob Gott Monarch oder Trinität, ob Christus sein menschlicher Adoptivsohn oder gottmenschlicher Doppelnatur sei. Zu tief saß inzwischen die Autorität der

1 Vgl. F. Overbeck, *Vorgeschichte und Jugend der mittelalterlichen Scholastik*, Darmstadt 1971, S. 178 ff.

Grunddogmen, als daß sie vom theologischen Disput, der von ihnen zehrte, ernstlich hätten erschüttert werden können. Nicht, daß eigenes Denken nicht mehr gefährlich gewesen wäre. Mehr denn je mußten die Intellektuellen aufpassen, um in dem immer komplexer werdenden Dogmengeflecht nicht unversehens in eine Häresie zu tappen. Der entscheidende Konflikt jener Zeit jedoch spielte sich unterhalb des theologischen Disputs ab. Er bildet einen theologischen Subtext, der nirgends geschrieben steht und ohne den die ganze mittelalterliche Theologie nicht geschrieben stünde. Ihn aus vorhandenen Schriftstücken zu erschließen ist unabdingbar, wenn begriffen werden soll, warum der kirchliche Versuch, die reine Lehre zu erhalten, ausgerechnet in den Hexenverfolgungen, einer Kollektivaggression vornehmlich gegen Frauen, kulminierte.

»Alle übrigen Seuchen dieser Art hatten bekanntlich jeweils einzelne Lehrer, Menschen, von denen sie zugleich Ursprung und Namen herleiteten. Mit welchem Namen oder Titel wirst du jene bezeichnen? Mit keinem.«[2] So klagt Bernhard von Clairvaux Mitte des 12. Jahrhunderts über eine neuartige Häresie, die sich aufs bekannte Schema vom Intellektuellen, der eine abweichende Lehre formuliert und damit Anhänger gewinnt, nicht abziehen läßt, sondern ins Diffuse ausbricht: fast gleichzeitig an verschiedenen Stellen Frankreichs, Flanderns, des Rheinlands, aber ohne ersichtliche überregionale Verabredung, ohne intellektuelle Ambitionen, ohne Drang nach einer festen Organisationsform – und gleichwohl mit signifikanten Gemeinsamkeiten. »Sie behaupten, Nachfolger der Apostel zu sein und nennen sich Apostel«[3], wandern wie die Apostel in Armut und predigend umher und sagen, als sie ob dieser ungeheuren Anmaßung ergriffen und verhört werden, freimütig aus: »Wir nehmen dies auf uns, weil wir nicht von der Welt sind; ihr aber, der Welt Liebhaber, habt mit der Welt Frieden, weil ihr von der Welt seid. Lügenapostel schändeten das Wort Christi und suchten das Ihre, wie ihr und eure Väter ausgiebig taten – wir und unsere Väter, geborene Apostel, sind in der Gnade Christi geblieben und werden bis ans Ende der Welt bleiben. Um uns und euch zu unterscheiden sprach Christus: An ihren Früchten sollt ihr sie erkennen. – Unsere Früchte sind die

2 Bernhard von Clairvaux, Sermo 66, zit. n. H. Grundmann, *Religiöse Bewegungen im Mittelalter*, Darmstadt 1970 (4. A.), S. 50

3 Bernhard von Clairvaux, Sermo 66, zit. n. Grundmann, a. a. O., S. 21

Spuren Christi.«[4] In diesem kurzen Geständnis ballt sich der Konfliktstoff einer ganzen Epoche. Die Kirche hat sich in der Welt so durchgesetzt, daß sich die Welt in ihr durchgesetzt hat; sie hat eine hierarchische Organisation, Macht und Reichtum angenommen wie jede weltliche Herrschaft auch – und erzeugt damit in ihr selbst eine Gegenbewegung, die nicht mehr bloß an dieser oder jener Korruption Anstoß nimmt, sondern den kirchlichen Gesamtzustand als Korruption empfindet und daran um ihres Seelenheils willen nicht teilhaben will. Diese Gegenbewegung begreift freilich nicht, daß das, was ihr als Korruption erscheint, nur das zur Macht gelangte Spezifikum des Christentums selbst ist. Die Versöhnung mit der Unversöhntheit sieht wahrlich anders aus, wenn eine kleine, verfolgte Minderheit sie predigt und sie zum seelischen Halt von Erniedrigten und Beleidigten wird. Aber sie hört nicht auf, Versöhnung mit der Unversöhntheit zu sein, wenn sie zum Seelenbestand einer ganzen Gesellschaft wird; und wenn gar die Institution, in der sie sich verkörpert, zur Weltmacht aufsteigt, zeigt auch sie ihr Machtgesicht. Der Pakt mit allen irdischen Unseligkeiten im Namen der überirdischen Seligkeit ist nur die konsequente Form ihres weltlichen Triumphs, an der offenbar wird, wozu sie schon von klein auf das Zeug hatte, als sie noch gar nicht danach aussah.[5] Indem sie derart Macht gewinnt, gewinnt auch Macht, was in ihr gegen sie gekehrt ist. Wie gezeigt wurde, ist ja Versöhnung mit der Unversöhntheit nicht nur die geniale Wendung, schon in Abwesenheit der Versöhnung an ihr teilzuhaben, sondern auch das schlechte Gewissen darüber, daß diese Versöhnung eine erschlichene, um den Preis ihrer Perversion erkaufte ist. Und eben dies schlechte Gewissen kommt in der neuartigen Häresie des 12. Jahrhunderts zu doppelt ungewohntem Ausbruch: Zum einen bricht es in verschiedenen, zum Teil weit voneinander entfernten Gegenden aus, und zwar nicht nur in einzelnen, sondern in

4 Evervin von Steinfeld in einem Brief an Bernhard von Clairvaux über die Kölner Ketzer von 1143, zit. n. Grundmann, a. a. O., S. 20

5 Wenn Theologen die mittelalterliche Kirche kritisieren, so stellen sie sie gewöhnlich als Abfall vom Urchristentum dar, lassen irgendwann nach der guten alten Zeit der Apostel den Sündenfall des Christentums beginnen, registrieren genau die erheblichen Veränderungen, die es durchgemacht hat – um das Beharrliche im Wechsel um so sicherer auszublenden, um nicht zugeben zu müssen, daß es zwischen dem Zeitalter des Neuen Testaments und dem der Inquisition nicht nur Diskontinuität gibt, sondern auch fatale Kontinuität.

schwer definierbaren und überschaubaren Gruppen; zum andern bricht es aus der kirchlichen Hierarchie aus, ist nicht gesonnen, sich der Regel irgendeines Ordens zu unterwerfen, die bestehende Trennung von Klerus und Laien anzuerkennen, aufs Predigen zu verzichten, wohl aber auf Reichtum – zum Teil sogar auf jegliches Geld – und auf sämtliche Standesprivilegien. Das Bedürfnis, zu leben wie einst die Apostel, in den Spuren Christi wandelnd, ist das Bedürfnis, die Art Versöhnung mit der Unversöhntheit, zu der die Kirche sich heraufgearbeitet hat, nicht länger mitzumachen und dafür zu büßen. Zwar ist diese Buße selbst nur eine andere Gestalt der Versöhnung mit der Unversöhntheit, nämlich ein bereitwilliges Aufsichnehmen allmöglicher Entbehrungen um der ewigen Seligkeit willen, aber eine, worin sich die Idee der Versöhnung zugleich aufs deutlichste gegen ihre eigene Perversion empört. Und das ist, so ratlos man ansonsten gegen die neue Häresie war, bestens verstanden worden. Ehe er sie recht einzuschätzen wußte, wußte Bernhard doch schon genau, daß sie eine »Seuche« war – und gibt damit den Ton an und den Schrecken wieder, den sie bei den Vertretern der rechten Lehre auslöste.

Nun ist es ausgeschlossen, daß Leute, die sich weder der Liederlichkeit, des Betrugs, Raubs noch Mords, sondern bloß des friedlichen, predigenden Umherziehens in Armut schuldig gemacht haben, derart als bedrohlich empfunden werden können, wenn das, was sie zu öffentlichem Ausdruck bringen, nicht insgeheim auch in denen ist, die sich davon verunsichert fühlen. Und der christliche Charakter wäre nicht er selbst, wären nicht auch seine selbstsichersten Ausprägungen von jenem schlechten Gewissen angenagt, das die Versöhnung mit der Unversöhntheit unweigerlich mit sich bringt. Erst wenn das klar ist, läßt sich jene innere Dynamik begreifen, die von nun an die Häretiker gegen die Kirche, die Kirche gegen die Häretiker aufbringt. Sie steckt im christlichen Charakter selbst, und der wiederum waltet auf beiden Seiten, sitzt in den Abweichlern nicht weniger tief als in den Orthodoxen. Beide wollen, daß das Christentum sich in dieser Welt durchsetzt, und beiden ist nicht wohl dabei, daß seine Durchsetzung den Pakt mit der Welt bedeutet. Es ist nur eine Nuance, ein verschiedener Grad des Unwohlseins, der beide Seiten voneinander trennt. Einige wenige ertragen den Pakt mit den Mächten dieser Welt nicht länger; sie scheren aus, suchen die reinen Spuren Christi jenseits der kirchlichen Hierarchie. Die andern aber müssen nun in diesen wenigen ihr eigenes schlechtes

Gewissen anschauen, bekommen das, was sie in sich selbst unterdrükken, leibhaftig vor Augen gemalt. Nur so ist die Wut erklärlich, die die Häretiker auslösen. Der Prozeß, der zwischen ihnen und den sogenannten Rechtgläubigen in Gang kommt, eine jahrhundertelange blutige Verfolgungsgeschichte, ist, psychologisch gesprochen, nur ein Auseinanderfalten und Ineinanderspielen verschiedener Nuancen desselben christlichen Gewissens: Selbstdurchdringung und Selbstzerrüttung des Christentums.

Die Ketzergruppen, die in Köln und Lüttich, in Périgueux und Toulouse von sich reden machen, schlagen das Thema an; die religiösen Bewegungen des 12. und 13. Jahrhunderts sind die Variationen dazu. Stets war es das Bedürfnis, arm und rein zu leben wie die Apostel und durch Wort und Tat andere dafür zu gewinnen, das diese Gemeinschaften entstehen ließ; und je nachdem, wie intensiv es war, wie heftig die Reaktion der Kirchenbehörden, unter welchen regionalen und überregionalen Bedingungen es sich artikulierte, wurde es entweder in die geregelten Bahnen eines von höchster Stelle anerkannten Ordens gelenkt und so ins Kirchenleben integriert – oder mit allen Mitteln bekämpft. Entweder die neuen Gruppen ließen sich in Übereinstimmung mit der kirchlichen Macht bringen, dann konnte man sie als die besonders wohlgeratenen Exponenten dieser Macht ansehen, als Aushängeschild der bestehenden Kirche – und in diesen Rang stiegen Dominikaner und Franziskaner kometenhaft auf –, oder aber man konnte ihren Anblick nicht ertragen, weil in ihnen wie in einem Spiegel die kirchliche Weltverfallenheit ihrer selbst ansichtig wurde. Diese Rolle fiel Humiliaten, Waldensern und Katharern zu. Ob das Bedürfnis nach apostolischer Armut und Predigt in Richtung Heiligsprechung oder Scheiterhaufen führte, stand anfangs keineswegs immer schon fest. Vor allem entschied eines nicht darüber: die soziale Stellung. Es trifft nicht zu, daß sich aus den unteren Schichten die Häresie, aus den oberen die Orthodoxie rekrutierte. Petrus Waldes war »ein durch Wuchergeschäfte reich gewordener Bürger mit beträchtlichem Landbesitz. Die ersten Gefährten, die ihm folgten, gaben ihren ganzen Besitz den Armen«[6]. Franziskus war ein verwöhnter Kaufmannssohn, ehe er sich und seinen Gefolgsleuten auferlegte, »in Gehorsam, in Keuschheit und ohne Eigentum zu leben und der Lehre und Spur unseres Herrn Jesu

6 Grundmann, a. a. O., S. 161

Christi zu folgen«: »gehe hin und verkaufe alles, was du hast, und gibs den Armen.«[7] Die Humiliaten sollten alles »unrecht erworbene Gut«, »allen Überschuß aus ihren Einkünften den Armen geben«[8]. Die Katharer sind vielfach »Weber« genannt worden – aber nicht, weil sie aus Handwerkerkreisen stammten, sondern weil viele von ihnen, statt von ihrem Besitz zu leben, umherzogen und sich notdürftig von Weberarbeit ernährten wie einst der Apostel Paulus.[9]

Auf Besitz verzichten kann nur, wer welchen hat, das Bedürfnis nach Armut kann nur verspüren, wem unwohl dabei ist, nicht arm zu sein, aus Armut eine Tugend machen kann nur, wem sie nicht die alltägliche Not seines Standes ist. In Köln z. B. haben die unfreiwillig Armen offenbar genau gespürt, daß die freiwillige, demonstrativ zur Schau getragene Armut der Ketzer sich etwas herausnimmt, was ihnen versagt ist, nämlich das Ausscheren aus dem vorgegebenen gesellschaftlichen Stand – und haben mit Wut auf diese Art Tugendhaftigkeit reagiert. Die Ketzer wurden, wie der Augenzeuge Evervin berichtet, »gegen unseren Willen von einer allzu glaubenseifrigen Menge ergriffen, auf einen Scheiterhaufen geschleppt und verbrannt«[10]. Der Pöbel fällt über sie her, die Kirchenbehörde muß sie schützen, um sie wenigstens ordnungsgemäß verhören, verwarnen, verurteilen zu können – das ist eine Konstellation, die in der Anfangszeit der neuen Häresie öfter vorkam. Keineswegs war immer schon ausgemacht, daß die unfreiwillig Armen die freiwillig Armen als ihresgleichen willkommen hießen. Freilich, der privilegierte Wille zu apostolischer Armut war Widerwille gegen eine Klassengesellschaft, die Reichtum und Armut, Macht und Ohnmacht auf empörende Weise verteilt hatte, schlechtes Gewissen darüber, daß die Kirche in diese Ungerechtigkeit zutiefst verstrickt war, aber er war nicht Wille zur Umwälzung dieser Gesellschaft. Und als die Armutsidealisten später dann doch regen Zulauf aus unteren Volksschichten bekamen, geschah das auf beiden Seiten: sowohl bei den häretischen Waldensern und Katharern als auch bei den kirchlich anerkannten Bettelorden. Woraus erhellt: Was in Häresie und Orthodoxie aufeinander prallte, war weder der Gegensatz von arm und reich, Laien und Kleri-

7 Franz von Assisi, *Die Werke*, Zürich 1979, S. 14
8 Grundmann, a. a. O., S. 159
9 Vgl. Grundmann, a. a. O., S. 33
10 Zit. n. L. Baier, *Die große Ketzerei*, Berlin 1984, S. 35

kern oder sonst irgendwelcher Klasseninteressen. Das christliche Gewissen stieß mit sich selbst zusammen.

Es war klassenübergreifend zu einer materiellen Gewalt geworden: selbst noch bei den Katharern[11], die anders als Waldenser oder Humiliaten von Anfang an Kollisionskurs einschlugen, die kirchlichen Sakramente als diabolische Vereinnahmung strikt ablehnten – um des Seelenheils willen, das zu gewinnen und zu bewahren niemand anders sie gelehrt hatte als die Institution, die es ihnen nun zu verunmöglichen schien. Die schroffe Haltung der Kölner Ketzer – ihr seid von dieser Welt, wir nicht, ihr Lügenapostel, wir Apostel – setzt sich bei den Katharern in Südfrankreich und Norditalien konsequent fort: praktisch im Aufbau einer Gegenkirche, die von allen Verstrickungen in diese Welt rein sein sollte, theoretisch in der Ausarbeitung einer eigenen Lehre. Dem wahren Geist Christi konnte die Versöhnung mit der Unversöhntheit, die die Kirche betrieb, nur zuwider sein. Er mußte reiner Geist sein – unberührt von der gesamten Sphäre der Verderbnis, *also* unberührt von aller Materie. Nur in diesem Geist winkt Rettung von der Korruption, wie die Interrogatio Johannis, das »Geheime Buch der Katharer«, versichert: »Und der Herr sagte: (...) dies sind unwissende Menschen, die sagen, daß mein Vater Körper aus Lehm schuf nach der Untreue, aber in Wahrheit schuf er alle Mächte des Himmels mit dem Heiligen Geist, und wegen ihres Ungehorsams und ihres Falls haben sich jene in Körpern aus Lehm wiedergefunden und sind dem Tod ausgeliefert worden.«[12] Der »Körper aus Lehm« ist die gegenständlich ge-

11 Katharoi = die Reinen; davon leitet sich später der Schimpfname Ketzer ab.

12 *Le livre secret des cathares. Interrogatio Johannis*, Paris 1980, zit. n. L. Baier, S. 56. Es handelt sich um ein Buch, »das die Inquisition in Carcassonne konfisziert und aufbewahrt hat« und das belegt, »daß die okzitanischen und italienischen Katharer enge Verbindungen unterhielten und daß ihre Doktrin aus Bulgarien, von den Bogomilen, stammte. Denn die Handschrift von Carcassonne trägt den Vermerk: ›Das Geheimnis der Häretiker von Concorezzo ist, voller Fehler, von Bulgariens Bischof Nazarius überbracht worden.‹ Concorezzo ist der Name eines Städtchens bei Mailand, das ein häretischer Bischofssitz war«. (Baier, S. 54) Bulgarien – Mailand – Südfrankreich: man beginnt den Weg zu erahnen, auf dem eine alte, schon von den Kirchenvätern als »gnostisch« und »manichäisch« verurteilte, aber nie ganz ausgerottete Häresie zu neuen Ehren kam. Die schroffe Trennung von Geist und Materie in der Theorie gab Kraft, sich auch in der Praxis von der katholischen Kirche zu trennen. So sogen die Katharer den Dualismus der Bogomilen gierig auf – sofern sie nicht von selbst dualistische Lehren ausbildeten.

wordene Sünde, das Gefängnis, das Verderben des Geistes, Gut und Böse sind zwei ewig miteinander im Kampf liegende Prinzipien: Geist und Materie. Nachdem die Kirche die integrale Einheit von Geist und Fleisch, zu der sie zu geleiten vorgab, aufs äußerste kompromittiert hat, wissen die Katharer nur noch einen Ausweg: die Losmachung des Geistes von der Natur. Sie fallen auf eine Vorstellung von Rettung zurück, die das Christentum als Nicht-Rettung entlarvt hat, aber sie fallen um Christi willen zurück. Sie mißverstehen ihn als Erlöser *vom* Fleische statt des Fleisches, als selbst nie wirklich Fleisch geworden, als Gegenprinzip des Fleisches, aber im sicheren Gespür dafür, daß die Versöhnung mit der Unversöhntheit, die die Kirche im Namen Christi betreibt, nicht im Geiste Christi geschieht. So rühren sie einerseits an den wundesten Punkt, erinnern daran, daß der historische Jesus selbst der Stachel im Christentum ist, lassen das christliche Gewissen gleichsam aufschreien – und geben ihm andererseits die Gelegenheit, als Aufschrei der Entrüstung über diejenigen laut zu werden, die die Gnade der Inkarnation und Auferstehung des Fleisches nicht zu schätzen wissen, Geist gegen Materie ausspielen und die Versöhnung beider sabotieren.

Diese Gelegenheit wurde dankbar ergriffen, ein Kreuzzug gegen die Katharer in die Wege geleitet. Erstmals überfielen christliche Kreuzfahrer ein christliches Land – in der päpstlich verbrieften Gewißheit, daß jeder Exzeß gegen die Abweichler vor Gott ebensoviel gilt wie alle von der Kirche auferlegten Bußen. Von 1209 bis 1229 war Südfrankreich Schauplatz eines »heiligen Krieges«, wie er erbarmungsloser gegen die Moslems nicht geführt worden war. Feuer und Schwert, Folter und Verrat – nichts war zu schäbig, um die Katharer auszurotten. Gegen Mitte des Jahrhunderts existieren nur noch versprengte und gehetzte Reste von ihnen. Der Kreuzzug nach innen ist symptomatisch für den Zustand der Christenheit am Anfang des 13. Jahrhunderts. Er bezeichnet einen Höhe- und Wendepunkt. Daß die Kirche ihn sich leisten kann, zeigt, über welche Macht sie verfügt. Daß sie ihn nötig hat, zeigt, wie bedroht sie sich fühlt. Noch während die Katharerverfolgung in vollem Gang ist, tagt 1215 in Rom das berühmte IV. Laterankonzil, das den Höhepunkt der kirchlichen Autorität markiert, den größten Triumph ihrer Geschichte – und doch nicht von ungefähr ein gegen die Ketzer gerichtetes Glaubensbekenntnis allen weiteren Beschlüssen voranstellt, in dem klaren Bewußtsein: So weit wie in Südfrankreich darf es um Himmels willen nie wieder kommen. Inskünftig ist alle Ketzerei im Keim zu ersticken. Und wenige Jahre nach dem Katharerkrieg stand das geeignete Mittel dafür bereit: die Inquisition. Sie ist die Verfeinerung und Verallgemeinerung des nach innen gerichteten Kreuzzugs – seine Fortsetzung in anderer Gestalt.

Daß die Bischöfe ihre Diözesen von Zauberei, Aberglauben und Häresie reinhalten, ihre Pfarreien zu diesem Zwecke regelmäßig visitieren und die Hilfe weltlicher Gewalt dabei in Anspruch nehmen sollen, war schon von den Karolingern mehrfach angeordnet[13], aber nie konsequent befolgt worden. Erst im 12. Jahrhundert, als Häresie den Status einer »Seuche« bekommt, mehren sich sowohl die Konzilsbeschlüsse, die die geistliche Macht an ihre Aufsichts-, die weltliche an ihre Unterstützungspflicht erinnern, als auch die kirchlichen Gerichtshöfe, die damit ernst machen können. Drei Strafverfahren kannten sie: den Akkusationsprozeß, wo ein vom Gericht unterschiedener Kläger auftritt, der dem Beklagten Schadenersatz leisten muß, wenn sich die Beschuldigung nicht erhärten läßt; den Denunziationsprozeß, wo der Kläger ein Mitglied des Gerichts, aber vom Richter unterschieden ist; den Inquisitionsprozeß, wo der Richter selbst den Verdächtigen festsetzen läßt, die Anklage vorträgt, Zeugen pro und contra verhört und den Beschuldigten, falls seine Schuld nicht erweislich, einen Reinigungseid ablegen und laufen läßt. Klar, daß das Verfahren, wo der Kläger auch Richter ist, das am wenigsten umständliche, also das wirkungsvollste war – gerade recht gegen einen so schwer greifbaren, aber schwerwiegenden Tatbestand wie die Ketzerei. Aber damit die Inquisition das wurde, als was sie berüchtigt ist, mußte noch zweierlei geschehen. Erstens mußte die weltliche Gewalt Ketzerei auch in ihre Gesetzgebung als Kapitalverbrechen aufnehmen. Daß der Hohenstaufe Friedrich II., der alles andere als ein Kirchenlamm war, seinen dem Papst gelobten Kreuzzug ins Heilige Land unterließ, sich mit arabischen Gelehrten umgab, Mathematik, Astrologie, Magie trieb, der Häresie also mehrfach verdächtig war – daß ausgerechnet der es um seiner eigenen Machtstellung willen nötig hatte, eine barbarische Ketzergesetzgebung zu erlassen, ohne die die Inquisition nicht hätte erblühen können, zeigt, wie in der ersten Hälfte des 13. Jahrhunderts die Machtverhältnisse liegen, wie die geistliche Autorität sich noch in denen durchsetzt, die sie nicht anerkennen,

13 Vgl. J. Hansen, *Zauberwahn, Inquisition und Hexenprozeß im Mittelalter*, Aalen 1983, S. 63 ff.

wie die weltliche Gewalt, um sich selbst zu behaupten, das kirchliche Bedürfnis nach Ketzerverfolgung zu ihrem eigenen machen muß.

Die Essenz der Ketzeredikte Friedrichs aus den Jahren 1220–1238: »Die Ketzer aller Sekten wurden geächtet; waren sie von der Kirche als solche verurteilt, so mußten sie dem weltlichen Arme zur Verbrennung ausgeliefert werden. Wenn sie aus Furcht vor dem Tode widerriefen, wurden sie auf Lebenszeit eingekerkert«. »Fielen sie wieder in ihre Irrtümer zurück«, »sollten sie getötet werden. Das ganze Vermögen des Ketzers wurde konfisziert und seine Nachkommenschaft des Erbes beraubt. Seine Kinder wurden bis in das zweite Glied für unfähig erklärt, irgendein besoldetes Amt oder eine Würde zu bekleiden«, »Begünstiger, Beschützer, Beherberger oder Anwälte der Ketzer sollten auf ewig verbannt, ihr Eigentum konfisziert und ihre Nachkommen gleichfalls ihrer Rechte beraubt werden«. »Die Häuser der Ketzer und derjenigen, die sie beherbergten, sollten zerstört und nie wieder aufgebaut werden.«[14] Dies alles war nun rechtens, ohne daß die Kirche sich selbst die Hände schmutzig zu machen brauchte. Jetzt mußten zweitens noch die Personen her, die bereit und fähig waren, das von Rom aus zentral gelenkte Aufspüren und Überführen von Ketzern zu ihrer Lebensaufgabe zu machen. Und wer vereinigte Armut und Bußpredigt, Gehorsam gegen den Papst und theologische Versiertheit in gleicher Weise wie die Dominikaner? Als Gregor IX. 1233 beschloß, »Predigermönche gegen die Ketzer Frankreichs und der benachbarten Provinzen auszusenden« und sie ermächtigte, auch den ortsansässigen Klerikern auf die Finger zu schauen und ihnen, wenn sie lässig gegen Ketzerei waren, »ihre Pfründen für immer zu nehmen und gegen sie und alle anderen ohne Berufung vorzugehen«[15] – da war aus einem oder mehreren Strafverfahren auf einmal das Programm einer systematischen Durcharbeitung der Christenheit geworden: ein katholisches Forschungsprogramm sozusagen; inquisitio heißt ja Befragung, Erkundung, Erforschung. Zu erforschen galt es alle Handlungen und seelischen Regungen, die der christlichen Lehre zuwider waren – um sie restlos auszutilgen. Etwa so: »Einige Tage vor seinem Besuche in einer Stadt pflegte der Inquisitor die Kirchenbehörden zu benachrichtigen und zu ersuchen, das Volk aufzufordern, sich zu einer näher angegebenen Zeit zu versammeln,

14 H. C. Lea, *Die Inquisition*, Nördlingen 1985, S. 125 f.
15 Gregor IX., zit. n. H. C. Lea, *Die Inquisition*, a. a. O., S. 134

und zugleich allen, die erscheinen würden, einen Ablaß anzukündigen.« »Der auf diese Weise versammelten Bevölkerung hielt der Inquisitor zunächst eine Predigt über den Glauben und ermahnte sie mit aller ihm zu Gebote stehenden Beredsamkeit, denselben zu beschützen; dann forderte er alle Bewohner innerhalb eines bestimmten Umkreises auf, binnen sechs oder zwölf Tagen zu erscheinen und ihm alles zu enthüllen, was sie über jemanden erfahren oder gehört hätten und was zu dem Glauben oder dem Verdacht berechtigen könnte, daß derselbe ein Ketzer sei oder im Rufe eines solchen stehe oder daß er gegen irgendeinen Glaubensartikel gesprochen habe oder daß er in seinem Lebenswandel von dem der Gläubigen abweiche. Versäumte es jemand, dieser Aufforderung nachzukommen, so war er *ipso facto* exkommuniziert.« »Gleichzeitig verkündete der Inquisitor eine Gnadenfrist von 15 bis 30 Tagen, während deren jedem Ketzer, der sich von selbst melden, seine Schuld bekennen, abschwören und volle Auskunft über seine Mitschuldigen geben würde, Begnadigung zugesichert wurde« – was vielfach nicht Straffreiheit hieß, sondern nur Befreiung vom Ärgsten: Scheiterhaufen, Gefängnis, Gütereinziehung. »War die Frist verstrichen, so wurde bekannt gemacht, daß keine Gnade mehr geübt werde. Solange sie dauerte, mußte der Inquisitor sich zu Hause halten, um jederzeit Anzeigen und Geständnisse entgegennehmen zu können.«[16] Und wer durfte sich sicher fühlen? »Keiner konnte wissen, was für Geschichten über ihn im Umlauf waren«, ob »irgendein achtloses Wort aufgegriffen worden« war, »um nun von denjenigen verraten zu werden, die ihm am nächsten und teuersten waren«, weil die Angst sie genauso umtrieb, und wer war da so standhaft, daß er nicht »lieber andere verriet, als daß er selbst verraten wurde«[17]? Die Inquisitoren hatten bald viel zu tun. Nur in der Anfangsphase, als ihre Stellung noch nicht gefestigt war, als ortsansässige Bischöfe sie noch als Eindringlinge abzuwehren suchten, flammte auch hier und dort Volksempörung gegen sie auf.[18] Sie war nicht von Dauer. Zu sehr verkörperten die Inquisitoren das schlechte Gewissen, das sich auch in die christliche Durchschnittsseele eingegraben hatte. Ohne diese tiefsitzende Gemeinsam-

16 H. C. Lea, a. a. O., S. 179f.

17 Lea, a. a. O., S. 181

18 Vgl. Soldan-Heppe, *Geschichte der Hexenprozesse*, hg. v. M. Bauer, Bd. I, Hanau o. J., S. 193f.

keit, die den Inquisitor zum strengen, reinen Typus dessen machte, was noch dem laxesten Christen nicht ganz äußerlich war, hätte die Inquisition nie zum Terror werden können.

So aber setzte die Bußpredigt jene Verunsicherung in Gang, die über Selbstbezichtigung und Denunziation zum Verhör führte. Dieses fand statt unter Ausschluß jeglicher Öffentlichkeit, gewöhnlich in Anwesenheit zweier »Unparteiischer« – oft Dominikaner – und eines Notars, der alle Fragen und Antworten protokollierte und vielfach Schreiber hinzuziehen mußte; denn es »häuften sich nicht bloß die Akten in erschreckender Anzahl, sondern sie mußten auch sorgfältig abgeschrieben und aufbewahrt werden, da die verschiedenen Inquisitoren einander beständig die Abschriften ihrer Verhandlungen zustellten«[19], um überregional zusammenzuarbeiten und voneinander Verhörtechnik zu lernen. Diese Technik hatte nur ein Ziel: das Geständnis. Daß einer mit Ketzern Umgang hatte oder sich sonst bedenklich benahm, bewies ja noch nicht, daß er in seinem Herzen von der christlichen Lehre abgewichen war; daß er sich zu ihr bekannte, bewies umgekehrt nicht, daß er ihr mit ganzem Herzen anhing. Wo das Geständnis fehlte, fehlte der eindeutige Straftatbestand, war die Inquisition gegenstandslos. Um es herauszupressen, schuf sie sich nach und nach alle nötigen Mittel, entwarf Musterverhöre, die durch Suggestivfragen und gezielte Mißverständnisse noch den Selbstsichersten verunsichern sollten, entzog dem Beschuldigten jeden Rechtsbeistand – Ketzer beraten hieß sie begünstigen –, führte die Folter ein – 1252 erlaubt Innozenz IV. ausdrücklich ihre Anwendung[20] –, umgab sich mit Personal zur Auffindung und Bespitzelung, zur Festnahme und Verwahrung der Verdächtigen, ließ den gestrengen Richter bisweilen in die Rolle des gütigen Beichtvaters schlüpfen, der um nichts als das Heil irrender Seelen besorgt und dem sich anzuvertrauen das einzig Angemessene schien – und lernte mit diesen Mitteln alsbald so virtuos umzugehen, daß es für Angeklagte so gut wie kein Entrinnen mehr gab.

Warum aber dieser ganze Aufwand, das Austüfteln eines perfekten Verfahrens, das akribische Protokollieren, Anhäufen und Durcharbeiten von Aktenbergen, das Veranstalten täglicher und nächtlicher Verhöre – nur um ein Geständnis zu bekommen? Warum es sich nicht

19 Lea, a. a. O., S. 186
20 Vgl. Soldan-Heppe, *Geschichte der Hexenprozesse*, a. a. O., S. 191

bequem und kurzen Indizienprozeß machen, wenn verdächtig sein ohnehin bedeutete, auf dem Scheiterhaufen zu landen, wenn völlige Rechtlosigkeit des Angeklagten die solide Grundlage des ganzen Rechtsverfahrens war? Weil der Motor der Inquisition schlechtes Gewissen heißt.[21] Die religiöse Armuts- und Predigtbewegung des 12. Jahrhunderts hat den Gewissensbiß, den die Versöhnung mit der Unversöhntheit von Anfang an in sich hatte, zu einem ernsten seelischen Leiden vertieft. Daß es nicht gelang, die gesamte Bewegung kirchlich zu integrieren, daß ihr hartnäckiger Teil es einem zumutete, mit Feuer und Schwert gegen ihn vorzugehen: das hat dies Leiden weiter intensiviert. Schon das bloße Dasein von Ketzern griff nun unerträglich an. Aber brachte ein Kreuzzug, der sie vernichtete, auch ihren Biß ins Gewissen weg? Im Gegenteil. Die Inquisition wird eingerichtet, damit sich nie wieder etwas so Furchtbares ereigne wie ein Kreuzzug nach innen. Und was tut sie? Sie verwandelt ihn aus einem Krieg in ein Forschungsprogramm, gibt ihm die Form eines rechtlich geregelten Verfahrens und dehnt ihn nach und nach auf die ganze erreichbare Christenheit aus. Das, wovon sie loskommen will, was nie wieder sein soll, stellt sie auf Dauer. Sie hat die Struktur des Wiederholungszwangs – und verrät dadurch, wie tief die Verletzung sitzt.

Wiederholungszwang ist bekanntlich eine Schutzfunktion der Seele: ihr Versuch, ein Schreckliches, Fremdes, das sie aus der Fassung wirft, durch permanentes Nacherleben, Nachspielen, Wiedererinnern in ein Vertrautes zu verwandeln, ihm Schrecken und Fremdheit zu nehmen.[22] Wie aber, wenn das, was da quält, gar kein Fremdes, sondern ein allzu Vertrautes ist? Wenn die Verletzung im Erinnertwerden an etwas besteht, das der eigenen Seele angehört und an das sie um keinen Preis erinnert sein will? Dann geht der Wiederholungszwang fehl, hält gerade die Erinnerung wach, die er weghaben will, wühlt in der Wunde, die er schließen, treibt die Zerrüttung der Seele voran, die er festigen möchte. Und genau dies ist die psychologische Verlaufsform der Inqui-

21 Persönliches Rachebedürfnis, Hab- und Machtgier sind zwar durchaus Motive, die der Inquisition reichlich Opfer geliefert haben, aber nichts, woraus sie zu erklären wäre, lediglich etwas, was zu ihr hinzutritt. Kein Zweifel, daß sie sich an konfiszierten Gütern aufs widerlichste bereichert hat; aber sie arbeitet genauso gewissenhaft, wo nichts zu holen ist und wirkt vielleicht am furchtbarsten dort, wo sie, ohne daß irgendein Vorteil winkt, gründlich bis zur Erschöpfung – arme Schlucker quält.
22 S. o. Kap. 1, S. 27f.

sition. Ihre Verhärtung zu unerhörter Mitleidlosigkeit und Grausamkeit im Namen Christi ist das Mobilisieren von Abwehrkräften gegen den inneren Zerrüttungsprozeß: der Versuch, die innere Qual nach außen zu kehren und auf andere abzuwälzen. Um sich selbst nicht gestehen zu müssen, daß die christliche Versöhnung mit der Unversöhntheit Perversion der Versöhnung ist, um selbst nicht wahrnehmen zu müssen, daß das Aufbegehren gegen diese Perversion auch der eigenen Seele angehört, müssen andere her, die gestehen, gegen die christliche Lehre aufzubegehren, und die ihr Aufbegehren gründlichst ausgetrieben bekommen. Der inquisitorische Wiederholungszwang ist Geständniszwang. Er zwingt andere zu dem Geständnis, das die eigene Seele nicht erträgt – und zur Entlastung vom häretischen Trauma dennoch ablegen muß. Nicht nur juristisch ist alles aufs Geständnis abgestellt, ohne das der Tatbestand fehlt, der der Inquisition die Daseinsberechtigung gibt. Auch psychologisch: Erst das Geständnis schafft die Linderung, nach der die inquisitorische Seele dürstet – und verstärkt ihren Durst nach neuen Geständnissen. Und jedes Geständnis ist erst vollkommen, wenn es in Reue mündet, der Ketzer in den Schoß der Kirche zurückkehrt. Hat man ihn so weit, ist die Veröffentlichung seiner Ketzerei angezeigt: als ihr öffentlicher Exorzismus. Man ließ »eine Anzahl Fälle zusammenkommen und benutzte dann eine günstige Gelegenheit, um eine eindrucksvolle Feierlichkeit anzuordnen«: das später sogenannte Autodafé. »In der ersten Zeit der Inquisition von Florenz im Jahre 1245« »wurden die Ketzer Tag für Tag, einzeln oder zu zweien oder dreien, verurteilt und hingerichtet. Aber schon damals versammelte man das Volk in der Kirche und las ihm das Urteil vor.« »Mit der Zeit wurde die Feierlichkeit aber stattlicher und eindrucksvoller.« »Von allen Kanzeln herab wurde das Volk im voraus aufgefordert, zugegen zu sein und so eines vierzigtägigen Ablasses teilhaftig zu werden. Ein Gerüst wurde mitten in der Kirche errichtet und die ›Büßenden‹ wurden darauf geführt, während weltliche und kirchliche Beamten herumstanden. Sodann hielt der Inquisitor die Predigt«. »Endlich las der Notar die Geständnisse eines jeden in der Volkssprache vor. Jedesmal wenn eins beendet war, wurde der Schuldige gefragt, ob er die Wahrheit anerkenne. Dies geschah indessen nur, wenn man wußte, daß er wirklich bereute und nicht etwa durch eine Leugnung Skandal hervorrufen würde.« »Drückte er den Wunsch aus, abzuschwören, so wurde die Abschwörungsformel vorgelesen, und er wiederholte sie Satz für Satz.

Dann absolvierte ihn der Inquisitor von der Exkommunikation« »und verlas das Urteil.« »Man begann mit den am wenigsten Schuldigen und ging dann über zu denen, die strengere Strafen erhielten. Die, welche rückfällig waren und dem weltlichen Arme ausgeliefert werden sollten, wurden bis zuletzt aufgehoben. Für sie wurde die Zeremonie auf einen öffentlichen Platz verlegt, wo eine Tribüne zu dem Zwecke errichtet war, damit der heilige Raum der Kirche nicht durch ein Todesurteil entweiht würde.« »Die Hinrichtung durfte jedoch nicht an demselben Tage, sondern erst an dem folgenden stattfinden, um so den Überführten Zeit zur Bekehrung zu lassen, damit ihre Seelen nicht vom zeitlichen zum ewigen Feuer übergingen. Auch wurde Sorge dafür getragen, daß sie das Volk nicht anredeten, damit nicht durch Beteuerungen der Unschuld Mitgefühl erweckt würde.«[23]

Die Abschreckungsbotschaft solcher Festlichkeiten ist deutlich: Wer nur die geringste ketzerische Neigung zeigt, dem wird es genauso ergehen. Zugleich aber haben sie die Anziehungskraft des Exzesses, wirken auf die angegriffene christliche Seele wie eine Droge: als etwas, was sie berauscht, sie kurzzeitig den Triumph der Kirche über ihre Feinde, die Reinigung der Christenheit von der Ketzerei genießen – und umgehend nach neuem Rausch verlangen läßt, weil sie spürt, wie wenig die Reinigung schon ans Ziel gelangt ist. Der Wiederholungszwang der Inquisition hat Suchtcharakter. Sie braucht die Ketzer, um sich ihre Rechtgläubigkeit zu bestätigen; und je mehr sie von ihnen verschlingt, um so abhängiger wird sie von ihnen. In doppeltem Sinne ist sie Kreuzzug nach innen: sowohl gegen den inneren Feind in der Christenheit, die Ketzersekten, als auch gegen den inneren Feind in der rechtgläubigen Seele selbst, der keine Ruhe gibt, solange die Versöhnung mit der Unversöhntheit die Essenz des christlichen Dogmas und Charakters ist, solange mit sich im Widerspruch zu sein zu dieser Essenz gehört, weil Versöhnung sich mit ihrem Gegenteil nun einmal nicht zusammenschließen läßt, ohne sich in irgendeiner Weise auch dagegen zu sträuben. Die Inquisition ist das verhärtete Leiden an diesem Widerspruch, der gewaltsame Versuch, ihn wegzubekommen. Sie will Versöhnung pur, ohne Perversion, ohne daß noch irgend etwas gegen sie aufbegehrt. Aber sie will auch, daß die christliche Lehre diese Versöhnung sei. So erpreßt sie die Versöhnung der Ketzer mit der Kirche durch Folter und

23 H. C. Lea, a. a. O., S. 201 f.

Scheiterhaufen – und treibt jene Versöhnung mit der Unversöhntheit, die sie ausrotten will, zum barbarischen Extrem.

Klar, daß sie nicht schafft, was sie beabsichtigt. Der innere Feind sitzt in der christlichen Lehre und Seele selbst, und zwar so, daß sie ihn nicht austreiben kann, ohne sich selbst auszutreiben. Während sie nun aber vergeblich versucht, ihn zu vernichten, um sich zu erhalten, gelingt ihr ein Coup, von dem sie nichts ahnt: Sie tastet sich in ein neues Zeitalter vor. Noch nie zuvor ist unternommen worden, was sie erstrebt: physische und psychische Regungen derart planmäßig und vollständig unter die Botmäßigkeiten einer Theorie zu bringen, Natur so hinzubiegen, daß sie einem Geistigen vollständig entspricht. An Leib und Seele des Menschen wird eine Naturbeherrschung in Gang gesetzt, die darauf abzielt, alle Kräfte der Natur, zumal die geheimen und verborgenen, systematisch aufzuspüren, hervorzutreiben und mit dem erforschenden Geist in Einklang zu setzen – um auf diese Weise den christlichen Geist seiner Reinheit und Rechtgläubigkeit zu versichern. Die Inquisition ist Kreuzzug nach innen, Wiederholungszwang, Sucht – und in alledem zugleich Forschungsprogramm: Keimzelle eines neuen, unerhört folgenreichen Typus von Wissenschaft. Das Verborgene mit allen Mitteln ans Licht ziehen, um sich seiner zu bemächtigen: das hieß für die Inquisitoren, eine Psychotechnik auszuarbeiten, die mit Einschüchterung und Überraschung, Fangfragen und Mißverständnissen, Folter und gutem Zureden noch den bestgehüteten Geheimnissen beizukommen vermochte. Aber Psychotechnik ist nur *eine* Form, diesen Forschungsansatz zu konkretisieren. Konnte man nicht auch die außermenschliche Natur »verhören«, ihre Geheimnisse zu menschlichem Nutz und Frommen ans Licht und in die eigene Gewalt bringen? Und wurde das von den Arabern nicht längst schon aufs kundigste getan, so daß der Ruf ihrer Schulen, vor allem der spanischen, auch ins christliche Abendland drang – und mit ihm das arabische Zahlensystem und arabische Medizin, Alchimie, Magie, Astrologie? Gerade der Geist der Inquisition, für den es nichts Schlimmeres als Ungläubige gibt, spürt seine Verwandtschaft mit jener Art von Wissenschaft, in der es die Ungläubigen weiter gebracht haben als er. Und das macht ihn in einem doppelten Sinn hochempfindlich für sie. Er sucht die Berührung mit ihr und meidet sie. So kommt es, daß die Gründungszeit der Inquisition auch die entscheidende Rezeptionszeit der arabischen Wissenschaft in der Christenheit ist und Gelehrte, die ganz im Sinne der Inquisition an der Befestigung und Präzisierung der christlichen Lehre, an der Scheidung von Orthodoxie und Häresie arbeiten, zugleich eine Forschung aufnehmen, die bei den Ungläubigen erwachsen ist und den Gläubigen zugute kommen soll.

Verständlich, daß diese Forschung den Geruch von Zauberei vorerst nicht los wurde. Zum einen ist sie daraus hervorgegangen. Naturbeschwörung und -erkenntnis waren anfangs ja ungeschieden. Zum andern steht selbst noch die vergleichsweise hochentwickelte Einsicht in Beschaffenheit und Wirkungsweise von Steinen, Kristallen, Metallen, Magneten, Flüssigkeiten, Kräutern etc., die die Christen nun von den Moslems übernehmen, unter der uralten magischen Voraussetzung, »daß eine jede Sache nach ihrem ganzen Vermögen, sowohl in ihrer Eigentümlichkeit oder verborgenen Kraft, als in ihrer Beschaffenheit oder elementarischen Kraft, sich zu dem ihr Ähnlichen kehrt und es zu sich zieht.«[24] Rettung und Sicherheit durch Ähnlichkeit – dies magische Prinzip, das schon in primitivster Zauberei steckt, wird nun zur Inspirationskraft von Wissenschaft. Wenn es gelang, die geheimen Ähnlichkeiten und Mitteilungen herauszubekommen, die zwischen den Elementen, den aus ihnen zusammengesetzten irdischen und himmlischen Körpern, den irdischen und himmlischen Intelligenzen bestehen, so konnte man unerhörter Kräfte und Wirkungen habhaft und der Geheimsprache der Natur auf eine Weise mächtig werden, wie es in der göttlichen Offenbarung nicht vorgesehen war. Wenn der Musterkatholik Albertus Magnus sagt, »daß mich Gottes Wunder nichts angehen, wenn ich Naturkunde treibe«, daß es hier allein darum geht, »was in Naturdingen durch natürliche Ursachen auf natürliche Weise geschehen kann«[25], so steht er mit dieser Formulierung mitten im rechten Glauben – und auf der Schwelle zur Häresie. Einerseits muß er klarstellen, daß Natur etwas anderes ist als jene übernatürliche Kraft, die sich etwa in Jungfrauengeburt oder Auferstehung Christi offenbart. Beide vermengen hieße die Eigenart beider leugnen. Andererseits kann übernatürliche Offenbarung nicht anders gedacht werden denn als Eingriff in die Natur, punktuelles Entkräften der natürlichen Ursachen und Wirkungen. Und Naturforschung kann nicht davon absehen, daß sol-

24 Agrippa von Nettesheim, *Geheime Philosophie oder Magie*, I 15, in: ders., *Die Magischen Werke*, Wiesbaden 1982, S. 43
25 Albertus Magnus, *Ausgewählte Werke*, Darmstadt 1981, S. 6

cher Eingriff sie aushebelt. Sich um Gottes Wunder nicht zu scheren, ist einerseits die Bedingung ihrer Möglichkeit, andererseits die Aufforderung, einen Weg zu gehen, auf dem man nie wissen kann, ob er nicht zu Offenbarungen eigener Art führt, die mit der göttlichen nicht in Einklang sind. Wer es ernst mit Naturwissenschaft meint, kann nicht anders, als diesen Weg konsequent zu gehen. Er hat »in den Naturdingen die Ursachen zu erforschen (inquirere)«. »Erfahrung ist dabei die beste Lehrerin«[26]. »Allein das Experiment macht in solchen Dingen gewiß«. »Ein Experiment muß nämlich nicht nur auf eine Weise, sondern unter allen Bedingungen durchgeführt werden, damit es ein richtiges und sicheres Forschungsprinzip abgibt.« »Was in Sinnendingen verstreut ist, bedarf ausgiebiger Sammlung und Beziehung auf ein Eines, braucht viel Zeit und Überprüfung, bevor es als sicher angenommen werden darf.«[27] Und wo wird geduldig mit ganz heterogenen Stoffen getüftelt und experimentiert und dabei doch auf ein »Eines« hingearbeitet? In der Alchimie. Albertus bescheinigt ihr, daß sie »unter allen Künsten die Natur am besten nachahmt«. Zum Beispiel hat sie im Schwefel »ein stark brennbares Öl entdeckt, das alle Metalle, über die es in flüssigem Zustand gegossen wird, verbrennt und dabei schwärzt«. Wird nun der Schwefel »in scharfer Lösung« so lange gekocht, »bis das brennbare Öl aus ihm entweicht, so bleibt ein Feinöl zurück, das das Feuer aushält und davon nicht verbrannt wird. Es muß also ein ähnlich öliges Feuchtes im Stoff der Metalle fließen, wenn sie von der Natur produziert werden, und dies ist die Ursache ihrer Verformbarkeit und Schmelzbarkeit. Und das sagen ausdrücklich Avicenna, Hermes und viele andere, die sich in der Natur der Metalle bestens auskennen.«[28] Das alchimistische Forschungsziel, aus der Verschiedenheit der Naturstoffe – hier der Metalle – ein »Eines« herauszudestillieren, teilt Albert also, nicht aber die Behauptung der Alchimisten, dies Eine sei Gold: »Allein die Goldsubstanz sei das Wesen der Metalle, und jedes andere Metall sei vorerst unvollständig und auf dem Weg zur Goldsubstanz, so wie ein unvollständiges Ding auf dem Weg zu seiner Vollständigkeit, weshalb die Metalle krank sein müssen, die in ihrem Stoff das Wesen des Goldes nicht haben. Also haben sie ein Heilmittel gesucht, das sie Elixier nennen,

26 A.a.O., S. 4
27 A.a.O., S. 6ff.
28 A.a.O., S. 82

womit sie die Krankheiten der Metalle (...) heilen, und so, behaupten sie, brächten sie Wesen und Substanz des Goldes hervor.«[29] Doch »Silber, Zinn und andere Metalle« leiden keineswegs an Goldmangel; sie sind »offensichtlich vollständig durch substantielle Formen« und nicht bereit, sich in Gold verwandeln zu lassen. Albert hat mit Alchimistengold die Erfahrung gemacht, daß es, »nachdem es sechs oder sieben Feuer aushielt, weiterem Feuer ausgesetzt sofort verzehrt und vernichtet wird und in eine Art Hefe zerfällt«.[30] Den künstlich hergestellten Substanzen fehlen die Eigenschaften der natürlichen. »Daher erquickt Alchimistengold nicht das Herz, kühlt Alchimistensaphir nicht das Fieber und heilt keine Halsschmerzen, vertreibt Alchimistenrubin nicht das feuchte Gift aus der Luft.«[31] Womit echtem Gold, Saphir, Rubin besagte Heilkraft in aller Stille unterstellt wird und sich zeigt, wie alchimistisch-magiebefangen selbst noch die aufgeklärteste Kritik der alchimistischen Goldkocherei ist, die das 13. Jahrhundert zu bieten hat.

Alchimie ist in doppeltem Sinn das Gegenstück zur Inquisition: ihr Gegensatz und ihre Entsprechung. Zauberei ist zu argwöhnen, wo man aufs Gold, aufs Elixier oder auf den Stein der Weisen erpicht ist, anmaßend und sich selbst hoffnungslos überschätzend dem Schöpfergott ins Handwerk zu pfuschen trachtet: aus der Natur etwas machen will, wofür sie nicht gemacht ist. Mit diesem gottlosen Treiben hält die Alchimie nun aber der Inquisition ähnlich den Spiegel vor wie ein Jahrhundert zuvor die religiöse Armutsbewegung der triumphierenden Kirche. Denn was drückt sich aus in der Sucht nach Gold? Einerseits Wille zu Reichtum und Macht, andererseits auch Sehnsucht nach Verklärung, Sehnsucht, in die innerste Essenz der Dinge einzudringen, sie von allem Minderen zu reinigen und zu höchster Veredelung zu bringen, der Natur gleichsam ein goldenes Herz zu machen. Und was drückt sich in der Inquisition aus? Ist sie nicht sowohl Wille zur unbedingten, unwidersprochenen Macht der Kirche als auch Sehnsucht, in die innerste Essenz des Menschen einzudringen, sie von allem Minderen, Unchristlichen zu reinigen und sie zu lauterer Rechtgläubigkeit zu veredeln? Ist sie nicht der Versuch, durch Verhör und Verlies, Ketten und Zangen,

29 A. a. O., S. 82
30 A. a. O., S. 88
31 A. a. O., S. 92

Schraubstock und Scheiterhaufen der menschlichen Natur ebenso ein goldenes Herz zu machen wie die Alchimistenküche der metallischen Natur durch Bruzzeln und Kochen? Auch die Inquisition will die Natur zu etwas bringen, wozu sie nicht gemacht ist: zu einer Versöhnung mit der Unversöhntheit, gegen die sich keine Faser, keine Regung, nichts mehr sträubt. Doch Rechtgläubigkeit ohne jegliches inneres Sträuben ist wie Christentum ohne Christus – ein Unding. Sie zu erzwingen nicht minder vermessen und dem Schöpfer ins Handwerk gepfuscht als die Goldkocherei. Inquisition ist soziale Alchimie. Daß sie im alchimistischen Laboratorium ausgerechnet sich selbst, ihre eigene Zauberei und Magie in anderer Gestalt zu sehen bekommt, greift sie ähnlich hart an wie einst die Armutsbewegung das christliche Gewissen. Ein neuer Affekt gegen Zauberei breitet sich aus. Was ihre fortgeschrittensten Formen der Inquisition antun, sollen all ihre Formen büßen. Mitte des 13. Jahrhunderts, kaum mehr als zwanzig Jahre nach Gründung der Inquisition, erhält Zauberei den Status der Ketzerei.

Dämonen gehören zum festen Bestand des Christentums. Jesus hat zwar, wie die Evangelien versichern, einige ausgetrieben[32], aber noch genügend übriggelassen. Versöhnung mit der Unversöhntheit heißt ja gerade nicht, daß das Böse mit einem Schlag verschwunden wäre. Auch die Christen haben allesamt an Sünde, Leiden und Sterblichkeit teil, nur versichert ihnen das Evangelium die Losmachung davon nach dem Tod, und auf diesen Kredit hat für sie das Böse hinieden nur noch den Status einer ernsten Prüfung, die niemandem erspart bleibt, die aber jeder besteht, der im Glauben nicht wankt. Tiere mögen noch so wild und grausam sein; böse können allein Lebewesen sein, in denen etwas über Stoffwechsel und Instinkt hinaus ist, was sie für ihr Tun verantwortlich macht: Geist. Das Herausgetretensein aus der Naturunmittelbarkeit, das die Menschen auszeichnet, ist das Eingetretensein in den Zwiespalt von Geist und Natur. Daß in denselben Lebewesen Geist und Natur vereint und doch nicht vereint sind, einander wechselseitig durchdringen und doch nicht übereinstimmen – das ist das Urböse, worin die menschliche Spezies sich immer schon vorfindet, das aber nie pur für sich existiert, sondern stets in der konkreten historischen Form, die die Individuen ihm geben. Das Böse ist objektiv und subjektiv, von Men-

32 Z. B. Mark. 5,1 ff.

schen gleichermaßen vorgefunden wie gemacht, es ist eines und doch zahllos in seinen Erscheinungsformen: diesen doppelten Sachverhalt drückt die christliche Dämonenlehre personifizierend aus. Das Urböse ist für sie *der* Böse, und der wiederum ist Einheit und Vielheit: er selbst und Gebieter über ein ganzes Heer von Seinesgleichen: die Dämonen. Und weil das Böse nicht *die* Natur ist, sondern das, was nicht Natur und ihr doch verfallen ist, der Geist, der die Natur nicht im Griff hat und damit seiner selbst nicht mächtig ist, sich sozusagen nicht standesgemäß verhält – sind die Dämonen als reine und doch verunreinigte Geister vorgestellt: als Engel, die es im Engelsstand nicht aushielten. Es gibt nach Augustin himmlische, körperlose Wesen, die »ihre Erkenntnis Gottes nicht durch tönende Worte, sondern durch die Gegenwart der unwandelbaren Wahrheit selbst«[33] haben, die »Gott anhangen, niemals abtrünnig waren und es nie sein werden«[34], »mit der Ewigkeit des Beharrens auch die Leichtigkeit des Erkennens und die Seligkeit der Ruhe«[35] besitzen, und es gibt Wesen, die aus unerfindlichen Gründen dieses Zustands überdrüssig waren, aus der reinen Teilhabe an der absoluten dreifaltigen göttlichen Wahrheit heraustraten, den Widerspruch in die Welt setzten und sich in ihn, sich damit selbst aus der widerspruchsfreien himmlischen Sphäre ausschlossen und »in diese untere Welt verstoßen wurden, die für sie eine Art Kerker ist«, wo sie, »im niederen Lufthimmel sich herumtreibend«, »im Aufruhr finsterer Leidenschaften« unablässig danach trachten, »zu unterjochen und Schaden anzustiften«[36]. Dämonen sind gefallene Engel. Körperlos oder allenfalls mit Körpern aus der »dichten und feuchten Luft, deren Zug man beim Wehen des Windes fühlt«[37] – Augustin will sich da nicht festlegen – sind sie zu unerhört feiner Wahrnehmung und schneller Bewegung fähig, altern nicht, kennen alle Schliche der Natur, wissen Künftiges vorherzusagen, Krankheiten, Unwetter, Mißernten zu erzeugen – auf eine Weise, die den Menschen übernatürlich erscheint –, vermögen sich in die menschlichen Sinne, Phantasien, Träume einzuschleichen und

33 Augustinus, *De civitate Dei*, XI, 29, zit. n. d. Übers. v. W. Thimme, *Vom Gottesstaat*, Bd. II, Zürich 1955, S. 52
34 A. a. O., XI, 28, S. 52
35 A. a. O., XI, 31, S. 56
36 A. a. O., XI, 33, S. 58f.
37 A. a. O., XXI, 10, S. 705

daselbst skurrilste Gaukelbilder hervorzurufen; kurzum, als der personifizierte reine Geist, der ganz unrein wurde, wirken sie überall dort, wo der menschliche Geist wankt, ruht oder mit sich im Unreinen ist: in kuriosen Naturereignissen und Sinneswahrnehmungen, die er sich nicht erklären kann, in heftiger Begierde nach Dingen und Menschen, in psychischen Krankheiten, in Schlaf und Traum, und nicht zuletzt an der hochempfindlichen Stelle, wo sich im christlichen Glauben etwas gegen diesen Glauben sträubt. Hier freilich ist der Wendepunkt. Kein Glaube ohne Anfechtung, aber er bedarf ihrer auch, um sich zu bewähren, um sich als das zu erweisen, was er an sich schon ist. So hoch Augustin die Gefahr der Dämonen veranschlagt, so weiß er ihr Tun doch den göttlichen Schöpfergesetzen unterworfen, und das heißt: Sie können zwar Sinne und Phantasie mit Gaukelwerk umgarnen, nicht aber dem menschlichen Willen seine Freiheit nehmen, sich gegen sie zu entscheiden. Wo diese Entscheidung fällt, sind sie ohnmächtig, und ihr Versuch, das göttliche Heilswerk zu zerstören, trägt zu dessen Vollendung bei. Gott kehrt die Perversion, die sie seiner Schöpfung angetan haben, wiederum gegen sie, macht sie zu Wendepunkten jener groß angelegten Rückwendung, Reflexion, als die er den Weltprozeß verlaufen läßt. »Während diese die guten Naturen schlecht gebrauchen, gebraucht er auch die bösen Willen gut.«[38] »Gott würde ja keinen Menschen geschaffen haben, und erst recht keinen Engel, dessen künftige Schlechtigkeit er vorausgesehen hätte, wüßte er nicht ebenso, wie er sich ihrer zum Nutzen der Guten bedienen und so das geordnete Weltganze wie ein herrliches Gedicht gewissermaßen mit allerlei Antithesen ausschmücken würde. Solche sogenannten Antithesen (...) bilden nämlich den ansprechendsten Schmuck der Rede.«[39]

Dämonen gibt es namenlose und namhafte. Letztere sind vorwiegend entthronte Götter. Das Christentum hat ja nicht nur das Böse an sich nicht aus der Welt geschafft; auch die römische, keltische, germanische und sonstige Volksreligion, über die es sich breitete, west unter seiner Oberfläche fort. Daß, wenn man auf Christus getauft ist, die Wotanseiche auf einmal ein ganz gewöhnlicher Baum ist, Thor nicht mehr Unwetter macht, Frau Hulda nicht mehr nachts umgeht – das hat nicht von heute auf morgen in die Köpfe wollen. Das erste germanische

38 A.a.O., XI, 17, S. 32
39 A.a.O., XI, 18, S. 33

Konzil von 742 dekretiert: »Jeder Bischof soll in seiner Parochie mit Beihilfe des Grafen, der Schützer seiner Kirche ist, darauf bedacht sein, daß das Volk keine heidnischen Gebräuche mehr beobachte, als da sind: heidnische Totenopfer, Losdeuterei, Wahrsagerei, Amulette, Augurien, heidnische Opfer, welche die Toren oft neben den christlichen Kirchen den Märtyrern und Bekennern darbringen«[40]. Und noch 906 erwähnt der fränkische Abt Regino von Prüm in einer Liste der zu bekämpfenden abergläubischen Vorstellungen und Praktiken »gewisse verbrecherische Frauen«, die »durch Blendwerk und Vorspiegelungen der Dämonen verführt, glauben und bekennen, des Nachts zusammen mit der heidnischen Göttin Diana und einer unzählbaren Menge von Frauen auf gewissen Tieren zu reiten, in der Stille der dunklen Nacht große Entfernungen zurückzulegen, die Weisungen der Göttin zu befolgen, als wäre sie ihre Herrin, und in bestimmten Nächten zu ihrem Dienst gerufen zu werden«[41]. Offenbar hat sich im Fränkischen der Kult einer Göttin erhalten, dem die lateinisch gebildeten Theologen nur den Namen einer römischen Göttin zu geben wußten, obwohl für Diana oder ihre griechische Entsprechung Artemis das Reiten nicht spezifisch ist, während die keltische Totengöttin Epona »fast immer zusammen mit Pferden«, häufig »zu Pferde«[42] dargestellt wurde.

Dämonen und Zauberei dieser Art sind abgesunkenes Heidentum, Fremdkörper, die das christliche Abendland je nach örtlichen Besonderheiten ausscheidet, assimiliert oder mitschleppt, und die im Zeitalter der triumphierenden Kirche zu unerheblichen Resten geschrumpft sind. »Manche behaupten, daß die sogenannte Nachtfrau oder die Herodias nächtliche Beratungen und Versammlungen berufe, daß man dabei schmause, allerlei Dienste verrichte und bald nach Verdienst zur Strafe gezogen, bald zu lohnendem Ruhme erhöht werde. Außerdem meinen sie, daß hierbei Säuglinge den Lamien beigegeben und bald in Stücke zerrissen und gierig verschlungen, bald von der Vorsitzerin begnadigt und in ihre Wiegen zurückgebracht werden. Wer wäre so blind, um nicht zu sehen, daß dieses eine boshafte Täuschung der Dämonen ist? Dies geht ja schon daraus hervor, daß die Leute, denen dieses begegnet, arme Weiber und einfältige, glaubensschwache Männer sind.

40 Soldan-Heppe, *Geschichte der Hexenprozesse*, a. a. O., S. 109f.
41 Regino von Prüm, zit. n. C. Ginzburg, *Hexensabbat*, Berlin 1990, S. 92
42 C. Ginzburg, a. a. O., S. 106f.

Wenn aber einer, der an solcher Verblendung leidet, von jemandem bündig und mit Beweisen überführt wird, so wird augenblicklich der böse Geist überwunden oder weicht von dannen. Das beste Heilmittel gegen solche Krankheit ist, daß man sich recht fest an den Glauben hält, jenen Lügen kein Gehör gibt und solche jammervollen Torheiten in keiner Weise der Aufmerksamkeit würdigt.«[43] So mild-herablassend schreibt 1159 der Bischof von Chartres, zu einer Zeit, als die in Köln und anderswo bemerkte Häresie bereits als »Seuche« eingestuft war. Und kaum ein Jahrhundert später firmiert Zauberei ebenfalls als Häresie, als Seuche, gegen die alle Mittel recht sind. Aus einem versprengten Rest im Christentum ist eine Kardinalbedrohung geworden. Ein bemerkenswerter Umschwung – unerklärlich ohne die Häretikerbewegungen des 12. Jahrhunderts. Sie sind, wie gezeigt, ein Ausbruch des schlechten christlichen Gewissens, den die triumphierende Kirche selbst erzeugt hat, aber nicht erträgt. Daher die gnadenlose Bekämpfung aller Abweichler, der Kreuzzug nach innen, seine Metamorphose zur Inquisition. Der Wiederholungszwang, der hier waltet, verriet sich als der verzweifelte Versuch, ein Trauma wegzuarbeiten, von dem keiner spricht und das doch wie der geheime Drahtzieher der Inquisition agiert: das offenbar nicht auszuhaltende Gebissenwerden vom eigenen Gewissen. Weil aber das, was die christliche Seele da zu zerrütten droht, in ihr selbst sitzt, ist es mit der Zerschlagung der Katharerkirche nicht getan. Im Gegenteil: Die dabei verübten Bluttaten haben das schlechte Gewissen noch schlechter gemacht, seinen Angriff auf den Zusammenhalt der christlichen Seele noch heftiger, und in dem Maße, wie die Überbleibsel der Katharer in den Untergrund getrieben und gezwungen werden, sich oder ihren Glauben zu verstecken, wächst die Obsession, daß sie eine geheime Verschwörung gegen die Kirche betreiben und bei nächtlichen Zusammenkünften, im Pakt mit den Mächten der Finsternis, alle möglichen Greuel begehen. »Wenn ein Neuling aufgenommen wird und zuerst in die Schule der Verworfenen eintritt, so erscheint ihm eine Art Frosch, den manche auch Kröte nennen. Einige geben ihm einen schmachwürdigen Kuß auf den Hintern, andere auf das Maul und ziehen die Zunge und den Speichel des Tieres in ihren Mund.« »Wenn nun der Novize weitergeht, so begegnet ihm ein Mann von wunderbarer Blässe, mit ganz schwarzen Augen, so abgezehrt und

43 Johannes von Salisbury, *Policraticus*, zit. n. Soldan-Heppe, a. a. O., S. 122 f.

mager, daß alles Fleisch geschwunden und nur noch die Haut um die Knochen zu hangen scheint. Diesen küßt der Novize und fühlt, daß er kalt wie Eis ist, und nach dem Kusse verschwindet alle Erinnerung an den katholischen Glauben bis auf die letzte Spur aus seinem Herzen. Hierauf setzt man sich zum Mahle, und wenn man sich von ihm erhebt, steigt durch eine Statue, die in solchen Schulen zu sein pflegt, ein schwarzer Kater von der Größe eines mittelmäßigen Hundes rückwärts und mit zurückgebogenem Schwanze herab. Diesen Kater küßt zuerst der Novize auf den Hintern, dann der Meister und so fort alle Übrigen der Reihe nach.« Dann »werden die Lichter ausgelöscht und man schreitet zur abscheulichsten Unzucht ohne Rücksicht auf Verwandtschaft. Findet sich nun, daß mehr Männer als Weiber zugegen sind, so befriedigen auch Männer mit Männern ihre schändliche Lust. Ebenso verwandeln auch Weiber durch solche Begehungen miteinander den natürlichen Geschlechtsverkehr in einen unnatürlichen.«[44] Das sagt nicht irgendein ungebildetes irregeleitetes Weiblein, sondern Papst Gregor IX., und nicht in irgendeiner Nebenbemerkung, sondern in jener denkwürdigen Bulle von 1233, in der er der Christenheit kundtat, »Predigermönche gegen die Ketzer Frankreichs und der benachbarten Provinzen auszusenden«. In einer der entscheidenden Gründungsakten der Inquisition wird auch eine Wahnbildung aktenkundig, mit der der inquisitorische Wiederholungszwang sich von Anfang an verschworen zeigt. Die Kröte, die die dunkle Macht der Erde repräsentiert, der Kater, auf den man wider besseres Wissen den Namen Katharer zurückführte; der bleiche Mann, als den man sich den katharischen »parfait« vorstellte: sie werden zu einer tierisch-menschlichen Gemeinschaft komponiert, bei der sich schließlich alles im Dunkel nächtlicher Unzucht wälzt, Naturordnung, Sitte, christlicher Glaube, alles, was Gott zum Heile der Menschen eingerichtet hat, außer Kraft tritt. So lebt die zerschlagene Katharerkirche in der überreizten Phantasie der Sieger fort – wie ein Toter, der keine Ruhe gibt und seinen Mörder im Traum heimsucht: so überdimensional und bedrohlich, wie er im Leben nie gewesen ist. Posthum rüttelt die Häresie derart heftig an der Fassung der christlichen Seele, daß sie nicht mehr bloß als Abweichung vom Guten und Beleidigung der Heiligen Dreifaltigkeit und Kirche

44 Bulle Gregors IX. von 1233, zit. n. G. Becker u. a., *Aus der Zeit der Verzweiflung*, Frankfurt am Main 1977, S. 329

empfunden wird, sondern als widernatürlicher Greuel: als ein Rütteln an der Fassung, die Gott der Welt gegeben hat. Häresie scheint bloß die greifbare Vorhut und Vorform eines Ungreifbaren, Unheimlichen zu sein, das aus ihren Überresten, ihren Schlupfwinkeln, dem Blut ihrer Märtyrer aufzusteigen beginnt: einer chaotisch-diabolischen Macht, die den Zusammenhalt der göttlichen Weltordnung selbst bedroht. Dämonen, Zauberei, Magie, Momente abgesunkenen Heidentums, steigen verwandelt und mit neuer Macht als Fieberphantasie eines zuinnerst verwundeten Christentums auf.

Dies ist der psychologische Subtext, zu dem die Dämonenlehre des 13. Jahrhunderts den Text – die Rationalisierung bildet. Ihr Virtuose ist Thomas von Aquin. Der scharfsinnigste und einflußreichste Kopf seiner Zeit verfährt nur konsequent, wenn er Beschaffenheit und Wirkungsweise der Dämonen so exakt wie möglich zu umreißen trachtet. Je klarer der Feind erkannt, desto besser ist er zu bekämpfen. Und in einem heiklen Punkt hat Augustin, bis dato *die* Autorität in Sachen Dämonen, es an Deutlichkeit fehlen lassen: bei der »Frage nämlich, ob Engel, die doch Geister sind, mit Weibern fleischlichen Umgang haben können«. »Da nun die häufige Rede geht und viele versichern, es selbst erlebt oder von glaubwürdigen Leuten, die es erlebt, vernommen zu haben, daß Silvane und Pane, die im Volksmund incubi heißen, Frauen belästigt und mit ihnen in Geschlechtsverkehr zu treten begehrt und es auch erreicht haben, da ferner gewisse Dämonen, von den Galliern Dusii geheißen, unablässig solch unzüchtigem Treiben ergeben sind – so viele und gewichtige Stimmen bekräftigen es, daß Leugnung hier Dreistigkeit wäre –, wage ich nicht zu entscheiden, ob wirklich irgendwelche mit einem Luftleib bekleideten Geister – dies Element wird ja, wenn auch nur mit einem Fächer bewegt, von dem leiblichen Gefühls- und Tastsinn wahrgenommen – solche Leidenschaften hegen und sich irgendwie mit Frauen, so daß diese Empfindung davon haben, verbinden können.«[45]

Augustin windet sich: wagt nicht zu behaupten, daß es Incubi (incubare = draufliegen) tatsächlich gibt, aber findet es dreist, es zu leugnen, läßt also unentschieden, ob Dämonen solche Gaukelgestalt selbst annehmen oder ob sie sie den Menschen bloß eingeben, ob sie den Trug nur innerhalb der menschlichen Sinne veranstalten oder auch außer-

45 Augustinus, *De civitate Dei*, XV, 23, S. 268f.

halb. Daß sie es sind, die ihn inszenieren, wird hingegen ebensowenig bezweifelt wie daß kaum etwas Dämonen so anzieht wie die Sphäre der Sexualität. Begierde, Verführung, Unzucht: das mischt die Weltordnung auf, das ist ihre Spezialität. Aber ist sie etwas speziell Männliches? Übt nicht genauso das weibliche Geschlecht verderbliche sexuelle Faszination auf Männer aus? Kurzum, wo Incubi sind, so der auf Konsequenz und Vollständigkeit bedachte Thomas, da auch Succubi (succubare = drunterliegen).

Bleibt nur noch die Frage, *wie* sie existieren: bloß als Hirngespinste oder auch als Realgespinste? Als beides, sagt Thomas. Es gibt bei Übermüdung oder übermäßiger seelischer Anspannung eine Trübung der Sinne, die Gespenster sehen läßt, es gibt aber auch optische Täuschung vom Schlage der Fata Morgana, hervorgerufen durch bestimmte Luft- und Lichtverhältnisse, so daß mehrere Menschen gleichzeitig bei wachen Sinnen und ausgeglichenem Gemüt einem Trugbild aufsitzen. Es gibt subjektiven und objektiven Trug, und in beidem kann ein Dämon wirken: entweder »die Phantasie eines Menschen bewegen, und auch seine körperlichen Sinne, so daß er etwas anders sieht, als es ist« oder »aus Luft einen Körper von jeder beliebigen Form und Gestalt formen, ihn annehmen und darin sichtbar erscheinen; aus demselben Grund kann er jedes körperliche Ding mit jeder körperlichen Form umgeben, um in dieser Gestalt zu erscheinen«.[46] Womit feststeht: Es gibt Incubi, folglich auch Succubi, tatsächlich. Nicht daß Dämonen, die ja unkörperlich sind, wirklich männliche oder weibliche Physis annehmen können. Aber sie vermögen sie so perfekt zu simulieren, daß Menschen in sexueller Erregung den Unterschied nicht merken und mit Wesen in Geschlechtsverkehr treten, die ihn nicht körperlich, sondern gaukelhaft vollziehen. »Wenn aus dem Koitus mit Dämonen bisweilen dennoch Nachkommen entstehen, so nicht durch Samen, den sie oder die von ihnen angenommenen Körper abgesondert haben, sondern durch den frisch empfangenen Samen irgendeines Menschen, weil nämlich derselbe Dämon, der sich zu einem Mann als Succubus verhält, zum Incubus für eine Frau wird«, »so daß jener, der geboren wird, nicht der Sohn des Dämonen, sondern des Menschen ist, dessen Samen er empfangen hat«.[47] Kurzum, es geht alles mit rechten Dingen zu. Selbst wo

46 Thomas von Aquin, *Summa theologica*, I, q. 114, 4, ad 2.
47 A. a. O., I, q. 51, a. 3, ad. 6

ein Dämon den Transvestiten simuliert und als Samenbank arbeitet, übt er keine übernatürliche Macht aus, sondern kehrt nur seine naturgegebene gegen die gegebene Natur.

Thomas läßt das Licht theologischer Aufklärung leuchten, deduziert aus dem Begriff der Dämonen ihre maximale Reichweite, markiert mit aller logischen Strenge die Grenzen, die ihrem Tun gesetzt sind, kämpft mit der Vernunft gegen den Aberglauben – und hat ihm mit ihrer Hilfe längst Tür und Tor geöffnet: eingeräumt, daß das Gaukelwerk der Dämonen jederzeit den Status objektiver Simulation haben kann. Ist das aber zugegeben, wo ist dann noch ein Halten? Wenn irgendwelche Frauen von Nachtfahrten mit Diana faseln, wenn Gerüchte von überdimensionalen Katern, Tiermenschen und andern Erscheinungen bei Ketzerversammlungen sich hartnäckig halten, wer will dafür einstehen, daß sich da bloß die Phantasie überschlagen hat, wo doch selbst der Doctor angelicus versichert, daß Dämonen die tollsten Dinge veranstalten, sogar in sexuelle Beziehung zu Menschen zu treten vermögen? Warum sollen sie sie nicht auch in die Luft heben können, über die sie so gaukelhaft gebieten und sie nachts mit dem Atem von Tieren anhauchen? Die Dämonenlehre des großen Thomas liegt genau im Trend des neuen Aberglaubens. Daß im kultivierten Abendland bis in die gebildetsten Köpfe hinein der Drang umgeht, das, was die Phantasie an Schreckgestalten vorstellt, für bare Münze zu nehmen, ist wie ein Notruf: Es möge doch um Himmels willen das, was die Seele unerträglich quält, außerhalb von ihr sein: ein Feind, mit dem sie nichts zu tun hat, den sie sich fernhalten und bekämpfen kann. Der Wunsch, die Qual des eigenen schlechten Gewissens nach außen zu kehren, den eigenen Geständniszwang an andern zu vollstrecken, hat sich, wie gezeigt, in der Inquisition die ihm angemessene Organisationsform geschaffen. Im neuen Aberglauben gibt er sich einen dazu passenden Inhalt. Es hat Methode, daß schon in die Gründung der Inquisition eine dämonologische Wahnbildung eingeht. In der Besetzung der Welt mit längst überwunden geglaubten dämonischen Mächten, im Beharren darauf, daß deren Spuk objektiv ist, objektiviert sich jene inquisitorische Subjektivität, die den äußeren Feind braucht, um ihn innen nicht zu bemerken, die der Ketzer bedarf, um sich ihre eigene Christlichkeit zu bestätigen, und die in der niedergeworfenen Häresie etwas weit Schlimmeres aufsteigen sieht als Häresie: die Macht des Teufels selbst.

Im Jahr 1275 wird in Toulouse, einem Zentrum der Katharerverfolgung und Inquisition, eine Frau geständig, »daß seit vielen Jahren jede Nacht ein Dämon sie besuchte und Umgang mit ihr pflegte, und daß aus diesem Umgang ein Monstrum, oben Wolf und unten Schlange, hervorgegangen sei, zu dessen Fütterung sie kleine Kinder benutzt habe, welche sie auf nächtlichen Streifzügen herbeiholte; nach zwei Jahren sei das Monstrum verschwunden«[48]. Man sieht hier förmlich, wie aus dem alten Wahn der neue hervorgeht, wie nicht mehr über den Umweg der Häresie, sondern unmittelbar fleischlich der Teufel nach den Objekten seiner Begierde zu greifen beginnt – die von nun an, über kurz oder lang, vorzugsweise weiblichen Geschlechts sein werden. »Pforte des Teufels« hatte Tertullian die Frau einst genannt und damit Evas Bereitschaft, auf die Schlange zu hören und Adam vom göttlichen Gesetz abzuziehen, als weibliches Wesensmerkmal ausgegeben.[49] Der sexuelle Hintersinn dieser Formel drängt sich nun grob in den Vordergrund. Die Vorstellung von der Teufelsbuhlschaft gewinnt einen neuen Realitätsgrad. Häresie ist geistiger Pakt mit dem Teufel, ob der Häretiker sich dessen bewußt ist oder nicht. Die schlimmste Form des Teufelspakts aber ist die sexuelle. Wesen, die sich dafür hergeben, begehen das denkbar Widernatürlichste, rütteln wie nichts sonst an der gegebenen Weltordnung, übertrumpfen alle bisherigen Ketzer, und das Geständnis der armen, vielleicht geistesgestörten[50], vielleicht aber auch nur furchtbar gefolterten Toulouserin wird von der Inquisition gierig aufgesogen. Mit dem Teufel fleischlich verkehren, gar ein Monstrum mit ihm zeugen und es mit kleinen Kindern füttern: dies ist nun als Tat aktenkundig, und wie an einen Kristall schießt daran nach und nach alles an, was die entzündete christliche Phantasie sonst noch zu glauben wünscht, um daran ihr Mütchen und Wundfieber zu kühlen: die der nachtfahrenden Frauen, die der geheimen Ketzerzusammenkünfte mit Kröte, Kater, Bock und kollektiver Unzucht, die der wunderbaren Wirkung jener vom Christentum nie ganz ausgerotteten, volkstümlichen Zauberei, welche mit beschwörenden Formeln, mit Loswerfen, Amuletten, Wachsbildern, besonders gebrauten Tränken und Salben auf Wetter, Tiere und Menschen Einfluß nimmt, gesund, krank oder tot

48 J. Hansen, *Zauberwahn, Inquisition und Hexenprozeß im Mittelalter*, a. a. O., S. 309
49 Tertullian, *Über den Kult der Frauen*, I, 1
50 Vgl. J. Hansen, a. a. O., S. 309

macht, die Ernte befördert oder verdirbt, Liebe, Haß oder Unfruchtbarkeit bewirkt. Alles das wird nun mit neuer Intensität für bare Münze genommen, und Gelehrte liefern die Rationalisierung dazu. Die »Sekte und Häresie der modernen (!) Zauberer«, »wo die Dämonen dem äußeren Sinn wahrnehmbar erscheinen« und die Übeltäter »bei ihren Zusammenkünften« »mit den erscheinenden Dämonen sich wahllos fleischlicher Lust hingeben«, sei nicht zu verwechseln mit »gewissen Frauen« von früher, »die im Schlaf irregeführt, glaubten, im Gefolge der Diana oder Herodias gewandelt zu sein«. »Denn die Erfahrung lehrt offensichtlich, daß unzüchtige Handlungen und die Leidenschaften fleischlicher Lust nicht von Schlafenden vollbracht oder genossen werden können, auch wenn sie durch Illusionen und schändliche Phantasien im Schlaf beginnen.«[51] Während in den Hirnen das »moderne« Phantom, das später Hexerei genannt wird, aus diesen verschiedenen Obsessionen Schritt für Schritt zusammenwächst, das christliche Gewissen seine unrühmlichste synthetische Leistung vollbringt, wächst in den Inquisitionsakten die Zahl derer, die nicht auf dem Umweg der Häresie, sondern direkt dem Teufel zugefallen sind. Vorreiter ist Toulouse, wo sich zwischen 1307 und 1323 schon mehrere Verhöre wegen Zauberei vermerkt finden[52], es folgt Carcassonne, auch ein altes Katharerzentrum, wo 1320 die Inquisition von Papst Johannes XXII. ausdrücklich beauftragt wird, »gegen solche Personen vorzugehen, die den Dämonen opfern, ihnen das Homagium leisten, einen Pact mit ihnen schließen, Sortilegien und Maleficien mit den kirchlichen Sacramenten ausüben und ähnliche zauberische Handlungen begehen«[53], und wo denn auch »von 1320 bis 1350 über 400 Zauberer« verurteilt wurden, davon »mehr als die Hälfte zum Tode«[54]. Von dort dehnt sich die Verfolgung nach Nordosten aus, flammt an verschiedenen Orten kurz auf, findet ab 1420 ihren nächsten großen Schauplatz in den Westalpen, ehe sie, angefacht durch eine Bulle Innozenz' VIII. aus dem Jahre 1484, »in einigen theilen des Oberteutschlands, wie auch in den Meyntzischen, Cölnischen, Trierischen, Salzburgischen Erzbistümern, Städten, Län-

51 N. Jaquier, *Flagellum haereticorum fascinariorum*, 1458, zit. n. J. Hansen, *Quellen und Untersuchungen zur Geschichte des Hexenwahns*, S. 136
52 Soldan-Heppe, a. a. O., S. 199
53 J. Hansen, a. a. O., S. 4
54 Soldan-Heppe, a. a. O., S. 201

dern, Orten«[55] feierlich eingeführt wird und hier dank deutscher Gründlichkeit überhaupt erst ihr Hauptwerk beginnt.

Die örtlichen Besonderheiten, unter denen der Wahn jeweils aufflammt, verhalten sich zu ihm wie das Brennmaterial zum Feuer. Reisig hat eine andere Konsistenz, Entzündlichkeit, Brenndauer als Stroh oder Torf, aber die Flamme, die aus ihnen schlägt, ist annähernd die gleiche und zehrt ihre Unterschiede weitgehend auf. Entsprechend können es Unwetter, Dürre, Pest sein, Reste alter Volksmagie, -medizin, -religion oder auch elaborierte alchimistische Experimente, an denen sich die Überzeugung bildet, hier sei Hexerei im Spiel[56] – wenn erst einmal ein bis auf den Nerv entzündetes christliches Gewissen da ist, das aus all diesen Materien den flammenden Wahn springen zu lassen vermag. Und so ist dem Hexenwahn eigentümlich, die regionalen Besonderheiten und Zufälle, aus denen er sich speist, aufzuzehren und von Südfrankreich bis Norddeutschland und Schottland zu den gleichen Schablonen zu tendieren.[57] Auch das gehört zu seiner synthetischen Leistung. Die ist schon ziemlich weit gediehen, als Innozenz VIII. Hexerei so umschreibt, daß »Personen beyderley Geschlechts, ihrer eigenen Seligkeit vergessend, und von dem Catholischen Glauben abfallend, mit denen Teuffeln, die sich als Männer oder Weiber mit ihnen vermischen, Mißbrauch machen, und mit ihren Bezauberungen, Liedern und Beschwehrungen, und anderem abscheulichen Aberglauben und zauberischen Übertretungen, Lastern und Verbrechen, die Ge-

55 Innozenz VIII., *Bulle Summis desiderantes*, zit. n. J. Sprenger / H. Institoris, *Der Hexenhammer*, übers. u. eingel. v. J. W. R. Schmidt, Darmstadt 1974, S. XXXVII

56 Schwer zu sagen, ob etwa Johannes XXII., als er Leute seines Hofstaats zu Avignon der »magischen Künste« bezichtigte und behauptete, daß sie »Schriften und Bücher solcher Künste besitzen«, »Spiegel und Bilder, nach fluchwürdigem Ritus geweiht, häufig gebraucht« und »Dämonen in Spiegel, Kreise oder Ringe zeitweilig gebannt haben, um sie nicht nur über Vergangenes, sondern auch über Zukünftiges zu befragen« (J. Hansen, a. a. O., S. 3 f.) – ob er da nur Gespenster oder wirkliche, alchimistisch inspirierte Zauberkünste bis an den Heiligen Stuhl vordringen sah. Sicher nur, daß seine panische Dämonenangst und seine rationalistische Finanzpolitik aufs engste zusammenhängen. Dazu s. u. Kap. 4, S. 166 ff.

57 Mit detektivischem Scharfsinn hat jüngst C. Ginzburg die versprengten Reste keltischer Volksreligion aufgespürt, die zur Vorstellung vom Hexensabbat maßgeblich beigetragen haben – und zur Erklärung des Hexenwahns etwa so viel hergeben wie *ein* Brennmaterial zur Erklärung des Feuers. (Ginzburg, *Hexensabbat*, a. a. O., S. 91 ff.)

burten der Weiber, die Jungen der Thiere, die Früchten der Erde, die Weintrauben und die Baumfrüchte, wie auch die Menschen, die Frauen, die Thiere, das Vieh, und andere unterschiedener Arten Thiere, auch die Weinberge, Obstgärten, Wiesen, Weyden, Getreide, Korn und andern Erdfrüchten, verderben, ersticken und umkommen machen und verursachen, und selbst die Menschen, die Weiber, allerhand groß und klein Vieh und Thiere mit grausamen sowohl innerlichen als äußerlichen Schmerzen und Plagen belegen und peinigen, und eben dieselbe Menschen, daß sie nicht zeugen, und die Frauen, daß sie nicht empfangen, und die Männer, daß sie denen Weibern, und die Weiber, daß sie denen Männern, die eheliche Werke nicht leisten können, verhindern.«[58] In dieser Definition ist alles der Hexerei Wesentliche entweder enthalten oder, wie Nachtfahrten und Hexensabbat, zumindest mitgedacht.

Nur eines fehlt noch: die ausdrückliche »Zuspitzung des Hexenwahns auf das weibliche Geschlecht«[59]. Die besorgen erst J. Sprenger und H. Institoris, die beiden Dominikaner, die im Auftrag Innozenz' und im Sinne seiner Hexenbulle Deutschland bereisen, den Wahn hier erst recht entfachen und im Zuge ihrer inquisitorischen Tätigkeit jenen berühmten Leitfaden zur Aufspürung und Zerschmetterung der Hexen verfassen, der vom 15. bis 17. Jahrhundert 29 Auflagen hatte und praktisch wurde wie kaum eine Schrift aus der Frühzeit des Buchdrucks: der Hexenhammer. Es sei »kein Wunder«, heißt es dort, »wenn von der Ketzerei der Hexer mehr Weiber als Männer besudelt gefunden werden«, »folgerichtig« daher, »die Ketzerei nicht zu nennen die der Hexer, sondern der Hexen, damit sie den Namen bekomme a potiori«[60], weil – und nun werden alle greifbaren biblischen und kirchlichen, aber auch heidnische Autoritäten wie Cicero und Seneca aufs umständlichste zum Beweisgang bemüht. Ein Grund ist, daß Frauen »leichtgläubig sind; und weil der Dämon hauptsächlich den Glauben zu verderben sucht, deshalb sucht er lieber diese auf«. »Der zweite Grund ist, weil sie von Natur wegen der Flüssigkeit ihrer Komplexion (?) leichter zu beeinflussen sind zur Aufnahme von Eingebungen«[61]. »Der dritte Grund ist,

58 Innozenz VIII., a. a. O., S. XXXVII
59 J. Hansen, a. a. O., S. 416
60 J. Sprenger/H. Institoris, *Der Hexenhammer*, a. a. O., 1. Teil, S. 106
61 A. a. O., 1. Teil, S. 97

daß ihre Zunge schlüpfrig ist, und sie das, was sie durch schlechte Kunst erfahren, ihren Genossinnen kaum verheimlichen können und sich heimlich, da sie keine Kräfte haben, leicht durch Hexenwerke zu rächen suchen«[62]. Zudem, »was den Verstand betrifft, oder das Verstehen des Geistigen, scheinen sie von anderer Art zu sein als die Männer«[63], nämlich »fleischlicher gesinnt«[64]. »Und wie sie aus dem ersten Mangel, dem des Verstandes, leichter als Männer den Glauben ableugnen, so suchen, ersinnen und vollführen sie in Folge des zweiten Punktes, der außergewöhnlichen Affekte und Leidenschaften, verschiedene Rache«, weshalb »es eine solche Menge Hexen in diesem Geschlechte gibt«.[65] »Schließen wir: Alles geschieht aus fleischlicher Begierde, die bei ihnen unersättlich ist. Sprüche am Vorletzten: ›Dreierlei ist unersättlich (etc.) und das Vierte, das niemals spricht: es ist genug, nämlich die Öffnung der Gebärmutter.‹ Darum haben sie auch mit den Dämonen zu schaffen, um ihre Begierden zu stillen.«[66] Womit natürlich nichts gegen den Glauben »in der hochgebenedeieten Jungfrau«[67] und »anderen heiligen Frauen«[68] gesagt ist, über die »sehr vieles und zwar immer Lobenswertes zu predigen«[69] ist – auf Kosten des übrigen weiblichen Geschlechts.

Hier werden einer schon vorhandenen Praxis nachträglich Gründe untergeschoben. Je mehr der Glaube an Hexerei um sich griff, desto häufiger heftete er sich offenbar an Frauen. Diese geschlechtsspezifische Verschiebung hat ohne besonderen Vorsatz oder überregionale Steuerung stattgefunden: scheinbar zufällig, wie von selbst. Sprenger und Institoris konstatieren sie, suchen sie zu erklären, nämlich aus der Natur des Weibes, rationalisieren sie damit und geben ihr eine entscheidende Wendung: machen aus dem naturwüchsigen Angriff aufs weibliche Geschlecht einen planmäßigen. Dabei bringen sie nichts gegen Frauen vor, was nicht schon bei den Kirchenvätern anklänge, was nicht zur Metapher von der »Pforte des Teufels« paßte, was nicht in alter

62 A.a.O., S. 98
63 Ebd.
64 A.a.O., S. 99
65 A.a.O., S. 102
66 A.a.O., S. 106
67 A.a.O., S. 100
68 A.a.O., S. 97
69 A.a.O., S. 98

patriarchaler Manier die »fleischlichere« Gesinnung des Weibes vom Kopf bis zur Vagina suggerierte. Und doch bedeuten die alten Anwürfe etwas Neues, sobald sie als Indizien für Hexerei fungieren – als Wink an Inquisitoren, ihres Amtes zu walten. Hier vollzieht sich ein qualitativer Sprung. Das Christentum ist von Anfang an patriarchal, aber das macht noch keine Hexenverfolgung. Die Inquisition ist ausschließlich mit Männern besetzt, arbeitet in der Regel aber ohne Ansehen des Standes und Geschlechts; die Ketzer, zu deren Ausrottung sie sich ursprünglich formierte, waren überwiegend Männer. Und Hexerei und Zauberei galten anfangs nicht als geschlechtsspezifischer Tatbestand. Die Zauberer, von denen Papst Johannes XXII. sich bedroht sah, waren Männer; der Teufelsbuhlschaft werden, wie die Lehre von den Incubi und Succubi zeigt, keineswegs nur Frauen verdächtigt; und noch die Bulle Innozenz' VIII. legt Hexerei grundsätzlich »Personen beyderley Geschlechts« zur Last. Wie also kommt es zur »Zuspitzung des Hexenwahns auf das weibliche Geschlecht«? Der Hexenhammer gibt die Rationalisierung dafür. Was aber geht unter ihrer Oberfläche vor?

Männliche Angst vor einem gewissen Frauentypus: das schien eine Zeitlang die Lösung zu sein. »Niemand schadet dem katholischen Glauben mehr als die Hebammen«, geifert der Hexenhammer. »Denn wenn sie die Kinder nicht töten, dann tragen sie, gleich als wollten sie etwas besorgen, die Kinder aus der Kammer hinaus, und sie in die Luft hebend opfern sie dieselben den Dämonen.«[70] Geburt: ein heikler, männerirritierender, dämonenanfälliger Vorgang. Da sind Frauen unter sich, laborieren gemeinsam an einer Erfahrung, von der Männer physisch ausgeschlossen sind, haben ein zerbrechliches kleines Wesen ganz in der Hand. Die Geburtshelferin wendet Praktiken und Methoden an, die seit alters her von Frau zu Frau weitergegeben wurden, kennt Säfte, Kräuter, Salben, die sich bei der Geburt und nicht nur bei ihr tausendfach lindernd und heilend bewährt haben, ist also Trägerin einer Art Volksmedizin, die nie schriftlich fixiert, nie akademisches Studienfach wurde, inniger mit alten magischen Riten und Zauberformeln verbunden blieb als die Medizin, die sich unter arabischem Einfluß ab dem 13. Jahrhundert an den christlichen Universitäten durchsetzte, und gleichwohl einen Erfahrungsschatz bildete, der nicht jedem studierten Arzt umstandslos zu Gebote stand. Kein Zweifel, daß Hebammen

70 A. a. O., S. 159

gleichsam von Berufs wegen besonders leicht Verdacht auf sich zogen. Aber ihr Tun ist nur einer der vorzüglichen »Brennstoffe« des Hexenwahns, nicht dessen Ursache – und nichts, was seine Zuspitzung aufs weibliche Geschlecht Ende des 15. Jahrhunderts erklären könnte. Der Neid studierter Ärzte auf heilkundige Frauen mag mehr von ihnen in Hexenverruf und auf den Scheiterhaufen gebracht haben, als aktenkundig – aber nur, weil der Wahn *schon da* war.[71]

Die Erklärung muß also tiefer ansetzen: beim christlichen Charakter selbst. Wenn der vom eigenen schlechten Gewissen erst einmal derart gebissen und verhärtet ist, daß er sich nicht nur von lauter Ketzerei umstellt glaubt, sondern aus ihr die Hexerei aufsteigen, den Generalangriff Satans auf Gottes Weltordnung beginnen sieht, wenn er also die Welt aus der Fassung gehen wähnt, weil er selbst aus der Fassung zu gehen droht, dann ist es nur noch ein weniges, bis sich ihm bestimmte archaische Schreckbilder aufdrängen, wie auch das moderne Individuum bei seelischer Unausgeglichenheit von Phantasien und Träumen aus einer Vergangenheit heimgesucht werden kann, die es längst überwunden glaubte, die sogar vor der eigenen Lebenszeit liegen mag. Das macht: Der menschliche Überlieferungsstrom ist durchaus nicht nur der bewußter Gedanken, Vorstellungen, Handlungen. Von Generation zu Generation wird, durch Vormachen und Nachmachen, durch unwillkürliche Identifikation mit Vorfindlichem viel mehr weitergegeben und mitgeschleppt, als ins Bewußtsein tritt. Schlechtes Gewissen ist übertragbar, und zwar jahrhundertelang, ohne daß es je mit einem Wort artikuliert würde. Nur deshalb war der hier skizzierte Selbstzerrüttungsprozeß des christlichen Charakters überhaupt möglich. Ist der aber so weit fortgeschritten, daß die äußere Welt als eine erscheint, wo

71 Die Vorstellung, Ärzte hätten ihn *erfunden*, um die Konkurrenz weiblicher Volksmedizin auszuschalten (Th. Szasz, *Die Fabrikation des Wahnsinns*, Olten 1974), ist ohne jeden Sinn für die geistig-seelische Verfassung der Damaligen – wie auch die umgekehrte: daß Hebammentätigkeit »Teil eines Klassenkampfs« gewesen sei. Die Stilisierung der Hexen zu einer weiblichen Widerstandsbewegung, deren »Kampf« Frauen heute »wieder aufnehmen müssen« (B. Ehrenreich/D. English, *Hexen, Hebammen und Krankenschwestern*, München 1975, S. 7f.), hat an dem Wahn, daß es so etwas wie eine gegen die patriarchale Ordnung kämpfende Hexensekte tatsächlich gegeben habe, selbst noch teil, und das Hexenbild, das dabei herauskommt, sieht dem der feministischen Maria verteufelt ähnlich. Beide gebar der Wunsch der modernen Frauenbewegung nach einer ihr gemäßen Ahnengalerie.

im wörtlichen wie übertragenen Sinne der Boden schwankt, wo sich das Unterste zuoberst kehrt, sich das Untenliegende, Unterlegene erhebt, da stellt sich nicht nur das Bild der Unterwelt ein, die ihre finsteren Scharen gegen die Menschheit losläßt, sondern auch das des weiblichen Geschlechts, das in nahezu jeder Hinsicht – sexuell, sozial, intellektuell – mit »unten« assoziiert ist und das trotz seiner Unterwerfung nicht aufgehört hat, das gebärende zu sein, das Erddunkel, die Macht des Stoffwechsels, der Physis zu repräsentieren. Es hat die Insignien der Großen Mutter nie ganz abgegeben. Und diese Tatsache macht sich schockhaft bemerkbar, wo die christliche Selbsterschütterung ihre vielleicht tiefste Schicht erreicht: die patriarchale, die das Christentum mit alten Griechen, Römern, Juden gemein hat – und die es in dieser Situation denn auch nicht von ungefähr als Bundesgenossen anruft. »Troja«, so erinnern sich die Verfasser des Hexenhammers, »wurde zerstört wegen des Raubes einer Frau, der Helena, und viele Tausende von Griechen kamen dabei um. Das Reich der Juden erlebte viel Unglück und Zerstörung wegen der ganz schlechten Königin Jezabel«. »Das Römische Reich hatte viele Übel auszustehen wegen der Cleopatra«, »so daß wir mit Recht mit Cato Uticensis sprechen können: ›Wenn die Welt ohne Weiber sein könnte, würden wir mit den Göttern verkehren;‹ da in der Tat, wenn der Weiber Bosheiten nicht wären, auch zu schweigen von den Hexen, die Welt noch von unzähligen Gefahren frei bleiben würde. Valerius ad Rufinum: ›Du weißt nicht, daß das Weib eine Chimaira ist; aber wissen mußt du, daß jenes dreigestaltige Ungeheuer geschmückt ist mit dem herrlichen Antlitz des Löwen, entstellt wird durch den Leib der stinkenden Ziege, bewaffnet ist mit dem giftigen Schwanze einer Viper. Das will sagen: ihr Anblick ist schön, die Berührung garstig, der Umgang tödlich.‹«[72] Daher »wird auch ihre Stimme dem Gesange der Sirenen verglichen, welche durch ihre süße Melodie die Vorübersegelnden anlocken und dann töten«.[73] Sprenger und Institoris tun hier auf ihre Weise, was Benjamin gern dem historischen Materialismus vorbehalten hätte: »sich einer Erinnerung bemächtigen, wie

72 Die Chimaira wird hier selbst schon im Sinne der Echidna interpretiert, in die patriarchale Mythologie sie verwandelt hat.
73 *Hexenhammer*, a. a. O., S. 104f.

sie im Augenblick einer Gefahr aufblitzt«[74]. Was *ihnen* aufblitzt, sind Momente griechischer Mythologie, alttestamentlicher Erzählung, römischer Prosa, worin das Weibliche als abgründiges Ungeheuer, ungeheurer Abgrund der Vorzeit erscheint und sirenenhaft-tückisch in die Sphäre des Männlichen ragt, die den zitierten Autoren als das Helle, Sichere, Geordnete, Gottähnliche feststeht. Im Vergleich zum Christentum sind Juden- und Heidentum die Finsternis des Unglaubens; im Vergleich zu den archaischen Mächten, von denen sie sich absetzen, gehören sie zum Bollwerk des patriarchalen Geistes, als dessen vollkommenste Gestalt das Christentum sich versteht. Ist aber die vollkommenste bedroht, so sind in ihr alle bedroht – alles, was als Ordnung, Sitte, Kultur, Geist gilt. Und so wähnt sich der christliche Geist, der Platzhalter allen Geistes, indem er sich zuinnerst mit dämonischer Gewalt angegriffen fühlt, auf jene historische Schwelle zurückgeworfen, wo die Selbstentdeckung des Geistes das männliche Geschlecht einst über das weibliche erhob. Es ist ihm, als müsse der alte Geschlechterkampf, der damals zur Selbstgewinnung des Geistes führte, noch einmal ausgestanden werden: um der Selbsterhaltung des Geistes willen. Noch in anderm Sinne als bisher dargelegt zeigt er sich unter Wiederholungszwang: dem Zwang, noch einmal eine ferne Vergangenheit durchmachen zu müssen, die im Augenblick der Gefahr aus der Tiefe des kollektiven Vergessens als ein Unbewältigtes aufsteigt. Denn Selbsterhaltung des Christentums bedeutet nun soviel wie Selbsterhaltung des Geistes überhaupt: jene archaische Vergangenheit, mit der er nie fertiggeworden ist, nicht wieder aufkommen zu lassen. Doch der verzweifelte Versuch ihrer Unterdrückung ist gerade ihre Wiederholung. Das inquisitorische Unternehmen, die christliche Lehre rein und ungetrübt in der Welt triumphieren zu lassen, alles zu tilgen, was sich in ihr und der christlichen Seele gegen sie sträubt, offenbart sich als das uralte patriarchale Unternehmen der »Losmachung des Geistes von den Erscheinungen der Natur«, und zwar als dessen Sublimierung und Brutalisierung zugleich, wo die Errungenschaften der christlichen Kultur es so weit verfeinert haben, daß nun schon die bloße Naturbeschaffenheit des weiblichen Geschlechts als Sträuben gegen die Wahrheit firmiert.

74 W. Benjamin, *Über den Begriff der Geschichte*, *Gesammelte Schriften*, Bd. I, 2, Frankfurt am Main 1974, S. 695

Während die Inquisition sich daranmacht, die Erscheinungsformen der Hexerei ebenso gewissenhaft zu ermitteln wie die der Ketzerei und um soviel gieriger, als Hexerei ihr gefährlicher und erregender scheint als Ketzerei; während sie ihr Netz weiter spannt und enger zieht, so daß möglichst keine Frau mehr entrinnt, die irgendeinmal Hexenverdacht auf sich zog; während sie die »Befragung«, jenes Wechselbad von Unterstellung, Drohung, gutem Zureden und fürchterlicher Folter so perfektioniert, daß sie die Verdächtigen nicht nur bis aufs Blut quält, sondern sie bisweilen auch seelisch so durcheinanderbringt, daß sie selbst nicht mehr genau wissen, was sie getan haben und was nicht, selbst ein Stück weit in den Wahn hineingerissen werden, dem sie zum Opfer fallen – während dies alles also mit wissenschaftlicher Akribie und großem psychologischem Einfühlungsvermögen fortschreitet, wird der Tatbestand, um dessen Ausrottung es geht, immer mehr zum blanken Irrsinn. Katharer, Waldenser, Humiliaten hat es wirklich gegeben; eine Zeitlang bedrohte ihre Häresie den Zusammenhalt der Kirche tatsächlich. Die Hexensekte ist von Anfang an Fiktion. Die Reste eines keltischen Kults nachtfahrender Frauen[75], die in den Alpen nachgewiesene Gepflogenheit, auf entlegenen Bergeshöhen ein »eigenartiges Sommerfest«[76] zu feiern, die magischen Praktiken heilkundiger Frauen und was sonst noch alles dieser Fiktion Nahrung gegeben haben mag – nirgends ist daraus ein sektenartiger Zusammenschluß geworden, schon gar nicht eine überregionale, gegen die Kirche gerichtete Organisation. Das gibt einen merkwürdigen Kontrast. Die einzelnen Hexen sind greifbarer als jeder Feind zuvor: wehrlose, oft völlig arglose Frauen, die sich von Hexerei ebenso weit entfernt wissen, wie sie sie bei andern nicht auszuschließen wagen. Die Hexensekte hingegen ist das Ungreifbare schlechthin. Man erfährt zwar durch die Folter, wie es bei ihren Versammlungen zugeht, wie ihr oberster Drahtzieher dabei in menschlicher oder tierischer Gestalt erscheint und zu Unzucht und allen erdenklichen Greueln treibt, aber man denkt nicht daran, sich darüber sinnliche Gewißheit zu verschaffen, dem Hexensabbat einmal aufzulauern, den ganzen Verein vollzählig und auf frischer Tat zu ertappen. Der Wahn will Wahn bleiben – und hat daher genug an den Geständnissen, die er erpreßt und die ihn schüren. Solange die Hexensekte selbst

75 Vgl. C. Ginzburg, a. a. O., S. 104 ff.
76 J. Hansen, a. a. O., S. 414

das Ungreifbare bleibt, darf er sicher sein, daß die Verfolgung an kein Ende kommt, daß ihm die Geständnisse nicht ausgehen, an die er sich klammert, die von der Inquisition gesammelt, geordnet, ausgetauscht, schließlich zu Fragenkatalogen gebündelt werden. Etwa so: »Ob sie von Hexenkunst gehört, von wem und was für Hexenwerk; – Item (weil man bishero Hexen verbrannt), ob sie nicht auch von ihren Kunststücklein gehört; denn die Weiber ohne Zweifel aus Fürwitz danach fragen und dessen ein Wissens begeren. Und so sich dessen entschuldigt wird, ist es ein Anzeigen daß Solches nicht gar ohne werde sein, und woher ihr das komme, durch wen sie es erfahren, wer dieselbigen Personen und weß Namens sie seien«. »Ob sie auch etliche Stücklein, sie seien so gering sie wollen, gelernt, als: den Kühen die Milch zu nehmen, oder Raupen zu machen, auch Nebel und dergleichen.« Und so kommt man wie von selbst auf den Teufel: »Wann er ihr erschienen? Ob er auch Heirath oder allein Buhlschaft von ihr begehrt? Wie er sich genannt, was er für Kleider (getragen), wie auch seine Füße ausgesehen?« »Auf welche Weise der Teufel ihr die Jungfräulichkeit geraubt habe? Wie der Penis des Teufels sei und wie sein Samen? Ob der Koitus mit dem Teufel der Angeklagten bessere und größere Lust bereitet habe als der mit einem natürlichen Mann? Ob der Teufel mit der Angeklagten es mehrfach in der Nacht getrieben habe und ob immer mit Ausspritzen von Samen?« »Was sie mit dem Säugling getan habe? Ob das Kind gelebt habe? Auf welche Weise sie es getötet habe? Wer sie es gelernt, wer ihr dazu geholfen, was sie sonst für böse Stücke als mit Stehlen, Brennen, Kinderverthuen, Morden u. dgl. in der Welt begangen?«[77] Der Richter muß diese Fragen nur noch der Reihe nach stellen und bei jeder prüfend, bohrend, folternd so lange verweilen, bis er hört, was er hören will.

Der Hexenwahn ist der Offenbarungseid der Inquisition. Hier kommt alles heraus, was in ihr steckt; hier kehrt *sie* ihr Unterstes zuoberst. Zum einen in dem Sinne, daß sie die niedersten aggressiven und sadistischen Regungen, die perversesten Sexualphantasien mobilisiert – zur Austreibung aller Regungen und Phantasien, die sich in der menschlichen Natur gegen die christliche Lehre sträuben. Zum anderen in dem Sinne, daß sie ein Stück archaischer Untergrund der Geschichte

77 Liste der Fragen aus dem Landrecht von Baden-Baden, die der Richter den Hexen vorzulegen hatte, 1588, zit. n. G. Becker u. a., *Aus der Zeit der Verzweiflung*, S. 389f.

heraufbeschwört: jenen Geschlechterkampf, dem das Patriarchat seinen Sieg dankt. Dieser Kampf wird nun von den Siegern noch einmal inszeniert – mit den fortgeschrittensten Mitteln ihrer Herrschaft und so, daß vorab feststeht, wie er ausgeht. Daß sie diese Inszenierung um ihres Seelenheils willen brauchen, daß der patriarchale Geist es nötig hat, über das unterworfene Geschlecht eigens noch einmal herzufallen, um sich selbst zu bestätigen und sich seiner eigenen Autarkie wie ein Süchtiger unablässig zu versichern – das ist ein untrüglicher Indikator für seinen Zustand: Er ist mit seinen Nerven am Ende, der Hexenwahn seine *ultima ratio* – das Ultimum jener idealistischen Rationalität, die im Christentum angefangen hat, sich gegen sich selbst zu kehren, in bestimmter Weise reflexiv zu werden. Die Versöhnung mit der Unversöhntheit, die freudige Bejahung des irdischen Elends, wohl wissend, daß es nicht sein soll und damit es dermaleinst aufhöre – diese eigenartige Wendung der vernunftbegabten Seele gegen sich, die sich schon im Urchristentum als schlechtes Gewissen der Herrschaft – in Herrschenden wie Beherrschten – bemerkbar machte, ist dermaßen zur Herrschaft des schlechten Gewissens geworden, hat den von ihr geprägten Charakter derart mit Gewissensbissen durchtrieben, daß durch ihn aufs furchtbarste in Geschichte übersetzt wird, was im Inbegriff des patriarchalen Logos, dem Konstrukt des dreifaltigen christlichen Gottes, schon als leise Ahnung steckte: daß seine Rückwendung in sich statt der ewig erfüllten, versöhnten Autarkie des Geistes nur das leere, sich selbst zermahlende Kreisen in sich ergibt. So zieht sich durch die Geschichte des Christentums ein roter Faden, der es gestattet, sie als Passionsgeschichte der Reflexion zu lesen. Die Wendung der Seele gegen sich, die das Christentum groß gemacht hat, hat auch das groß gemacht, was sich in ihr gegen sie sträubt, hat die Häresie und schließlich die Inquisition auf den Plan gerufen, deren Wüten gegen andere sich als Wüten der christlichen Seele gegen sich selbst erwies – und ihrerseits die Figur der Reflexion beschreibt: Veranstaltet wird die Versöhnung von Geist und Natur, aber so, daß als Geist die katholische Lehre firmiert und die menschliche Natur nichts sein soll als deren Resonanzboden: das Andere des Geistes, Geist in anderer Gestalt. Alles Natürliche, was sich dagegen sträubt, soll umgebogen – geistförmig gemacht werden, sich in Geständnis und Reue auflösen. Noch das Verbrennen der Ketzer und Hexen hat, zusätzlich zur Quälerei, diesen Sinn: das In-Rauch-Aufgehenlassen der Leiber ist ein symbolisches Geistförmigmachen der Natur – und zugleich die Allegorie dafür, wie die christliche Seele, beim verzweifelten Versuch, sich gegen ihr Gegen-sich-gewendet-Sein zu wenden, sich bis in flammenden Wahn hinein selbst verzehrt.

Wo die Ultima ratio dieser Reflexion, der Hexenwahn, heraufkommt, findet eine Art Umwertung der Werte statt. Die Inquisitoren wähnen sich in männlich-heldenhaftem Kampf an vorderster Front: gegen eine entfesselte weibliche Übermacht, die, mit allen niedrigen Leidenschaften, allem Raffinement, aller Heimtücke und dämonischen Kunst begabt, den rechten Glauben auf Schritt und Tritt bedroht. In Wahrheit sind sie selbst das, was sie als weibisch bekämpfen: eine Übermacht raffinierter, hinterhältiger, feiger Memmen, die selbst so gut wie nichts riskieren und ihren Opfern das Äußerste zufügen. Der Geist, der da seine Rechtgläubigkeit, seine Männlichkeit, sich selbst zu erhalten meint, indem er das Nichtgeistige, die Natur, das andere Geschlecht sich gleich zu machen sucht, ist selber der Tummelplatz all der Leidenschaft und Affektivität, die er ausradieren will. Was er als Eigenschaft der Gebärmutter ausgibt, daß sie »niemals spricht: es ist genug«[78] – das ist *seine* Eigenschaft. *Er* kann nicht aufhören. In seiner Sucht, die Natur alias das weibliche Geschlecht jeden Moment und in jedem Sinne *unter* sich zu wissen, ist er selbst gleichsam die zu Kopf gestiegene Vagina, die Pforte des Teufels, der Abgrund, in den die Natur sich ergießt und in dem sie die wildesten Phantasien und Phantome erzeugt. Er ist dem, was unten liegen soll, unterlegen. Das Geschlecht kehrt sich in ihm um. Das Schreckbild des unberechenbaren Dämon, der eben noch Incubus und im nächsten Moment schon Succubus ist, entpuppt sich als Selbstbildnis des Geistes, der an seinem verzweifelten Dauerversuch, sich seiner Männlichkeit und Autarkie zu vergewissern, verzweifelt, seines Geschlechts nicht mehr sicher ist, sich sowohl als das Männliche erfährt, als das er sich nicht mehr glaubt, wie auch als das Weibliche, als das er sich nicht eingestehen darf – und so das Hin- und Hergerissensein zwischen beiden und das Umschlagen beider ineinander bis zum Schwindligwerden durchmacht. In der Wahnvorstellung eines Dämon, der als gefallener Engel reinen Geist, als Incubus-Succubus das Umschlagen des Geschlechts bedeutet, ist blitzartig der Zustand des Geistes am Ende der christlichen Epoche erfaßt: sein Verzweifeln an seiner Reinheit und Autarkie, seine böse Ahnung, daß seine Selbstentdeckung

78 J. Sprenger / H. Institoris, *Der Hexenhammer*, a.a.O., S. 106

und Selbstergreifung nie die gelungene Losmachung von der Natur war, als die sie jahrtausendelang galt, das Patriarchat vielmehr übertünchtes Matriarchat, so daß unter der abbröckelnden männlichen Farbe des Geistes die alte weibliche wieder hervorlugt – und schließlich sein Sich-Sträuben gegen diese Ahnung, sein sehnlicher Wunsch, sie möge nicht wahr sein, sondern bloß ein furchtbares dämonisches Gaukelwerk, das sich mit Gottes Hilfe werde niederkämpfen lassen. Nur in der Form des Nicht-wahrhaben-Wollens spricht er die Wahrheit über sich aus; nur in der Gestalt des Wahns ist sie ihm erträglich.

Der Hexenwahn ist als einer der entsetzlichsten Ausbrüche von Irrationalität zu begreifen – und zugleich als Deckbild von Rationalität. Der Rückgang des christlichen Patriarchats in seine vorchristlichen Anfangsgründe, sein Sich-selbst-auf-den-Nerv-Gehen, nämlich auf den neuralgischen Indifferenzpunkt von Weiblichkeit und Männlichkeit des Geistes, bringt nicht nur seelisches Wundfieber und geistige Zerrüttung, sondern arbeitet auf diesem Wege auch einer Einsicht zu. Folgenreiche Anfänge davon finden sich beim Reformator Martin Luther. Geboren zu der Zeit, als Sprenger und Institoris ihr unseliges Werk in Deutschland beginnen, ist er in puncto Hexenverfolgung zeitlebens ein treuer Sohn der katholischen Kirche geblieben: »Mit denselben soll man keine Barmherzigkeit haben. Ich wollte sie selber verbrennen«[79]. Auch sonst ist er antipatriarchaler Umtriebe unverdächtig: »Männer haben breite Brüste und dünne Schenkel, daher haben sie Weisheit. Frauen haben schmale Brüste und breite Schenkel. Die Frau soll häuslich sein. Das zeigt die Schöpfung an, denn sie haben einen breiten Po und Schenkel, *das sie sollen still sizen.*«[80] Um so bemerkenswerter, daß er, der Vernunft eindeutig mit männlicher Kraft assoziiert, sie als »Erfinderin und Lenkerin aller Künste, der Medizin, der Jurisprudenz und all dessen, was in diesem Leben an Weisheit, Macht, Tüchtigkeit und Herrlichkeit von Menschen besessen wird«, preist, als »zur Verwaltung dieser Dinge in diesem Leben eingesetzt, als sei sie eine Sonne und eine Art göttlicher Macht«[81] – daß ausgerechnet Luther die denkwürdige

79 M. Luther, *Tischreden*, Nr. 6975, in: *Luthers Werke*, Bd. 8, hg. v. O. Clemen, Berlin 1962, S. 345

80 M. Luther, *Tischreden*, Nr. 55, S. 4

81 Disputatio D. Martini Lutheri: *De homine*, in: G. Ebeling, *Lutherstudien*, Bd. II, 1. Teil, Tübingen 1977, S. 15

Definition der Vernunft als Hure gibt: »Und was ich von der Brunst, so eine grobe Sünde ist, rede, solches ist auch von der Vernunft zu verstehen: denn dieselbige schändet und beleidigt Gott in geistlichen Gaben, hat auch viel greulichere Hurenübel, denn eine Hure.«[82] Dahinter steht eine doppelte Sichtweise. Vernunft ist einerseits das Zuchtmittel schlechthin: dazu da, in die von Dämonen zerrüttete Welt so viel Ordnung wie irgend möglich zu bringen. In der Erziehung besorgt sie, daß »dem Kinde ohne Unterlaß sein Eigenwille gebrochen«[83] wird, in der Arbeit unterdrückt sie »den leidenschaftlichen und lüsternen Adam«, »unsres Fleisches Mutwillen«[84], als medizinische bändigt sie den Aufruhr des kranken Organismus, als juristische ordnet sie die öffentlichen Angelegenheiten und züchtigt jeden, der sich dieser Ordnung, sprich: der jeweiligen Anordnung der Obrigkeit, widersetzt. »Aufruhr hat keine Vernunft«. »Darum ist auch kein Aufruhr Recht, wie rechte Sache er immer haben mag.«[85] Vernunft ist insofern »eine Art göttlicher Macht«, als sie für die verlorengegangene paradiesische Ordnung, mit der Gott einst die Welt beseelte, einen schwachen Ersatz zu schaffen sucht; und sie ist »des Teufels Braut«[86], weil ihr das nicht gelingt, weil sie selbst der sündigen, aufrührerischen Natur angehört, der sie zum Zaum bestimmt ist, und noch dort, wo sie den Eigenwillen bricht, nicht aufhört, Eigenwille zu sein. »Kurz und gut, in allem, was der Mensch tut und läßt, sucht er mehr seinen eignen Nutzen, Willen und Ruhm als den Gottes und seines Nächsten.« Daher »ist nichts Gefährlicheres in uns, als unsre Vernunft und unser Wille. Und dies ist das höchste und erste Werk Gottes in uns und die beste Übung darin, unser eignes Wirken zu unterlassen: wenn wir der Vernunft und dem Willen müßig gehen«[87].

Was im Hexenwahn als böse Ahnung umgeht, beginnt in Luther seiner selbst innezuwerden: daß das Tun der Vernunft das Aufrühren ihres

82 M. Luther, *Letzte Predigt in Wittenberg*, in: *Luthers Werke*, hg. v. Buchwald, Kawerau u. a., 3. Folge, Berlin 1905, S. 97

83 M. Luther, *Sermon von den guten Werken*, in: *Calwer Luther-Ausgabe*, Bd. 3, hg. v. W. Metzger, Stuttgart 1977, S. 182

84 A. a. O., S. 175f.

85 M. Luther, *Eine treue Vermahnung zu allen Christen, sich zu hüten vor Aufruhr und Empörung*, in: ders., *Ausgewählte Schriften*, Berlin 1916, S. 229f.

86 M. Luther, *Letzte Predigt in Wittenberg*, S. 96

87 M. Luther, *Sermon von den guten Werken*, S. 172f.

eigenen Untergrunds, das Umwälzen ihres Geschlechts, das Hin- und Hergeworfensein ihrer selbst bis zum Selbstverlust ist. Ihr männlich-ordnender Zugriff erfährt sich als der verlängerte Arm der eigensüchtig ausschweifenden Natur, das Zuchtmittel par excellence als Inbegriff der Unzucht: als Hure. Für einen Moment blitzt hier radikalste Vernunftkritik auf, meint man Nietzsche zu vernehmen, wie er noch der hellsten Vernunft ihre dunklen Anfangsgründe vorhält, wie er offenlegt, »daß auch auf diesem Gebiete die herrlichsten Farben aus niedrigen, ja verachteten Stoffen gewonnen sind«[88], wie er ausruft: »Ah, die Vernunft, der Ernst, die Herrschaft über die Affekte, diese ganze düstere Sache, welche Nachdenken heißt, alle diese Vorrechte und Prunkstücke des Menschen: wie teuer haben sie sich bezahlt gemacht! wieviel Blut und Grausen ist auf dem Grunde aller ›guten Dinge‹!...«[89] Dieses Grausen kennt auch Luther, doch wie anders nimmt er es wahr! Hier erschrickt die Vernunft so vor ihrem eigenen Abgrund, daß er sich ihr als Pforte des Teufels bodenlos-unersättlich auftut: als Hure, deren dämonischen Sog fliehen muß, wer seine Seele irgend retten will. Es ist derselbe Schrecken, der die katholische Inquisition in den Hexenwahn und Luther in den protestantischen Glauben treibt[90] – ein Schrecken, der zu tief geht, als daß er für das, wovor er erschrickt, einen klaren Blick behielte. Er ist ein Sich-Sträuben gegen das, was er bemerkt, ein Fliehen vor seinen eigenen Einsichten. Hexenverfolgung ist Flucht nach vorn: Angriff gegen das, wovon das christliche Gemüt sich unsäglich angegriffen fühlt. Lutherischer Glaube ist Flucht zurück: ein Sich-Verstekken der christlichen Seele vor dem Angreifer – vor ihrem eigenen schlechten Gewissen – vor sich selbst: eine Wendung nach innen, die wie Rückkehr zur einfachen, ursprünglichen »Predigt von Christo«, »wie sie das Evangelium enthält«[91], anmutet und dabei die alte Figur der Reflexion mit dem Raffinement einer neuen Unschuld beschreibt. Und zwar ist der Glaube reale Flucht vor der Hure Vernunft und eingebildete Rettung vor ihr: der Wahn, er selbst sei *keine* Gestalt der Vernunft,

88 F. Nietzsche, *Menschliches – Allzumenschliches*, *Werke*, Bd. II, S. 447

89 F. Nietzsche, *Zur Genealogie der Moral*, *Werke*, Bd. IV, S. 803 f.

90 Wie wenig Luthers Hexenglaube den Hauptstücken seiner Theologie äußerlich ist, habe ich ausgeführt in: F. W. Pohl/Verf., *Heilige Hure Vernunft. Luthers nachhaltiger Zauber*, Berlin 1983, S. 9 ff., S. 46 ff.

91 M. Luther, *Von der Freiheit eines Christenmenschen*, *Ausgewählte Werke*, S. 113

sondern etwas Transvernünftiges – der Vernunft nur bedürftig, um sich mitzuteilen, nicht um sich zu konstitutieren. Als ob Glaube, ohne *Gewißheit* von der Gnade Gottes zu sein, ohne Wissen von etwas ganz Bestimmtem, ohne Intellektualität sich überhaupt regen könnte! Doch Luther tut so, als ob – nämlich als ob ein Loskommen von der Vernunft sei, was nur ihre Selbstvermummung ist. Weil ihn der Schlag getroffen hat, daß menschliche Vernunft auch im günstigsten Fall kein von der Natur losgemachter Geist, kein Ort metaphysischer Sicherheit ist, schlägt er sie selbst noch auf die Seite der verdorbenen Natur, von der es »den inwendigen, geistlichen Menschen«[92] loszureißen gilt – und veranstaltet die alte patriarchale Losmachung des Geistes von der Natur, um deren Unwahrheit er weiß, unter dem neuen Titel einer Losmachung des Glaubens von der Vernunft, von deren Unwahrheit er nichts wissen will. Solange sich die Vernunft dem Glauben als Sprachrohr hingibt, sind ihm ihre Hurendienste willkommen und durch den guten Zweck geheiligt. Aber schon beim leisesten Verdacht, daß er ohne sie nicht sein könne, von ihr abhängig, gleichsam »ein Fleisch« mit ihr sei, stößt er sie von sich wie jeder Patriarch die Prostituierte, deren Dienste er genossen hat: sich und aller Welt versichernd, er habe nichts mit ihr zu tun, sei etwas völlig anderes als sie und über ihre Maßstäbe unbedingt erhaben. So ist der Glaube der ebenso verzweifelte wie verstohlene Versuch, dem in Weiblichkeit umgeschlagenen patriarchalen Geist doch noch seine Männlichkeit zu retten – unter Absehung davon, daß er selbst nur Vernunft in anderer Gestalt, die ins Männerkleid geschlüpfte Hure ist, mit der er nicht bekannt zu sein wünscht.

In Luthers Glauben vollbringt die Reflexion ihr Meisterstück der Selbstverleugnung, erschließt dem Nicht-wahrhaben-Wollen ein neues Terrain, gibt dem Seelenleben eine neue Tiefe. Luther konnte nicht wissen, wie sehr er damit dem modernen Charakter vorarbeitete, wie prophetisch seine Formel von der Hure Vernunft war, in welchem Sinne sie sich einmal als die Kurzschrift der neuen Epoche erweisen würde, an deren Schwelle er stand und deren Hereinbrechen er abzuwehren suchte. Sein Trachten war Re-formation, Wiederherstellung der Christenheit. Die katholische Kirche war ihm zu korrupt dazu, zu sehr in irdische Geschäfte und Ränke verwickelt, um die reine »Predigt von Christo« glaubwürdig voranzutreiben. Es ist mit ihr im besonderen wie

92 A.a.O., S. 111

mit der Vernunft im allgemeinen: ihre Lehren, Sakramente, Institutionen sind selbst das, wogegen sie sich richten. Gerade wenn sie daherkommen wie der lautere Geist Gottes, kommt in ihnen ein anderer Geist daher; noch »das Haupt der Christenheit«, der Papst, »läßt sich mit öffentlichen Lügen durch den bösen Geiste regieren«[93]. Es geht zu, als wenn »die Hurenwirtin sollte Bürgermeisterin heißen«[94], und nur der evangelische Glaube rettet vor diesem katholischen Treiben. Das heißt aber auch: Nur er leistet, was die katholische Kirche vergeblich versucht, erst in ihm realisieren sich ihre Intentionen. Und damit ist auch schon die Kontinuität zwischen katholisch und protestantisch bezeichnet, für die die Beibehaltung der Hexenverfolgung kein übler Indikator ist. Der katholische Kampf gegen die dämonische Bedrohung, der sich in der Inquisition die ihm gemäße Institution geschaffen hat, wird protestantisch so fortgesetzt und intensiviert, daß er sich sogar noch gegen die Inquisition richtet. Das feine juristische Netzwerk, das sie gesponnen hat, damit ihr kein Hexer und Ketzer entgeht, wird selbst noch dem dämonischen Gaukelwerk zugerechnet, das sie damit fangen will: jener Spitzfindigkeit geziehen, die nicht von gutem Gewissen zeugt und für Luther den »Sophisten«, den Inbegriff des katholischen Gelehrten ausmacht. Der evangelische Glaube bedarf solcher Umstände nicht. »Herr Spalatin berichtete einen Zauberfall, daß ein Mädchen aus Aldenburg blutige Tränen weine; wenn jene Frau (sc. die Hexe) anwesend sei, auch wenn (das Mädchen) sie nicht sieht oder weiß, daß sie da ist, merkt sie dennoch ihre Anwesenheit und vergießt Tränen. Antwortete Luther: *Da solde man mit solchen* zur Strafe *eilen*! Die Juristen *wollen zuviel* Zeugnisse *haben* und verachten jene offensichtlichen Beweise. Ich hatte, sagte er, in diesen Tagen eine Ehefall, wo die Frau den Mann mit Gift umbringen wollte, *also das er eideschen hat ausgeprochen*, und selbst auf der Folter hat sie nichts geantwortet, denn solche Zauberinnen sind stumm, verachten die Pein; *der Teuffel läst sie nicht reden.* Jene Fakten sind Zeugnis genug, daß man ein Exempel mit ihnen statuiere zur Abschreckung anderer.«[95] Das Geständnis der Angeklagten, Fluchtpunkt und Rechtfertigungsgrund der Inquisition, erübrigt sich, wo der Prozeßführer aus lauterem Glauben

93 M. Luther, *An den christlichen Adel deutscher Nation*, *Ausgewählte Werke*, S. 45
94 A. a. O., S. 44
95 M. Luther, *Tischreden*, Nr. 3969, S. 208

schon gerechtfertigt ist. Der Vernunft, die im Dienst dieses Glaubens steht, sind die juristischen und psychologischen Finessen der Inquisitoren unnütze Umwege; sie ist gerade heraus, nimmt den kürzesten Weg, wählt das einfachste Mittel, macht kurzen Prozeß. Der ist Luther auch sonst der liebste: »Man sagt von Herzog Karl von Burgund eine solche Geschichte, daß ein Edelmann seinen Feind fing. Da kam die Frau des Gefangenen, ihren Mann zu lösen; aber der Edelmann verhieß ihr den Mann zu geben, sofern sie bei ihm schlafen wollte. Das Weib war fromm, hätte doch ihren Mann gern erlöst; geht hin und fragt ihren Mann, ob sie es tun solle, das sie ihn erlöste. Der Mann wäre gern losgewesen und wollte sein Leben behalten, und erlaubte es der Frau. Da nun der Edelmann die Frau beschlafen hatte, ließ er des andern Tags ihrem Mann den Kopf abschlagen und gab ihn der Frau tot. Das klagte sie alles dem Herzog Karl. Der forderte den Edelmann und gebot ihm, daß er die Frau müßte zur Ehe nehmen. Da nun der Brauttag aus war, ließ er dem Mann den Kopf abschlagen und setzte die Frau in sein Gut und machte sie wieder zu Ehren und strafte also die Untugend recht fürstlich. Siehe, ein solches Urteil hätte ihm kein Papst, kein Jurist, noch kein Buch geben mögen; sondern es ist aus freier Vernunft über aller Bücher Recht gesprungen, so fein, daß es jedermann billigen muß«[96], denn es spart sich den ganzen Aufwand eines Verfahrens und läßt dem Übeltäter doch Recht geschehen, entspringt einer Vernunft, die nichts tut als optimale Mittel für vorgegebene Zwecke ersinnen und sich nicht daran stört, wenn ihre Mittel auf Rückkehr zur blanken Herrscherwillkür hinauslaufen. Der Doppelcharakter eines hochmodernen Vernunftgebrauchs blitzt hier auf. Vernunft als die straffste, nützlichste, rationellste Regelung aller Lebensprozesse – und gerade dabei als Instrument jeglicher Willkür, wie sie in den Massenvernichtungen und -vernichtungsmitteln des 20. Jahrhunderts ihren widersinnigsten Ausdruck gefunden hat. Derartige Vernunft schafft am besten Ordnung, wenn sie am meisten Hure ist: sich dem jeweiligen Zweck, in dessen Dienst sie tritt, mit allen Fasern hingibt. Ihre Manneskraft ist ihre Weibskraft, ihr Tun der wirklich gewordene Incubus-Succubus: der moderne Androgyn.

Verglichen damit ist die Inquisition eine zurückgebliebene Gestalt

96 M. Luther, *Von weltlicher Obrigkeit, wie weit man ihr Gehorsam schuldig sei, Ausgewählte Schriften*, S. 222

der Vernunft. Ihrem Zweck, der Ketzer- und Dämonenbekämpfung, sind ihre Mittel noch nicht in moderner Weise angemessen: zu wenig funktional, zu wenig Reduktion von Komplexität. Und doch sind sie auch wieder viel fortgeschrittener als die rohen Lutherschen Vernunftausbrüche. Das Bestreben der Inquisition, die menschliche Natur mit der christlichen Lehre vollkommen in Einklang zu setzen, enthält, wie oben gezeigt, die Idee einer vollkommenen Naturbeherrschung, bei der jede physische und psychische Regung ganz unter die Botmäßigkeit eines Geistigen tritt. Es ist nicht etwa reiner Forscherdrang, frei schweifende wissenschaftliche Neugier, woraus diese Idee entspringt, sondern das Wundfieber des christlichen Geistes, der nur zu genesen glaubt, wenn er auch noch den feinsten sich in der menschlichen Natur gegen ihn sträubenden Stachel aufspürt und ausreißt. Um seiner Selbstbestätigung und Selbstvergewisserung willen hat er nötig, unablässig der Natur auf den Grund zu gehen, ihr ihre Geheimnisse zu entreißen – jedes Geheimnis, das sie vor ihm hat, eine geheime Verschwörung gegen ihn – das Geständnis ihres Sträubens und ihre Reue zu erleben: das Geistförmigwerden der Natur, ihre optimale Veredelung. Wir haben gesehen, wie dieser Veredelungsversuch dem alchimistischen entspricht, aus der anorganischen Natur deren edelste Gestalt hervorzutreiben: das Gold. Inquisition ist soziale Alchimie, Alchimie Inquisition der außermenschlichen Natur. Beide agieren im Wahn, aus Natur etwas machen zu können, was Natur ihr Lebtag nicht hergibt, und beide sind eben dabei Wegbereiter moderner Wissenschaft. Die Inquisition entwickelt eine ganze wissenschaftliche Methodologie, die Alchimie sammelt eine Menge Kenntnisse über die Stoffe, die sich in Gold nicht verwandeln lassen. Aber beide arbeiten nebeneinander her. Ihr Verhältnis ist heikel. Die Inquisition sieht in der Alchimie jenen naturbeherrschenden Geist am Werk, der ihr eigener ist. Sie sieht darin aber auch jene Zauberei und Magie, die sie in ihrem eigenen Tun nicht wahrhaben und im fremden daher um so weniger dulden darf. So hat das Eindringen arabischer Alchimie ins christliche Abendland die kirchliche Empfindlichkeit gegen Zauberei zweifellos erhöht und dazu beigetragen, daß sie Mitte des 13. Jahrhunderts mit Ketzerei gleichgestellt wurde. Andererseits ist die Kirche durchaus unschlüssig gewesen, wie sie die in der neuen Kunst bewanderten Männer behandeln solle. Daß Albertus Magnus nicht nur großer Theologe, sondern auch leidenschaftlicher Naturkundler war, hat ihm den Titel »Doctor universalis« eingebracht. Sein Zeitgenosse Roger Bacon hat wegen ganz ähnlicher Experimentierpassion Jahrzehnte im Kerker verbracht. Unter den Anfang des 14. Jahrhunderts in Toulouse und Carcassonne wegen Zauberei Verurteilten mögen nicht nur kleine Giftmischer, sondern auch große wissenschaftliche Köpfe gewesen sein, von den Hofleuten in Avignon, die Papst Johannes XXII. der Nigromantie bezichtigte, haben einige vielleicht nicht minder seriös geforscht als Albertus – wir wissen es nicht. Daß sich das Verhältnis von Inquisition und Alchimie schließlich in bestimmter Weise klärt, hat nicht unbeträchtlich mit der Zuspitzung des Hexenwahns aufs weibliche Geschlecht zu tun. Frauen waren von wissenschaftlicher Forschung, von der Sphäre der Universität, ausgeschlossen. Wurden sie bei magischen Praktiken angetroffen, so lag nahe: Hier ist Magie nicht Nebengleis jenes gottgefälligen wissenschaftlichen Geistes, der sich sonst in universitärer Medizin oder Astronomie ergeht, sondern Teufelskunst. Dieser Verdacht erleichterte den mit Alchimie befaßten Gelehrten die Einführung folgender Unterscheidung: »Es gibt zwei Arten von Magie; die eine ist schändlich und unheilbringend, denn sie hat mit üblen Geistern zu tun und besteht aus Zauberei und verruchter Neugierde; die nennt man Hexerei«. »Die andere Magie ist natürlich, und alle hervorragenden und klugen Männer heißen sie gut, beschäftigen sich mit ihr und zollen ihr großen Beifall«[97]. Die eine, auch »schwarze« Magie genannt, möge die Inquisition ausrotten, damit die andere, die »weiße«, unbehelligt bleibe. Es muß Schuldige geben, wenn weiße Magie unschuldig sein soll. So tragen selbst noch die, die den Verdacht der Zauberei von sich abzuschieben wissen, weil sie gelehrt und Männer sind, dazu bei, daß er auf die, die sich nicht dagegen zu wehren vermögen, um so heftiger fällt. Durch »schändlichen, gotteslästerlichen Mißbrauch« ist es dahin gekommen, »daß der einst hochgepriesene Name Magie jetzt allen guten und rechtschaffenen Menschen verhaßt ist, und es als ein Hauptverbrechen gilt, sobald jemand in Worten oder Werken sich für einen Magier auszugeben wagt, wenn nicht etwa ein altes, närrisches Weib auf dem Lande für sehr erfahren in solchen Dingen gehalten werden und die Leute Glauben machen will, daß sie (...) den Himmel herabziehen, die Erde aufhängen, die Quellen ver-

97 G. della Porta, 1589, zit. n. N. Boas, *Die Renaissance der Naturwissenschaft*, Nörtlingen 1988, S. 202

stopfen, die Berge zergehen lassen«[98] könne. Die schwarzen Schafe, für die nicht von ungefähr ein »närrisches Weib« als Typus steht, bringen die ganze Innung in Verruf, die schwarze Magie ruiniert die weiße.[99] Durch »erlogenes, abergläubisches Zeug, verderbliche Erdichtungen«[100] ist die magische Urweisheit verdunkelt worden, daß in der Natur »eine jede Sache nach ihrem ganzen Vermögen, sowohl in ihrer Eigentümlichkeit oder verborgenen Kraft, als in ihrer Beschaffenheit oder elementarischen Kraft, sich zu dem ihr Ähnlichen kehrt und es zu sich zieht. Bisweilen erfolgt diese Hinneigung auch der Substanz nach, denn was lange mit Salz zusammen ist, wird Salz.« »So neigt sich das Feuer zum Feuer, das Wasser zum Wasser, der Kühne zur Kühnheit. Den Ärzten ist es bekannt, daß das Gehirn dem Gehirn, die Lunge der Lunge Heilung bringt. So soll in ungebleichtes Tuch eingenäht und an den Hals gehängt das rechte Auge eines Frosches am rechten, das linke am linken Auge das Augentriefen heilen. Das nämliche sagt man von den Krebsaugen. Die Füße der Schildkröte helfen den am Podagra Leidenden, indem der Fuß an den Fuß, der rechte an den rechten, der linke an den linken gehängt wird, ebenso bei den Händen.«[101] Und spätestens hier ist die magische Urweisheit selbst in »abergläubisches Zeug« übergegangen, die weiße Magie von schwarzer nicht mehr zu unterscheiden. Ebenso wie die weiße über die schwarze hinausragt, ragt die schwarze in die weiße hinein. Im Versuch, beide auseinanderzuhalten, feiert das alte mythische Bild der Echidna fröhliche Urständ. Hier die gottgefällige Erforschung der geheimen natürlichen Ähnlichkeiten, bei der alles mit rechten Dingen zugeht; dort jene aus »verruchter Neugierde«, zu der nur die Anleihe an dämonische Kräfte befähigt. Doch in der gottgefälligen lauert schon die dämonische. Magie ist gleichsam das Weib, das einerseits als »schönäugige und schönwangige Nymphe« dem patriarchalen Geist zu Willen ist, Geist von seinem Geist, andererseits als »gewaltige Schlange, furchtbar und groß, blutgierig sich windend in den

98 Agrippa von Nettesheim, *Geheime Philosophie oder Magie*, Vorrede, S. 5

99 Daß Agrippa und della Porta die Reputation weißer Magie so unterschiedlich veranschlagen, ist Ausdruck ihrer unterschiedlichen Lebenskreise, Renaissanceitalien und Reformationsdeutschland, vielleicht aber auch von Zweckoptimismus und Zweckpessimismus. Beide wollen natürlich dasselbe: die Reputation optimieren.

100 Agrippa von Nettesheim, a. a. O., S. 6

101 A. a. O., I, 15, S. 43

Tiefen der heiligen Erde«[102], derart schrecklich gegen ihn aufbegehrt, daß er nicht nur die Schlange bis aufs äußerste bekämpft, sondern selbst der Nymphe nicht ganz traut, Schlangenreste in ihr argwöhnt, selbst wo er sich beschwichtigen läßt, sie als weiße Magie gewähren zu lassen.

Inquisition und weiße Magie verfolgen dasselbe Ziel: Kampf der dämonischen Bedrohung. Und wie im inquisitorischen Geist selbst steckt, was er bekämpft, so auch in der weißen Magie die schwarze, die sie nicht gelten lassen will. Wie die Inquisition die Ketzerei und Hexerei braucht, um sich ihre eigene Christlichkeit zu beweisen, so braucht die weiße Magie die schwarze, um weiß zu sein. Hexenverfolgung und weiße Magie blühen gleichzeitig, weil in beiden derselbe Wahn steckt. Die Obsession eines allseitigen Bedrohtseins schafft die Obsession einer allseitigen Naturbeherrschung, die furchtbar wütet und in gewisser Hinsicht doch leerläuft. Der Inquisitionsprozeß ist ein Experiment, das den Kriterien der Wiederholbarkeit und Überprüfbarkeit schon in hohem Maße genügt, auf seine Objekte unter gewissen Rahmenbedingungen systematisch einwirkt, bis herauskommt, was man erforschen will – aber die Geheimnisse, die der Natur so entrissen werden, sind bloß die öffentlichen Wahnphantome, die in sie hineinprojiziert wurden. Die Alchimie hingegen macht Experimente, die der Natur wirklich einige Geheimnisse entreißen, hält es aber für »unvernünftig, derartige Dinge allgemein bekanntzumachen«, denn »nicht jedermann ist es gegeben, mit diesen Mysterien im Einklang mit den Erfordernissen der Natur in einer ehrenhaften und zuträglichen Weise umzugehen«.[103] Mit anderen Worten: Sie scheut das Licht der Öffentlichkeit, sei es, weil sie ihren eigenen Resultaten mißtraut, sei es, weil sie deren alleiniger Nutznießer sein will, sei es, weil sie Verfolgung fürchtet. Inquisition und weiße Magie bewegen sich beide auf ihre Weise aufs naturwissenschaftliche Experiment zu; beide kommen nicht an. Beide dienen der zutiefst erschütterten christlichen Seele als Restaurationsmittel, und beide treiben dabei ihre Zerrüttung voran. Der sich selbst nicht wahrhaben wollende Unglaube des Geistes an seine Autarkie: die *Götzendämmerung des Patriarchats* ist es, die sich als wahnhafter Wille zur Naturbeherrschung äußert. Wie dieser Wahn sich in Vernunft zu übersetzen vermochte, ist nun zu zeigen.

102 Hesiod, *Theogonie*, 299f.
103 Tycho Brahe, zit. n. M. Boas, a. a. O., S. 189

4. Selbstentmachtung des Patriarchats

Es ist hier der Ort, einen politischen Zerfallsprozeß zu erwähnen, der der Selbstzerrüttung des christlichen Charakters enormen Vorschub geleistet hat. Als das Papsttum im 11. und 12. Jahrhundert über Könige und Kaiser triumphierte, mochte man es als den leibhaftigen »Beweis des Geistes und der Kraft«[1] ansehen: dafür, daß die christliche Lehre ihre Autorität nicht auf Heeresmacht gründet, sondern auf ihre eigene Göttlichkeit – auf sich selbst. Das Papsttum schien als Wahrzeichen der Autarkie des christlichen Geistes. Es hat sich freilich gezeigt, daß der Sieg der geistlichen Macht über die weltliche faktisch den Aufstieg der geistlichen zur obersten weltlichen bedeutete, und das brachte nicht nur die religiöse Bewegung des 12. Jahrhunderts gegen sie auf, sondern die Stellvertreter Christi in jene Sphäre der Machtpolitik herunter, wo auf Dauer ohne Heeresmacht nichts auszurichten ist. Und während dem Papsttum des 13. Jahrhunderts der Geniestreich gelingt, seine geistliche Autorität in Form der Inquisition in alle Poren der Christenheit vordringen zu lassen, ist seine politische Autorität schon in rasantem Verfall begriffen. Die berühmte Bulle Unam sanctam, die Bonifaz VIII. 1302 erläßt – »die geistliche Macht hat die weltliche einzusetzen und zu richten«; »dem römischen Pontifex untertan zu sein« ist »für jede menschliche Kreatur schlechterdings heilsnotwendig«[2] – ist schon das ahnungsvolle Sich-Sträuben gegen das, was sich anbahnt: daß die französischen Könige, die gar nicht daran denken, sich unterzuordnen, ihrerseits das Papsttum in Regie nehmen, ihre (französischen) Kandidaten bei der Wahl durchdrücken und dafür sorgen, daß länger als ein halbes Jahrhundert (1305–1377) der römische Pontifex im französischen Avignon residiert. Das Papsttum aus der Heiligen Stadt ins Exil verpflanzt, der Angelpunkt der im Namen Christi organisierten

1 1. Kor. 2,4
2 H. Denzinger, a. a. O., Nr. 873 f.

Ständegesellschaft gleichsam außerhalb der Angel – das zeigt an, wie es um die Haltbarkeit dieser Gesellschaft bestellt war, von der Thomas von Aquin noch ein Menschenalter zuvor dekretiert hatte: »Nun ist es aber nicht das letzte Endziel einer in Gemeinschaft verbundenen Gesellschaft, bloß nach der Tugend zu leben, sondern vielmehr durch dieses tugendvolle Leben in den Genuß der göttlichen Verheißungen zu gelangen. Wenn man nun durch die Kraft der menschlichen Natur zu diesem Ziel gelangen könnte, so wäre es notwendigerweise Aufgabe des Königs, die Menschen dahin zu führen.« Da man es aber nur »durch eine von Gott verliehene Kraft erreicht«, obliegt die Führung »den Priestern« »und vor allem dem höchsten Priester, dem Nachfolger Petri, dem irdischen Stellvertreter Christi, dem Papst zu Rom, dem alle Könige des christlichen Volkes untergeben sein müssen wie Jesus Christus dem Herrn«.[3] Die feudale Hierarchie mit dem Papst an der Spitze steht als Unterpfand dafür, daß die Gläubigen »in den Genuß der Verheißungen« gelangen. Das Unterpfand antasten heißt die Sache selbst antasten. Die Politik der Avignon-Päpste ist denn auch ein einziges Dementi des Aus-den-Fugen-Gehens der von ihnen repräsentierten Weltordnung, der unablässige Versuch, ihren offensichtlichen Autoritätsverlust zu kompensieren. Sich die Anerkennung, die man freiwillig nicht mehr bekommt, eigens zu organisieren: das ist die geheime Devise ihres Wirkens – und die entscheidende Maßnahme hierzu der Aufbau eines Verwaltungsapparats, der seinesgleichen nicht hat. Sein Hauptzweck: die Vergabe aller einträglichen kirchlichen Ämter zentral zu regeln, die Verleihung jedes Bistums, jedes Klosters, jeder nennenswerten Pfründe zu einem Akt zu machen, für den man dem Heiligen Stuhl eine besondere Ehre zu erweisen, den man zu *honorieren* hat – mit Geld. Lehen kommt von Verleihen. Die kirchlichen Lehensträger bekamen – wie die weltlichen – ihr Amt, ihre Würde, das dazugehörige, gewöhnlich von Bauern für sie bewirtschaftete Land verliehen. Gegenleistung hierfür war zunächst nur die persönliche Ergebenheit, bei weltlichen Lehensmännern als Gefolgschaftstreue im Kriegsfall, bei geistlichen als Gehorsam in Glaubensdingen. Weil die Geistlichen keine Erben hatten, die auf Fortsetzung der Verleihung in der nächsten Generation drängten, fiel ihr Lehen oder Benefizium mit ihrem Tod

3 Thomas von Aquin, *Über die Herrschaft der Fürsten*, übers. v. F. Schreyvogl, Stuttgart 1981, S. 54f.

anstandslos an die Kirche zurück, und die Päpste konnten durch geschickte Vergabe von Bistümern eine den Kaisern durchaus überlegene Ergebenheitspolitik betreiben, die den Schein des Nur-auf-sich-selbst-gegründet-Seins der geistlichen Autorität klug zu verstärken wußte.

Avignon bedeutet einen Einschnitt. Hier schlägt die Ergebenheitspolitik offen in Finanzpolitik um. Und der sie erstmals in großem Stil betreibt, eine enorme »apostolische Kanzlei« beschäftigt, wo »Notare, Referendare, Abbreviatoren, Skriptoren, Korrektoren, Registratoren, Bullatoren«[4] emsig Eingaben registrieren, Bittschriften bearbeiten, Zahlungsverpflichtungen überwachen – ist Johannes XXII. Und dies waren die Hauptaufgaben: »Bistümer und Klöster mit einem Jahreseinkommen über 100 Goldgulden wurden anläßlich der Besetzung durch die Kurie zum Servitium herangezogen. Es betrug ein Drittel des ersten Jahreseinkommens«. Annaten hießen »von allen vakanten oder vakant werdenden Benefizien« »die Einkünfte des ersten Jahres«. »Als pflichtig galten Benefizien mit einem Einkommen über 24 Goldgulden. Da die Annaten der päpstlichen Kasse ungeteilt zufielen, gehörten sie zu den sichersten Einkommensquellen und erreichten meist die Höhe der Servitien.« »War das *subsidium caritativum* anfänglich eine freiwillige Leistung für eine bestimmte Sache, so wurde auch es im Laufe des 14. Jh. in seiner Höhe normiert und zur Pflicht gemacht, jedoch meist lokal begrenzt eingefordert, vor allem für die dauernden Kriege in Italien. Ein von Johann XXII. in französischen Bistümern verlangtes Subsidium erbrachte Summen zwischen 200000 und 300000 Goldgulden.«[5] Nicht zu reden von den laufenden »Taxen, Sporteln und erheblichen Trinkgeldern«[6], ohne die die Bewerbung um ein Benefizium aussichtslos war. »Im Unterschied zu der Verwaltung der einzelnen Staaten zeigt die Kurie ein durchaus internationales Gepräge, ein stetes Gehen und Kommen aus und nach allen Gegenden der Christenheit. Und diese Geschäfte wurden schon seit dem 13. Jh. meist von großen Handelsunternehmungen abgewickelt«, vornehmlich von »Florentiner Großkaufleuten«. Schnell »wurde Avignon zu

4 K. A. Fink, ›Die Kurie in Avignon‹, in: *Handbuch der Kirchengeschichte*, Bd. III/2, Freiburg 1985, S. 418

5 K. A. Fink, ›Die Kurie in Avignon‹, a. a. O., S. 420 f.

6 A. a. O., S. 418

einem erstrangigen Handelsplatz«, »wo die meisten großen Handelshäuser ihre Kontore einrichteten«[7].

Was hier geschieht, hat epochale Folgen. Um ihre alte Autorität wiederherzustellen, verbündet sich die Kirche mit dem Neuesten: dem in den Städten in wenigen Händen massenhaft aufgehäuften Kaufmannskapital. Während dies nun aber vornehmlich durch den Erwerb, Transport, Verkauf kostbarer Stoffe und Rohstoffe, von Seide, Gewürzen, Edelmetallen etc. zustande gekommen ist, läßt die Kirche, animiert durch das Vorbild und die Dienstleistungen der Großkaufleute, den Handel auf eine Sphäre übergreifen, auf die kein Kaufmann Zugriff hat: den Grundbesitz. Indem der Bewerber um ein Lehen Bestechungsgelder, die nur nicht so heißen, entrichten muß, und im Erfolgsfall eine Pacht, die ihn unter verschiedenen Namen, Annaten, Servitien, Subsidien ständig an dasselbe erinnert, nämlich wer die höchste Autorität auf Erden ist, indem die Kurie sich auf diese Weise wie nie zuvor zur Zentralgewalt setzt, versetzt sie zugleich der von ihr repräsentierten Weltordnung den entscheidenden Stoß. Denn auf Ackerbau, Handwerk und Lebensverhältnisse ist diese Gesellschaft gegründet, zu ihrem Christlichsein gehört die Deutung des Lehens als einer Gnadengabe, die der Höhere im Namen Christi verleiht, der Geringere als Zeichen seines Standes empfängt und die zwischen Geber und Empfänger ein Abbild jenes Treueverhältnisses herstellt, das zwischen Christus und der gläubigen Seele walten soll. Sobald Lehen käuflich werden, ist es um das Christliche darin geschehen. Und deshalb hat die Kirche den Ämterkauf, die sogenannte Simonie, schärfstens verboten. »Wenn jemand eine Gabe, sei es ein Priorat oder Dekanat oder eine Ehre oder kirchliche Beförderung oder irgendein kirchliches Sakrament (...) durch Geld erworben hat, so entbehrt das schlecht Erworbene der Ehre, und Käufer, Verkäufer und Vermittler werden mit dem Mal der Schande geschlagen.«[8] In Avignon beginnt nun die Kurie ihr eigenes Simonieverbot auf eine Weise zu unterlaufen, für die die theologische Subtilität des göttlichen Thomas das Schlupfloch bezeichnet hat: »Über die Vergabe von Benefizien aber ist folgendes zu wissen: Wenn der Bischof, bevor er jemandem ein Benefizium darbot, aus irgendeinem Grund anordnete, es sei von dem Ertrag des zu gewährenden Benefiziums etwas

7 A. a. O., S. 423
8 II. Laterankonzil, 1139, zit. n. H. Denzinger, a. a. O., Nr. 715

abzuführen und für fromme Zwecke zu zahlen, so ist das nicht unerlaubt. Wenn er aber von dem, dem er das Benefizium darbietet, verlangt, daß ihm selbst etwas vom Ertrag jenes Benefiziums ausgezahlt wird, so ist das, als triebe er sonst eine Abgabe von ihm ein und entbehrt nicht der Verfehlung der Simonie.«[9] Wie aber, wenn der frömmste Zweck die Honorierung der Kurie ist, der Ehrerweis gegen die päpstliche Autorität, gegen die man gar nicht ehrerbietig genug sein kann? Diese Möglichkeit verwandeln die Avignon-Päpste systematisch in Wirklichkeit und machen aus der Lehensvergabe das Kunststück eines über jeden Simonieverdacht erhabenen Geschäfts mit Ämtern und Würden. Die Summen, die sie so aufhäufen, sehen aus wie Kaufmannskapital und sind doch schon einen entscheidenden Schritt weiter; sie haben nämlich nicht nur Rohstoffe und Produkte zu Waren gemacht, sondern auf den Grund und Boden, der sie hergibt, übergegriffen. Dieser Übergriff ist die ökonomische Geburt der Neuzeit. Wo Grund und Boden selbst gegen Geld vergeben, in den Tauschprozeß gezogen, zur Ware wird[10], ist es nur eine Frage der Zeit, daß auch das zu seiner Bearbeitung Notwendige, menschliche Arbeitskraft und Werkzeug, Warenform annimmt und Kapital nicht länger bloß das Medium darstellt, das den Austausch von Gebrauchsgütern regelt, sondern schon deren Herstellungsprozeß in Regie nimmt, sich seine eigenen materiellen Voraussetzungen unterwirft und zu einer Macht wird, die den gesamten Gesellschaftsprozeß durchdringt.

Davon ist vorerst noch nichts zu sehen. Erst Jahrhunderte später wird spürbar werden, welch epochale Schwelle in Avignon überschritten wurde. Zunächst einmal ist die Finanzpolitik, die die Päpste dort betreiben, als das zu nehmen, als was sie sich gibt: als theologische Maßnahme. Sich als Zentralgewalt organisieren, sich der Ehrerbietung und Unterordnung der gesamten Christenheit durch Honorare versichern, der eigenen Wichtigkeit durch Prachtentfaltung: das gehört zu den Abwehrmaßnahmen gegen die allseitige häretisch-dämonische Bedrohung, der sich die Kirche am Übergang zum 14. Jahrhundert ausgesetzt sieht. Im Aufbau einer päpstlichen Verwaltungsapparatur steckt der gleiche Impuls zur Selbstvergewisserung und Naturbeherrschung,

9 Thomas von Aquin, *Summa theologica*, II, 2, q. 100 a. 4 ad 3

10 Daß die Lehensträger ihn gleichsam pachten, noch nicht kaufen, ändert an seinem faktischen Ware-Werden nichts.

der auch die Inquisition formierte: jedem Sträuben gegen die Autorität und Autarkie der obersten geistlichen Macht auf die Schliche zu kommen, die Lehensträger durch Geldforderungen zum Dauergeständnis ihrer Ergebenheit zu zwingen und den Grad ihrer Geständigkeit durch Buchführung zu überprüfen. Johannes' XXII. extreme Furcht vor Zauberei und sein extremes Verwaltungsbedürfnis[11] wollen dasselbe: die dämonische Bedrohung an keiner Stelle aufkommen lassen. Auch ihrer Hierarchie muß sich die Kirche versichern. »So wurden am 5. Juli 1328 ein Patriarch, fünf Erzbischöfe, dreißig Bischöfe und sechsundvierzig Äbte als der Suspension, Exkommunikation und dem Interdikt verfallen verkündet wegen Nichtbezahlung der Servitien.«[12] Die Verweigerung oder Verzögerung des Honorars rückt mit Ketzerei und Zauberei zusammen. Geld bekommt unterderhand theologische Dignität. Instinktiv wird an höchster Stelle erahnt, daß jenem eigenartigen Medium, von dessen Potenz der Erfolg der Großkaufleute keinen schlechten Geschmack gibt, eine entdämonisierende Kraft innewohnt. Was gegen Geld gegeben oder genommen wird, tritt in die Sphäre der Berechenbarkeit, Handhabbarkeit, Verfügbarkeit ein. Was sich in Quanta umrechnen läßt, verliert seinen Zauber. Und wo Zauber dämonische Bedrohung bedeutet, nicht Aura, und Geld als Mittel der Teufelsabwehr fungiert, da ist »Entzauberung der Welt« eine theologische Veranstaltung: Abwehrzauber gegen den dämonischen Zauber, den das schlechte Gewissen in der christlichen Seele veranstaltet, nicht, wie eine hartnäckig sich haltende Lehrmeinung weismachen will, »Ausschaltung der Magie als Heilsmittel«[13], Säkularisierung. Um *Wiederherstellung* der christlichen Lehre, Seele, Kirche ist es zu tun – und Johannes XXII. der Typus, der uns exemplarisch zeigt, daß Entzauberung *zwei* Seiten hat: eine inquisitorische und eine ökonomische. Deren strukturelle Ähnlichkeit frappiert. Mit Lehen ein Geschäft machen, um die kirchliche Autorität zu restaurieren, ist das sichere Mittel, sie zu

11 Wie kein anderer Papst seiner Epoche mischt er sich auch persönlich ein; in »Randbemerkungen zu eingeforderten Gutachten« und »in Entwürfen zu politischen Schreiben« ist seine »schwer lesbare Schrift an zahlreichen Stellen erhalten« (K. A. Fink, ›Von Johann XXII. zu Clemens VI.‹, in: *Handbuch der Kirchengeschichte*, a. a. O., S. 392).

12 K. A. Fink, ›Die Kurie in Avignon‹, S. 424

13 M. Weber, *Die protestantische Ethik und der Geist des Kapitalismus*, in: ders., *Gesammelte Aufsätze zur Religionssoziologie* I, Tübingen 1920, S. 114

zersetzen. Wo Lehen zu ökonomischen Rechnungsposten, zu Waren werden, hören sie auf, Lehen zu sein, beginnt die Agonie der auf Lehensverhältnisse gegründeten Gesellschaft. Wie die Inquisition beim zwanghaften Versuch, den christlichen Charakter rein und fest zu machen, seine Zerrüttung betreibt, so auch hier: Was Selbsterhaltung und Selbstvergewisserung bescheren soll, bewirkt Selbstzerstörung. Johannes XXII. steht aber nicht nur für das Zugleich von inquisitorischer und ökonomischer Entzauberung der Welt, sondern auch dafür, daß beide Seiten ihrer Zusammengehörigkeit vorerst nicht gewahr werden. Wie Inquisition und weiße Magie, so laufen auch Inquisition und Quantifizierung zunächst nebeneinander her. Die großen Hexenverfolgungen stehen noch bevor. Mit dem Ware-Werden der Lehen, dem Übergriff des Kapitals auf die Produktionsbedingungen, scheinen sie nichts zu tun zu haben. Die entdämonisierende Kraft des Quantums wird erst vage geahnt. Daß sie einmal dazu führen könnte, Naturbeherrschung anders zu versuchen als durch wahnhaftes, gewaltsames Geistförmigmachen der Natur, daß das Übersetzen von Naturphänomenen in meßbare Quanta viel besser die Angst vor einer weiblichdämonischen Universalbedrohung wegarbeiten könnte als das Quälen wehrloser Frauen, daß die Quantifizierung, die der christlichen Weltordnung den Garaus macht, gleichwohl der Zerrüttung der christlichen Seele Einhalt gebieten, ihr einen gewissen Halt, gar einen anderen Charakter geben könnte: dies alles liegt noch außerhalb des Gesichtskreises. Es dauert noch gut zwei Jahrhunderte, bis es spruchreif wird, bis inquisitorische und ökonomische Entzauberung der Welt so ineinandergreifen, daß das entspringt, was wir die Moderne nennen. Ihr Entspringen und was darin verschwindet: dies Doppelte stellt keiner authentischer dar als Francis Bacon.

Sein Werk erschließt sich am besten von einem Begriff aus, in dem er gleichsam alle Fäden der Vergangenheit zusammenlaufen läßt: Idolum (griechisch: Eidolon). Das kann Schattenbild, Trugbild bedeuten. Platon nennt im berühmten Höhlengleichnis die Spiegelbilder auf der Wasseroberfläche Idole; sie verhalten sich zu den wirklichen Dingen ebenso unstet und trügerisch wie diese sich zu den ewigen Ideen, von denen sie wiederum bloß ein mattes, vergängliches Abbild sind.[14] Idol kann aber auch Götzenbild oder Götze heißen. Paulus spricht von den

14 Platon, *Politeia*, 516 a

»stummen Idolen«[15], zu denen es die Korinther »unwiderstehlich hinzog«, bevor sie Christen wurden. Bacon führt beide Bedeutungen zusammen und auf ein Drittes zurück: den menschlichen Geist. Idole sind all die Truggebilde, die er ausgebrütet hat und die ihn gefangenhalten. Das Besessensein von seinen eigenen Gespinsten ist der Fluch, unter dem er seit alters her steht und gegen den nicht einmal der Segen der christlichen Lehre genügend aufkam. Diese Gespinste können primitiver Aberglaube, ausgekochte Häresie, aber auch das hochspekulative Begriffsnetz eines Platon und Aristoteles sein. Gemeinsam ist ihnen, den Menschen abzuziehen von dem, was ihm zum Heil gereicht: vom Einklang mit der Realität. »Deine Philosophie, Platon, war bloß geistiger Abfall aus zweiter Hand – poliert und zusammengewürfelt.« »Durch deine vagen Induktionen brachtest du den Geist der Menschen von seiner Bestimmung ab«; »als du unsern Geist weg von der Beobachtung, weg von den Dingen wendetest, denen wir unmöglich jemals genügend Aufmerksamkeit und Respekt entgegenbringen; als du uns lehrtest, unsern Geist nach innen zu wenden und vor unsern eigenen blinden und verworrenen Idolen unter dem Namen kontemplativer Philosophie zu kriechen, da wahrlich versetztest du uns einen tödlichen Schlag.« Und Aristoteles »machte uns zu Sklaven von Worten«. Es »war an seinem Busen, wo jene gewitzten Oberflächler ausgebrütet und genährt wurden, die sich wegwendeten von der Umseglung unseres Globus, vom Licht der Natur und von der Geschichte«. »Doch er, ihr Diktator, ist mehr zu beschuldigen als sie. Er bewegte sich noch im Tageslicht ehrlicher Forschung, als er seine dunklen Idole aus unterirdischer Höhle heraufbeschwor. Er machte eine Sammlung von bemerkenswerten Beobachtungen, aber darüber spann er wie Spinnweben etwas, was er uns als Kausalverknüpfungen weismachen wollte«[16] – und was doch nur in sich versponnene, haltlose Gedankenbewegung war. Sie »besteht aus Sätzen, die Sätze aus Wörtern, die Wörter sind Zeichen für Begriffe. Sind nun die Begriffe selbst, worauf es eigentlich ankommt, verworren und oberflächlich von den Dingen abstrahiert, so

15 1. Kor. 12,2

16 F. Bacon, *Temporis Partus Masculus*, übers. v. B. Farrington, *Centaurus* 1, 1951, S. 198

hat Das, was darauf gebaut ist, keinen Haltepunkt«[17]. Indem Platon und Aristoteles ihr logisches Gespinst für ein Konzentrat der Wirklichkeit ausgeben, tun sie subtil und verschlüsselt, was gewöhnliche Zauberer, Häretiker, Heiden plump und offensichtlich tun: Götzenbilder aufstellen, Geister aus unterirdischen Höhlen heraufbeschwören.[18] Waren im 13. Jahrhundert Häresie und Zauberei zu *einem* Verbrechen zusammengezogen worden, weil man in beiden die gleiche Verfehlung der Wahrheit, die gleiche Dämonenergebenheit argwöhnte, so sieht Bacon die Verfehlung noch viel weiter reichen: Schon die unverantwortliche, vorschnelle Begriffsbildung, die nicht aus der Versenkung in die wirklichen Dinge hervorgeht, sondern an deren Stelle tritt, ist, bei Lichte besehen, Spukbildung, Götzendienerei.

Bacon geht weiter als je die Inquisition. Schon den Umgang mit unscharfen, durch zweifelhafte Abstraktionsverfahren gewonnenen Begriffen der Abgötterei zu bezichtigen, hat sie sich denn doch nicht getraut. Wen hätte sie dann noch ausnehmen können? Bacon getraut sich, weil er anders vorgeht als sie: weniger auf Bekämpfung idolbesessener Menschen aus ist als darauf, dem Mechanismus der Idolbildung selbst auf die Schliche zu kommen. Er beginnt eine Ursachenforschung, eine psychologische Erkundung der Verstandestätigkeit von fast Nietzscheschem Zugriff. »Der menschliche Geist setzt gern eigenthümlich bei den Dingen eine größere Ordnung und Gleichheit voraus, als darin wirklich zu finden ist; und obgleich in der Natur Manches einzeln dasteht und unter einander verschieden ist, dichtet er gern Parallelen und

17 F. Bacon, *Novum Organon*, I, 14, zit. n. d. Übers. v. A. Th. Brück, *Neues Organ der Wissenschaften*, 1830, Neudruck Darmstadt 1974, S. 28

18 So gesehen ist der berühmte Universalienstreit, im ausgehenden Mittelalter so etwas wie der universitäre Diskurs schlechthin, ein Streit zwischen »Sklaven von Worten«. Ob man »Begriffsrealist« ist, d. h. den Begriffen des menschlichen Verstandes zutraut, realer, authentischer Ausdruck der Dinge, ihres inneren Wesens, dessen, was Aristoteles Eidos nennt, zu sein; oder ob man »Nominalist« ist, nämlich Begriffe für bloß äußerliche Benennungen, Namen hält, die ans Eigentliche gar nicht heranreichen: ist das mehr als ein Verbalunterschied? Beide Parteien klammern sich doch bloß an dieselben Gespinste und benennen sie nur anders. Die eine will den Gespinstcharakter ihrer Theoreme nicht wahrhaben, die andere will ihn nicht loswerden. Der wahre Begriffsrealismus, wo der Verstand nur noch mit erfahrenen, realitätsgesättigten Begriffen arbeitet, ist überhaupt erst zu begründen – dasjenige, worauf Bacon hinaus will.

correspondirende Verhältnisse, die nicht vorhanden sind.«[19] Er »führt, vermöge seiner eigenthümlichen Natur gern auf abstracte Sätze; ja, alles Unbeständige denkt er sich beständig«[20]. »Hat der menschliche Verstand einmal an Etwas Gefallen gefunden (es sei nun, weil er es einmal so glaubt und angenommen hat, oder weil es ihm Vergnügen macht), so zieht er alles Uebrige mit Gewalt hinein, damit zusammenzustimmen.«[21] »Dieser Philosoph wähnte die Welt ›erkannt‹, als er sie auf die ›Idee‹ zurückgeführt hatte: ach, war es nicht deshalb, weil ihm die ›Idee‹ so bekannt, so gewohnt war? weil er sich so wenig mehr vor der ›Idee‹ fürchtete? – Oh über diese Genügsamkeit der Erkennenden! man sehe sich doch ihre Prinzipien und Welträtsel-Lösungen darauf an! Wenn sie etwas an den Dingen, unter den Dingen, hinter den Dingen wiederfinden, das uns leider sehr bekannt ist, zum Beispiel unser Einmaleins oder unsere Logik oder unser Wollen und Begehren, wie glücklich sind sie sofort! Denn«[22] »der Mensch glaubt leicht, was er gern will. So übergeht er das Schwierige, weil er beim Untersuchen die Geduld verliert; das Nüchterne, weil es seine Hoffnungen beengt«; »ungewöhnliche Ansichten endlich wegen der herrschenden Meinung; kurz, auf unendliche und oft unerklärliche Weise überwältigen und vergiften unsere Neigungen die klare Ansicht.«[23] Man bemerkt das eingemogelte Nietzsche-Zitat kaum, so radikal vernunftkritisch argumentiert Bacon, wo er jene Idolanfälligkeit aufs Korn nimmt, mit der er die menschliche Gattung insgesamt, gleichsam von Natur aus, geschlagen sieht, wo er selbst in den scheinbar rein logischen Operationen der Synthesis, Subsumtion, Abstraktion, Analogie noch andere als nur logische Kräfte wahrnimmt und entdeckt, daß der menschliche Verstand sogar durch sein eigenstes Tun irregeführt werden kann, nicht nur »durch die Stumpfheit, Unzulänglichkeit und den Trug der Sinne«[24]. Zur allgemeinen Idolanfälligkeit treten besondere hinzu: die Eigenheit der Individuen in Temperament, Charakter, Begabung nicht minder als der Eigensinn der Sprache. »Die Menschen glauben nämlich, ihre Vernunft

19 F. Bacon, *Novum Organon*, I, 45, S. 34
20 A. a. O., I, 51, S. 37
21 A. a. O., I, 46, S. 34
22 F. Nietzsche, *Die fröhliche Wissenschaft*, S. 222 f.
23 F. Bacon, *Novum Organon*, I, 49, S. 36
24 A. a. O., I, 50, S. 36

führe die Herrschaft über die Worte; allein nicht selten beherrschen gegentheils die Worte den Sinn«. Sie »werden meist im Sinne des Haufens geprägt und begrenzen die Dinge der gemeinen Fassungskraft gemäß«[25], und was einzelne Worte im Kleinen tun, veranstalten »theoretische Fabeleien und verdrehte Beweismethoden«[26] im Großen; der philosophische Disput ist die »Bühne« der Idole.

Bacon ist unerhört forsch gegen Idole, weil er sie – anders als Nietzsche – für besiegbar hält. »Allen müssen wir strenge und feierlich für immer entsagen, den Verstand reinigen und frei machen, indem ins Reich der Menschen auf Erden, welches in der Wissenschaft begründet ist, Niemand anders eingehen kann als ins Himmelreich, nämlich dadurch, ›daß er werde wie die Kinder.‹«[27] Fundierung der Wissenschaft und Sicherung des Seelenheils: beide bedürfen derselben Selbstbesinnung und Selbstreinigung des Geistes, seines Rückgangs in eine neue Unschuld. Von der schneiden ihn die Idole ab, indem sie ihn von der lebendigen Natur abschneiden, sich wie ein Netz um ihn legen, ihn in das verstricken, was er selbst gestrickt hat. Der selbstgenügsam in seine eigenen Gespinste versponnene Geist ist gerade der seiner selbst *nicht* mächtige, sondern ein besessener. Seine Autarkie ist Schein. Sich selbst gewinnen kann er nur, wenn er nicht bei sich selbst bleibt, sich vielmehr als »Diener und Ausleger der Natur«[28] erkennen lernt. Den Weg dorthin zu bahnen, daß jeder durchschnittliche Verstand ihn zu gehen vermag: das ist der Sinn der naturwissenschaftlichen Methodologie, die Bacon entwirft. »Vor allen Dingen muß eine tüchtige Naturgeschichte geschaffen und durch Experimente begründet werden.«[29] Erster Schritt: »so geordnete Tabellen und Unterabtheilungen des Vorhandenen entwerfen, daß der Geist es umfassen kann«[30]. Zum Beispiel alle Phänomene registrieren, »denen die Natur des Warmen gemeinschaftlich ist. 1) Die Sonnenstrahlen, vorzüglich im Sommer und mittags.

25 A.a.O., I, 59, S. 39f. Auch das ist fast Nietzsche: »Die Sprache, scheint es, ist nur für Durchschnittliches Mittleres, Mitteilsames erfunden. Mit der Sprache *vulgarisiert* sich bereits der Sprechende.« (F. Nietzsche, *Götzendämmerung, Werke*, Bd. IV, S. 1005)
26 A.a.O., I, 61, S. 41
27 A.a.O., I, 68, S. 49
28 A.a.O., I, 1, S. 26
29 A.a.O., II, 10, S. 107
30 Ebd.

2) Die reflectirten Sonnenstrahlen und die concentrirten (...) 3) Feurige Meteore. 4) Brennende Blitze. 5) Feuerspeiende Berge. 6) Flamme überhaupt. (...) 8) Natürliche warme Quellen, 15) Der Funke durch Reibung von Stahl und Stein (...) 21) Pferdemist u. a. frische animalische Excremente. (...) 25) Gewürze und hitzige Kräuter (...) 26) Starker Essig und alle Säuren (...) 28) Manches Anderes.«[31] Zweiter Schritt: Dinge registrieren, »welche jenen erstern verwandt scheinen und doch ihre Eigenschaft nicht besitzen«. »Die Strahlen des Mondes, der Sterne, der Kometen geben nicht das Gefühl der Wärme«. »Die Sonnenstrahlen erhitzen nicht in der mittlern sogenannten Luftregion«. »Man versuche genau, ob Mondstrahlen durch die stärksten Brennspiegel concentrirt, irgendeinen Wärmegrad geben.« »Man halte ein Brennglas über einen warmen Körper, der jedoch nicht strahlend oder leuchtend sei (...) und beobachte, ob dadurch die Wärme wie durch Sonnenstrahlen vermehrt werde.« »Es gibt Blitze, welche nur leuchten, nicht brennen«. »Feuerspeiende Berge findet man sowol in kalten als warmen Ländern«. »Keine benetzende Flüssigkeit ist und bleibt ihrer Natur nach beständig heiß«[32] etc. Erst nach Durchlaufen dieser Prozedur ist der dritte Schritt, ein erstes Messen und Quantifizieren, erlaubt; eine »Tabelle der Grade oder der Vergleichung« vermerkt nun die Dinge, »die wirklich oder fühlbar warm sind, und deren Grade«[33]. Diese drei Tabellen sind umständlich genug – und doch nur die Vorhut. »Hierauf folgt dann die *Induction* selbst. Es muß nämlich über alle Erscheinung hinaus eine solche Wesenheit in den Eigenschaften aufgefunden werden, welche mit diesen kommt und geht, wächst und schwindet«[34]. Verschiedene Wärmearten und -grade verraten noch nicht, was Wärme an sich ist. Dies aber, nämlich was die Dinge selbst sind, ihr inneres Wesen: *das* muß der Geist erschließen, wenn er nicht in sich verschlossen, bei seinen Gespinsten bleiben will. Und der Weg dorthin ist unerhört mühsam; denn »nur Gott, dem Schöpfer der Dinge, oder vielleicht auch andern höhern Wesen steht es zu, die Formen durch die erste unmittelbare Anschauung positiv zu begreifen, was gewiß über Menschenkräfte hinausgeht, denen nur vergönnt ist, durch

31 A.a.O., II, 11, S. 107ff.
32 A.a.O., II, 12, S. 109ff.
33 A.a.O., II, 13, S. 119
34 A.a.O., II, 15, S. 127

Negativen vorzurücken und endlich die, allem Widerspruche überhobne Affirmative festzustellen«[35]. Induktion ist der Umweg der Negation: geduldiges Ausschließen all dessen, was nicht zur Sache selbst gehört, bis sie endlich ungetrübt hervortritt. Wie man das erscheinende Metall von der Schlacke trennt, so soll man, wenn man beharrlich bleibt, auch das Wesen der Dinge gleichsam entschlacken, rein herauspräparieren können. Bacon weiß, daß er noch weit davon entfernt ist, daß er nicht viel mehr als erste Anleitungen dazu gibt, daß die Definitionen, zu denen er sich durch Induktion vorarbeitet, bloß eine »erste Lese«[36], ein Zwischenergebnis, noch längst nicht die gelungene Wesenserschließung sind; aber die verheißungsvollen Anfänge sind ihm Unterpfand fürs Erreichen des Ziels. Induktion ist ganz emphatisch gemeint: als Hineinführen ins unverstellte, unversehrte Innere der Dinge. Sie soll »dem menschlichen Geiste einen reinen Abdruck des Lebens, wie es *ist*, nicht aber wie es der *Verstand sich ersinnt*, geben«[37].

Der naive Realismus, dem Bacon hier frönt – als könne der Intellekt die Realität pur, ungefiltert durch Wahrnehmungs- und Begriffsvermögen, in sich aufnehmen, all seine Filter wegschieben und doch Intellekt bleiben – ist nur die Kehrseite seiner radikalen Vernunftkritik. Beide wollen auf dasselbe hinaus: einen Zustand, wo der Geist nicht länger von der Realität abgezogen, zur Abstraktion verdammt ist, sondern erfüllt von lebendiger Natur, als höchster Exponent ihrer Kräfte selbst die Kraft wird, die den alten biblischen Namen der Gottesebenbildlichkeit endlich verdient. »Das wahre Ziel des Wissens ist (...), die Hoheit und die Macht des Menschen (denn sobald der Mensch fähig sein wird, die Geschöpfe bei ihrem wahren Namen zu nennen, wird er sie beherrschen), die er im Urzustande der Schöpfung hatte, wiederherzustellen und ihm größtenteils wiederzugeben.«[38] Bacons Wissenschaftsmethodologie entpuppt sich als Umleitung der Theologie. Auf einem Gebiet, wo sie gar nicht heimisch ist, nämlich auf dem der Erfindungen, bahnt sich derart Verheißungsvolles an, daß es wie ein Fingerzeig Gottes anmutet. Was haben »die *Buchdruckerkunst*, das *Schießpulver* und die

35 Ebd.
36 A.a.O., II, 20, S. 131
37 A.a.O., I, 124, S. 91
38 F. Bacon, *Valerius Terminus. Von der Interpretation der Natur*, hg. v. F. Träger, Würzburg 1984, S. 43

Magnetnadel« nicht alles bewirkt: »Sie haben den Wissenschaften, der Kriegskunst und der Schiffahrt eine ganz neue Gestalt verliehen, und hieraus ist eine solche Umänderung in unzähligen andern Dingen erfolgt, daß keine Staatsumwälzung, keine Religion, keine Constellation einen durchgreifendern Einfluß in die menschlichen Angelegenheiten hätte haben können als diese drei mechanischen Erfindungen.«[39] Ein idolbesessener Kopf bringt dergleichen nicht zustande. Erfindungen sind Erweis und Lohn eines realitätstüchtigen Geistes: gelingen nur, wenn die wirkliche Natur mitmacht. Im Gegensatz zu »Staatsverbesserungen«, wo es »meist nicht ohne gewaltsame Erschütterungen« abgeht, verbreiten sie zudem »Glück und Heil, ohne Jemand zu beeinträchtigen oder zu betrüben. Auch ist ja Erfinden gleichsam ein neues Schaffen und eine Nachahmung der göttlichen Urkraft«[40]. Vorerst hat sie freilich noch den Mangel, daß »keine Philosophie, keine Verstandesoperation, sondern der Zufall«[41] sie lenkt. Das soll aufhören. Die Induktionsmethode soll System ins Erfinden bringen, die Naturforschung so gestalten, daß unweigerlich große Erfindungen dabei herausspringen. Aus vereinzelten Glücksfällen soll ein wissenschaftlich gesichertes Glück für die ganze Menschheit werden.

Indem Bacon den großen Erfindungen seiner Zeit einen theologischen Hintersinn abgewinnt, sie als Symbol und Vorklang des paradiesischen Einklangs von Geist und Natur deutet, hebt er ein Stück weit ans Licht, was man den seelischen Geheimprozeß seiner Epoche nennen könnte, der wie ein seiner selbst nicht bewußtes Aufatmen vonstatten geht. Was die christliche Lehre aus eigener Kraft nicht vermag, das bietet unverhofft die Natur dar: einen Halt, der den Zerrüttungsprozeß der christlichen Seele aufhält. Vorhanden war dieser Halt schon lange, nur die christliche Seele noch nicht desolat, nicht reif genug für ihn. Er bietet sich ihr nämlich nur, sofern sie aufhört, die Natur theologisch zu vergewaltigen: in Anerkennung ihrer Eigengesetzlichkeit. Der Versuch, die Natur unmittelbar in Einklang mit der christlichen Lehre zu setzen, ihr jedes Sträuben gegen sie auszutreiben, war zwar die Begründung systematischer Experimentalwissenschaft, aber als Wahn: unter Absehung von den natureigenen Kräften. So kommt man nie zum Ein-

39 A. a. O., I, 129, S. 96
40 A. a. O., I, 129, S. 95
41 A. a. O., I, 109, S. 81

klang von Geist und Natur. Dem muß man anders nachhelfen: durch Absehen von der christlichen Lehre und Hinsehen auf die Natur. Der Ausspruch des Albertus Magnus, »daß mich Gottes Wunder nichts angehen, wenn ich Naturkunde treibe«[42], wird bei Bacon zu einer List der Theologie gegen sich selbst. Indem sie von sich selbst absieht und gleichsam untertaucht in Naturforschung, betreibt sie ihre eigenste Sache besser denn je. Induktion, die sich am Eigensinn der Natur orientiert und dabei um Theologie nicht schert, schafft, was theologische Inquisition stets vergeblich versucht hat. Hier wird wirklich, durch Erfahrung und Erfindung, die Natur dem Geist gefügig, hier findet die wahre Dämonenaustreibung statt. »Das wahre Ziel der Wissenschaften« ist nämlich »die Bereicherung des menschlichen Geschlechts mit neuen Kräften und Erfindungen«[43], und jede erkannte und menschlicher Verfügung dienstbar gemachte Naturkraft hat sich in eine Kraft des Geistes verwandelt – aufgehört, ihn zu bedrohen. Indem er sich so die verborgenen Kräfte der Natur zueignet, entdämonisiert er sie, kräftigt sich zur Gottesebenbildlichkeit und wirkt gerade auf diese Weise als treuer Sohn der Bibel und Kirche, der nichts mehr zugute kommt als eine ihren eigenen Weg gehende Naturforschung. Induktion ist fruchtbar gemachte Inquisition, Naturwissenschaft das Inkognito und der Jungbrunnen der Theologie. Darin untertauchen ist die Methode, frisch und gestärkt zu sich zurückzukehren.[44]

Nicht verwunderlich, beim Vorkämpfer einer neuen Epoche alte Bekannte anzutreffen: Hexen. Deren Ausrottung lag vor allem König Jakob I. von England sehr am Herzen, und seinen ihm ergebenen Lordkanzler sehen wir in diese Intention sehr unschön verwickelt. In seiner Funktion als Ankläger am Obersten Gerichtshof sagt Bacon: »Auf Hexerei stand nach früherem Gesetz nicht Todesstrafe, außer bei wirklicher und grober (ungeheuerlicher) Beschwörung böser Geister, Pakt-

42 Albertus Magnus, a. a. O., S. 6

43 F. Bacon, *Novum Organon*, I, 81, S. 60

44 Ein Mißverständnis die Auffassung, Bacon habe »dreihundert Jahre vor Max Weber dessen Lehre von der ›Wertfreiheit der Wissenschaften‹ gewissermaßen calvinistisch sanktioniert« (Ph. Rippel, ›Francis Bacons allegorische Revolution des Wissens‹, in: F. Bacon, *Weisheit der Alten*, Frankfurt am Main 1990, S. 108). Umgekehrt: Der Eigensinn der Naturwissenschaft wird theologisch aufgeladen. Luthers Glaube war Selbstvermummung der Vernunft, Bacons Naturwissenschaft ist Selbstvermummung der Theologie.

schluß mit ihnen oder bei Tod durch Hexerei. Doch nun, durch eine Verfügung zur Zeit Seiner Majestät, ist Zauberei in gewissen Fällen, in Verbindung mit ungesetzlicher Liebe oder Körperverletzung und einigem anderen, zum Kapitalverbrechen erklärt worden, wenn sie das zweite Mal vorkommt; beim ersten Mal stehen Gefängnis und Pranger darauf.«[45] Strafverschärfung für Hexen: Ist das eine äußere Verbeugung vor einem König, mit dem man es nicht verderben darf, oder innere Überzeugung? Schwer zu sagen. Bacons philosophische Argumentation schillert hier: Einerseits soll man »nicht zu rasch den Geständnissen von Hexen Glauben schenken, noch der Evidenz gegen sie. Denn die Hexen selbst sind imaginativ und glauben oftmals zu tun, was sie nicht tun, und die Leute sind leichtgläubig in diesem Punkt und bereit, Zufälle und natürliche Wirkungen der Hexerei zuzurechnen.« Andererseits gibt es Fälle, »etwa wenn eine Hexe durch Imagination jemanden verletzen sollte, der sich weit weg befindet, wo es nicht natürlich zugehen kann, sondern nur über einen der Geister, die zu der Hexe kommen«. Es gibt also Hexen. Die Aufgabe ist, wirkliche Hexerei von scheinbarer zu trennen, was höchst schwierig ist, denn beide sind Blendwerk und »Hexenexperimente sind keine klaren Beweise« »für das stillschweigende Wirken böser Geister«. Vieles von Hexen Berichtete ist hervorgerufen »nicht durch Beschwörungen oder Zeremonien, sondern durch Salben, dadurch, daß sie sich ganz einsalbten. Das sollte einen denken lassen, daß diese Fabeln Resultate von Imagination sind, zumal sicher ist, daß Salben, dick aufgetragen, die Poren verstopfen, die Dämpfe einschließen und sie ungewöhnlich stark zu Kopf steigen lassen.«[46] Bacon übergeht vornehm die phantasieanregende Kraft der Folter, scheut sich, der Hexerei jede objektive Realität abzusprechen, scheut sich aber nicht, die Methode der Induktion auch auf dies heikle Gebiet anzuwenden und in den Blendwerken soweit wie irgend möglich die natürlichen Ursachen zu ergründen. Auf der subjektiven Seite, bei den »Fabeln«, glaubt er sich bereits fündig. Salben sind es, und zwar »nicht gekocht aus dem Fett von aus ihren Gräbern ausgegrabenen Kindern«, sondern aus »Bilsenkraut, Schierling, Alraune, Nachtschatten-

45 F. Bacon, *Works* II, S. 291, zit. n. H. C. Lea, *Materials towards a History of Witchcraft*, New York–London, 1952, S. 1356

46 F. Bacon, *Sylva Sylvarum*, *Works* X, S. 903 u. 950, zit. n. H. C. Lea, *Materials*, S. 1355 f.

gewächsen, Tabak, Opium, Safran, Pappelblättern etc.«[47], die solche Phantasien bewirken. Die sich einsalbende Hexe ist geradezu ein Sinnbild des idolbesessenen Geistes, in dem, weil er seine Öffnungen zur Natur hin verstopft, die wunderlichsten Nebelbildungen aufsteigen. Doch das ist nicht alles. Es gibt nicht nur die Sphäre der »fabelhaften Erfahrungen, geheimen Nachrichten und frechen Betrügereyen«, sondern auch die des »Ungewöhnlichen und Wunderbaren in der Natur«, »Naturwerke, welche von dem gewöhnlichen Laufe der Zeugungen Hervorkeimungen, und Bewegungen abgegangen und ausgeartet sind: es mögen selbige nun sonderbare Geburten«, »ungewöhnliche Ereignisse der Zeiten«, »der Wiz der Zufälle« »oder auch Wirkungen verborgener Eigenschaften«[48] sein. »Erzehlungen von Vergiftungen, Bezauberungen, Besizungen« können durchaus einen Niederschlag davon darstellen, so daß wir, »wenngleich die Anordnung und Anwendung dieser zauberischen Künste zur Bosheit verdammlich ist, dennoch von der Spekulation und scharfen Betrachtung derselben keine unnüze Kenntnis erlangen«, »nicht allein zur richtigen Beurtheilung der Mißethaten und Verbrechen, die Lasterhafte der Art begehen,« sondern »auch zur weitern Eindringung in die Geheimniße der Natur«[49].

Zauberei gehört also bestraft *und* erforscht. Verfolgung von Hexen hat überzugehen in Zurückverfolgung der Hexerei auf ihre Ursachen in der Natur. Und wer weiß, ob nicht, genauso wie sich die Hexenphantasien als geistige Abirrung von der Natur entschlüsseln lassen, nicht auch das, was vorerst noch als Tun von Dämonen erscheint, sich als Abirrung der Natur in sich selbst erweisen wird? Solange die wissenschaftliche Induktion so weit noch nicht vorgedrungen ist, erachtet Bacon allerdings Hexenverfolgung für unerläßlich. Sie ist ihm sowohl Schandmal der Gegenwart als auch Vorbote einer besseren Zukunft, sowohl Zeugnis dafür, wie unterentwickelt Naturwissenschaft noch ist, als auch Platzhalterin einer voll entwickelten, in der sie verschwinden wird. Der aufgeklärten Menschheit, die Bacon vorschwebt und deren Umrisse er in seiner Staatsutopie *Nova Atlantis* zeichnet, wird vergönnt sein, »zwischen göttlichen Wundern, Werken der Natur, künst-

47 A. a. O., S. 1356
48 F. Bacon, *Über die Würde und den Fortgang der Wissenschaften*, übers. u. hg. v. J. H. Pfingsten, 1783, Nachdruck Darmstadt 1966, S. 175
49 A. a. O., S. 176f.

lichen Wirkungen und Vorspiegelungen der Dämonen sowie Täuschungen aller Art zu unterscheiden«[50]. Mehr noch: Neben einer »Mechanikerwerkstatt, wo es Maschinen und Werkzeuge für jede Art von Triebwerken gibt«, neben »Steinschleudern und Kriegsmaschinen jeder Art«, »neuartige(n) Mischungen von Pulver«, »Stufen und Startplätze(n), um gleich geflügelten Tieren durch die Luft fliegen zu können«, »Schiffe(n) und Nachen, die unter dem Wasser fahren«, »künstlichen Menschen, Vierfüßlern, Vögeln, Fischen und Schlangen« – existiert auch »ein Haus der Blendwerke, wo wir alle möglichen Gaukeleien, Trugbilder und Vorspiegelungen und Sinnestäuschungen hervorrufen«[51]. Erst die Blendwerke, die man selbst machen kann, hat man ganz im Griff, erst in ihnen ist die dämonische Kraft in eine menschliche verwandelt, erst hier leistet die Wissenschaft ihr Meisterstück, indem sie nicht nur den gewöhnlichen Lauf der Natur handhabt, sondern das, was von ihm abweicht, auf ihn zurückführt, so »daß man die Spuren der Natur emsig nachspüre, wenn solche von selbst verirret, um sie an den Ort zu bringen, wohin man sie haben will«[52]: nämlich in einen Zustand ohne Abirrungen. Auch in der Natur gibt es also Häresie, vom rechten Wege abirrende Gespinste. Aufgabe des Geistes ist nicht nur, sich selbst von allen Idolen zu reinigen, sondern auch die Natur von den ihrigen. »Diener und Ausleger der Natur«[53] zu sein heißt, ihr auch dort noch zu ihrer unverfälschten unverirrten Sprache zu verhelfen, wo sie sich selbst ins Wort fällt.

Induktion ist Kehrung des Geistes zur Natur, Bekehrung der Natur zu sich selbst, und alles, was sich gegen dies doppelte Heilswerk sträubt, ist dämonisch: will sich nicht erkennen lassen. Wenn der Geist seine Poren verstopft, sich von der Natur abkapselt, gerade dann ist es unerkannte Natur, die in ihm wirkt, als Dampf unbegriffener, unbeherrschter Neigungen in ihm aufsteigt. Wenn objektive Blendwerke ihn verwirren, so verwirrt ihn unerkannte, ungezügelte Natur. Hexerei ist nur das Extrem des Sich-nicht-erkennen-lassen-Wollens. In jeder verborgenen, dem Licht des Verstandes sich verweigernden Naturkraft

50 F. Bacon, *Neu-Atlantis*, in: K. J. Heinisch, (Hg.), *Der utopische Staat*, Reinbek 1960, S. 185

51 A. a. O., S. 212 f.

52 F. Bacon, *Über die Würde und den Fortgang der Wissenschaften*, S. 176

53 F. Bacon, *Novum Organon*, I, 1, S. 26

steckt das gleiche Sträuben. Der Widersacher Gottes ist in praxi der Widersacher der Induktion, jedes entdeckte Naturgesetz ein entkräfteter Dämon. Sobald »der Mensch fähig sein wird, die Geschöpfe bei ihrem wahren Namen zu nennen, wird er sie beherrschen«, »die Hoheit und die Macht« zurückgewinnen, »die er im Urzustande der Schöpfung hatte«[54], wo ihm nichts undurchsichtig oder unbotmäßig war, keine dämonische Macht ihn bedrohte. *Wie* aber nennt er die Dinge bei ihrem wahren Namen? Durch Ausübung jener magischen Gewalt, die sich den Feind unterwirft, indem sie sich seines Namens, d. h. seiner Identität, seiner Kraft bemächtigt? Oder durch »Auslegung« der Dinge, die ihnen ihren eigenen, unverstellten Ausdruck, ihre Authentizität überhaupt erst verschafft: »die namenlose Sprache der Dinge empfängt und sie in den Namen in Lauten überträgt«[55]? Beides kann »beim wahren Namen nennen« heißen, und Bacon läßt beide Bedeutungen ineinanderfallen. Orpheus, den er als mythische Verkörperung der wahren Naturphilosophie auftreten läßt, »lockte durch die Lieblichkeit seines Gesangs und seines Spiels zunächst alle Arten wilder Tiere an, welche ihre jeweilige Natur ablegten, all ihren Zorn und ihre Wildheit vergaßen«, »sich zahm und friedlich wie in einem Theater um ihn versammelten und den Klängen seiner Lyra lauschten. Und das war nicht alles: Die Macht seiner Musik war so groß, daß sie selbst die Bäume und sogar die Steine dazu bewegte, sich regelmäßig und geordnet um ihn herum aufzustellen.«[56] Die Philosophie als die Musik, worin die gesamte Kreatur sich ausgedrückt und zur Vollkommenheit geführt fühlt: dies große Bild der Befriedung der Natur, »der Wiederherstellung und Erneuerung des Ursprünglichen« »gleichsam durch die Harmonie und den feinen Anschlag der Lyra« – wird zerstört durch die Deutung, die Bacon ihm gibt. Befriedung heißt im Klartext »das Joch der Gesetze«, »die Gründung von Städten, die Bebauung von Feldern und das Anlegen von Obstgärten, so daß man mit Recht sagen kann, Steine und Bäume hätten ihre Plätze verlassen und sich um die Menschen versammelt«[57]. Der Zauber der orpheischen Musik *ist* die Entzauberung der

54 F. Bacon, *Valerius Terminus*, S. 43
55 W. Benjamin, *Über Sprache überhaupt und über die Sprache des Menschen, Gesammelte Schriften*, Bd. II 1, S. 151
56 F. Bacon, *Weisheit der Alten*, S. 35
57 A. a. O., S. 35 f.

Welt, die Auslegung der Natur *ist* ihre Unterwerfung. Es fällt nicht schwer, im Heilswerk der Induktion, worin das Heilswerk der Theologie untergetaucht und zur Erholung gegangen ist, auch des Christentums geheimes Wahrzeichen wiederzuerkennen: die Versöhnung mit der Unversöhntheit. In geglückten Experimenten und Erfindungen gibt sich die Natur tatsächlich ein Stück weit zu erkennen und läßt es geschehen, daß ihre Kräfte in menschliche Kräfte verwandelt werden. Darin scheint Versöhnung von Geist und Natur auf. Aber die Versöhnung ist Schein, denn die Natur hat sich nur soweit gefügt, wie über sie verfügt wurde. Und die Versöhnung ist scheinheilig: »Denn der Natur bemächtigt man sich nur, indem man ihr nachgibt«[58]. »Diener und Ausleger« zu sein ist die List des Geistes, sie in seine Gewalt zu bringen. Versöhnung konkretisiert sich als ihr Gegenteil, aber schlechten Gewissens: Wenn menschliche Kunst »durch die Mißhandlung der Körper versucht, der Natur ihren Willen aufzuzwingen, sie zu erobern und zu unterwerfen«, »erreicht sie selten das von ihr angestrebte Ziel«. Um so beklagenswerter, wenn »die Menschen lieber an ihrem Ziel festhalten, als daß sie ihre Fehler zurücknehmen, und eher mit der Natur kämpfen, als daß sie ihre Umarmung mit der gebührenden Hingabe und Verehrung zu erreichen suchen«[59]. Versöhnung ist nur eine List zur Unterwerfung, aber Unterwerfung will nicht das letzte Wort haben, sondern verlangt nach Versöhnung: Diese vertrackte Doppeldeutigkeit, die einst den Charakter der christlichen Seele prägte, setzt sich – verschlüsselt, versachlicht, verwissenschaftlicht – im neuzeitlichen Zugriff auf die Natur fort.

Dieser Zugriff, der sowohl das Unterliegen der Natur als auch »ihre Umarmung« will, zeigt sich nicht nur mit Theologie aufgeladen, sondern auch mit Sexualität, am deutlichsten in jenem Fragment, wo Bacon der Induktion selbst das Wort gibt und sie zum menschlichen Geist sprechen läßt: »Ich bin wahrhaftig gekommen, um die Natur mit all ihren Kindern zu dir zu führen, sie in deinen Dienst zu binden und sie zu deiner Sklavin zu machen.« Feierlicher gesagt: »Mein lieber, lieber Sohn, was ich für dich plane, ist, dich mit den Dingen selbst zu vereinen in einer keuschen, heiligen, rechtmäßigen Ehe. Und durch diese Verbindung wirst du ein Wachstum sichern über alle Hoffnungen und Ge-

58 F. Bacon, *Novum Organon*, I, 3, S. 26
59 F. Bacon, *Weisheit der Alten*, S. 51

bete gewöhnlicher Ehen hinaus, nämlich ein gesegnetes Geschlecht von Heroen und Übermenschen, das die maßlose Hilflosigkeit und Armseligkeit der menschlichen Gattung, die sie mehr zerstören als alle Riesen, Monster und Tyrannen, überwinden und dich friedvoll, glücklich, gedeihend und sicher machen wird.«[60] Die Induktion als Vermittler von Geist und Natur: kaum noch verhohlen spielt sie die Rolle, die die Theologie einst Christus zugedacht hat, und die keusche, heilige Ehe, die sie stiftet, ist nichts geringeres als Temporis Partus Masculus: die männliche Geburt der Zeit oder die Geburt einer männlichen Zeit. Das wahre Patriarchat entsteht überhaupt erst, die antiken Heroen und Übermenschen sind nur die mythische Vorbedeutung dessen, was erst werden soll. Wo der Geist die Hemmung seiner männlichen Potenz los wird, nicht länger in sich zurückgestaut bei seinen eigenen Gespinsten bleibt, sondern in die wirkliche Natur eindringt, da erst sind ihm die Früchte gewiß, die den »Beweis des Geistes und der Kraft«[61] leisten, ihm die Selbstbestätigung verleihen, ohne die er nicht länger an sich, seine eigenständige Realität zu glauben vermag. Der sich selbst nicht wahrhaben wollende Unglaube des Geistes an seine Autarkie, der sich in der Inquisition bis zur Selbstzerrüttung austobte, findet in der Induktion neuen Halt. Aus seiner Not macht sie die Tugend einer auf Dauer gestellten Fruchtbarkeit, eines Wachstums über alle Hoffnungen gewöhnlicher Ehen hinaus. Sie empfiehlt sich als das Medium seiner unablässigen Selbstvergewisserung, des Selbstgefühls seiner männlichen Kraft, an deren »Kindern«, den zahllosen geglückten Experimenten und Erfindungen, der Geist sich weiter kräftigt: zu übermenschlich-heroischer Potenz. Im physischen Leben mag ungehemmte Verausgabung von Manneskraft Schwächung und Schwund bedeuten. Der Geist, der seine Kraft männlich ausgibt, vermehrt sie. Wann immer er die Natur übermannt, in ihre Geheimnisse dringt, in ihr seine Entdeckungen und Erfindungen zeugt, vermehrt er aus ihren Kräften seine Kräfte, die ihn wiederum befähigen, sie noch ganz anders zu übermannen.

Wie aber kommt dieser Prozeß in Gang? »Meinst du«, fragt die Induktion, »daß der menschliche Geist eine makellos polierte Oberfläche darstellt, um die wahren, natürlichen Strahlen der wirklichen Dinge

60 F. Bacon, *Temporis Partus Masculus*, S. 197 u. 201
61 1. Kor. 2,4

aufzunehmen? Tatsache ist, daß jeder Zugang zu jedem Verstand von den finstersten Idolen besetzt und blockiert ist«[62], und ihn von dieser ihn rundum verstopfenden Hexensalbe freizumachen, heißt, ihn zu einem Organ zu präparieren, das die »Strahlen«, d. h. den unverfälschten Ausdruck der Dinge oder »das wahre Gepräge des Schöpfers in dem Geschaffnen«[63] so rein empfängt wie Maria einst den göttlichen Geist selbst. Um sich wahrhaft zu ermannen, muß der menschliche Geist sich verjungfräulichen, um sich ungehemmt zu entladen, muß er ganz in sich gehen, und es ist, als sei diese doppelte Bewegung in der Natur schon vorgebildet, sind doch »gleichbedeutend die Hoden beim männlichen, die Gebärmutter beim weiblichen Thiere; sodaß jene edeln Gebilde, welche den Geschlechtsunterschied (...) feststellen, nur in einem Äußern und Innern zu beruhen scheinen«[64]. Im Geist schießen Außen und Innen zusammen. Die keusche Ehe mit der Natur gelingt ihm nur, indem er selbst zu der Jungfrau wird, als die er sie nehmen will, indem er die »Strahlen« der Dinge so keusch und fruchtbar empfängt, wie sie seine »Strahlen« empfangen soll. Der Eheschluß findet in ihm selbst statt. Die Braut ist der in sich gegangene Bräutigam, er die sich entäußernde Braut.

Das Umschlagen des Geschlechts im Geist, auf dem Boden der Inquisition ein sicheres Merkmal verwüsteter Nerven, erscheint auf dem Boden der Induktion als Ausdruck des Zu-sich-Kommens, und in diesem neuen Licht sieht auf einmal auch die Vergangenheit anders aus. Platon und Aristoteles etwa, die Exponenten des patriarchalen Logos, stehen nun da als die Repräsentanten einer gehemmten, zurückgestauten Männlichkeit, die, statt in die wirkliche Natur einzudringen, sich bloß an ihren eigenen Idolen befriedigt. In dem Maße, wie dies Tun unmännlich-impotent ist, ist es auch »ekle Ziererei« und »weibisch«[65]. Das Weib aber, das hier handelt, ist kein keusch empfangendes, sondern ein unfruchtbar umherschweifendes, seinen eigenen Impulsen und Assoziationen folgendes, so daß ausgerechnet die gehemmte Männlichkeit sich ebenso als zügellose Weiblichkeit darstellt, wie Bacon sie in seinem

62 F. Bacon, *Tempus Partus Masculus*, S. 194
63 F. Bacon, *Novum Organon*, I, 124, S. 92
64 A. a. O., II, 27, S. 148
65 A. a. O., I, 120, S. 88

»Lieblingsgleichnisse«[66] vorführt. »Atalanta, die für ihre Schnelligkeit berühmt war, forderte Hippomenes mit dem Versprechen zum Wettlauf heraus, daß er sie im Falle seines Sieges zur Frau nehmen dürfe, im Falle seiner Niederlage aber sein Leben verwirke.« »Hippomenes griff deshalb zu einer List. Er beschaffte sich drei goldene Äpfel«. »Das Rennen begann, Atalanta ging in Führung.« Hippomenes »warf einen seiner Äpfel«. »Erfüllt von weiblicher Gier und angezogen von der Schönheit der Frucht, verließ sie ihre Bahn, lief dem Apfel nach und hielt an, um ihn aufzuheben.« Und so gewann Hippomenes. Diese »hervorragende Allegorie über den Wettstreit von Kunst und Natur« zeigt die Kunst, »wenn ihr nichts im Wege steht, sehr viel schneller als die Natur«, wie eben »Lehm sehr langsam zu Stein wird, während er sehr schnell zu Stein gebrannt werden kann«. Doch »es gibt keine Wissenschaft oder Kunst, die ihren wahren und richtigen Weg bis zum Ziel unbeirrt beibehält«, so »daß es der Kunst nicht gegeben ist, den Sieg über die Natur zu erringen«, »sie im Gegenteil der Natur unterworfen bleibt, wie das Weib dem Ehemann«[67] – solange die Induktion nicht eingeführt ist, versteht sich. Doch diese verkehrte Welt, wo ungezügelte Natur wie ein Mann die Zügel führt und den Geist so im Griff hat, wie er sie haben müßte; dies Scheinpatriarchat, wo der Logos sich in rückgestauter Männlichkeit ergeht und sein selbstgenügsames Versponnensein in sich mit Autarkie verwechselt, während in seinen Gespinsten heimlich und unerkannt die »weibliche Gier« einer ziellos ab-, um-, ausschweifenden Atalanta Regie führt, soll endlich aufhören. Das unfruchtbare Umschlagen des Geschlechts im Geist, das gehemmte Männlichkeit und ausufernde Weiblichkeit eins sein läßt, soll umschlagen in ein fruchtbares, worin keusche Weiblichkeit und enthemmte Männlichkeit eins sind, wo bis in den Geist hinein Weiblichkeit das ist, als was das Patriarchat sie immer haben wollte, wo der Geist sich ihrer Gefügigkeit endlich sicher sein darf, weil – er selbst das Weib seiner Träume ist.

Bacon steht hier am Rande größter Einsicht. Wo einer merkt, daß die Autarkie des Geistes nie mehr war als ein Idol und Idolbildung stets unerkanntes Fortwirken blinder Natur im Geist, wo einer die Männlichkeitsprätention einer ganzen Epoche als unüberwundene Weiblich-

66 A. a. O., I, 117, S. 86
67 F. Bacon, *Weisheit der Alten*, S. 59f.

keit errät: spricht er da nicht schon fast das Patriarchat als unbewältigtes Matriarchat aus? Doch die Wahrheit über den Autarkiewahn des Patriarchats dämmert beim wahnhaften Versuch, das wahre Patriarchat einzuläuten. Weil Männlichkeit des Geistes bisher nie mehr als Idol war, soll sie endlich mehr werden. Weil nicht wahr sein darf, daß sie nicht mehr sein kann, muß eine Methode her, die ihr ihr Mehr-Sein beweist. »Fasse dir ein Herz, mein Sohn, und gib dich mir, damit ich dich zu dir selbst bringe«[68], spricht die Induktion zum Geist. Zu sich selbst aber scheint ihn nur eines zu bringen: die Praxis des Experiments und der Erfindung, die methodisch geleitete Erfahrung der wirklichen Natur – die er nicht wirklich erfahren kann, ohne sie zu übermannen, ohne seine eigene Potenz und deren Steigerung zu erfahren. Der Drang nach Erfahrung der Natur ist Drang nach einer Selbsterfahrung, die leisten soll, was alle Hexengeständnisse nicht vermochten: den Geist seiner eigenen Realität, seiner männlichen Gegründetheit in sich, seiner Autarkie zu versichern. Nur wo er allgemein nachprüfbare und genießbare Früchte seines Tuns, also die Vermehrung seiner selbst vorzeigt, leistet er den »Beweis des Geistes und der Kraft«.[69] Das heißt aber umgekehrt: Seine Kraft zeigt sich nur dort unzweifelhaft real, wo sie sich vergrößert. Unablässig mehr aus sich zu machen als sie ist: darin besteht ihre Identität.

In doppeltem Sinn offenbart sich Quantität als das Erfolgsgeheimnis der Induktion. Zum einen ist sie es, die einen fruchtbaren methodischen Zugriff auf die Natur überhaupt erst ermöglicht. Denn dabei muß »Alles vom Zusammengesetzten aufs Einfache, vom Unsymmetrischen aufs Symmetrische, vom Unbestimmten auf zu Berechnendes, vom Allgemeinen aufs Besondere zurückgeführt werden. Vorzüglich gedeiht jedoch die Naturforschung, wenn die Physik durch die Mathematik unterstützt wird; an die Vielzahl oder die Brüche muß man sich nicht stoßen; denn wo es Zahlen gilt, kann der Geist sich ebenso gut Tausend als Eins denken, oder ein Tausendtheil als eine Einheit.«[70] Zah-

68 F. Bacon, *Temporis Partus Masculus*, S. 201
69 Höher als »fruchtbringende Versuche« veranschlagt Bacon zwar zunächst »lichtbringende«, aber warum? Weil die Lichtkraft »zur universellen Übersicht den Weg erleuchtet, und wenngleich an sich ohne Nutzen, führt sie ein Heer von Erfindungen und den Urquell der großartigsten Ansichten mit sich« (*Novum Organon*, I, 121, S. 88). Die lichtbringenden Versuche sind der Umweg zur Maximierung der Früchte.
70 F. Bacon, *Novum Organon*, II, 8, S. 106. Bemerkenswert, daß Bacon die Bedeu-

len sind ein festerer Halt als Dogmen. In dem Maße, wie die Natur zur Offenlegung ihrer quantitativen Verhältnisse gezwungen wird, offenbart sie sich wirklich – nicht imaginär wie in Hexengeständnissen und Alchimistengold. Zum andern verschafft Quantität dem Geist Sicherheit über sich selbst. Es ist die *Vermehrung* seiner Potenz, die ihn seiner Potenz gewiß macht, ihm beweist, daß sie nicht nur Idol, sondern wirkliche Manneskraft ist. Doch dieser Beweis ist tückisch – funktioniert nur, *solange* sie sich vermehrt. Daß sie das heute tat, mag erwiesen sein, daß sie das morgen noch tun wird, muß sich erst erweisen. Eine Potenz, deren einzig sicherer Beweis in ihrer unablässigen Steigerung liegt, ist dazu verdammt, den Beweis unablässig zu führen – und führt ihn so nie: Niemals gelangt er zu einem glaubwürdigen Resultat. Das gilt logisch wie psychologisch. Eine Männlichkeit, die es nötig hat, sich jeden Augenblick ihrer selbst zu versichern, ist das sich nicht wahrhaben wollende Dauergeständnis ihrer Unsicherheit: des Unglaubens an sich selbst. Ihr Potenzbeweis ist ihr Impotenzbeweis. Die Quantität, die als Retter aus der Unsicherheit erscheint, betrügt um das, was sie gewährt – wie weiland schon in der päpstlichen Zentralverwaltung zu Avignon, die mit dem Kunstgriff, Lehen zu Waren und diese zu enormen Mengen Geldes zu machen, sich ihrer alten Macht zu versichern glaubte und dabei diese Macht gründlichst untergrub, indem sie den Übergriff von Kapital auf Grund und Boden und damit jene Umwälzung einleitete, die das christliche Abendland schließlich in ein kapitalistisches verwandeln sollte. Die gleiche logische Struktur in der Baconschen Induktion: Die rettende Kraft der Quantität begründet eine ungleich humanere und erfolgreichere Naturbeherrschung als je die Inquisition oder Alchimie, entzaubert wirklich die Natur, beschenkt den Geist mit wirklichem Kräftezuwachs, befähigt ihn zum »Beweis des Geistes und der Kraft« – und beweist ihm seine Unfähigkeit, den Beweis zu Ende zu führen. Die »männliche Geburt der Zeit« findet wirklich statt, aber als Fehlgeburt, und was herauskommt, ist nicht das Zeitalter der Heroen, Übermenschen und Rückannäherung ans Paradies, sondern das der sich zur Wissenschaft objektivierenden und sich gleichwohl nicht wahrhaben wollenden Verzweiflung an der Männlichkeit und Autarkie

tung der Mathematik klar erfaßt, sich in seinen eigenen Studien aber nicht weiter auf sie einläßt. Ein ahnungsvolles Zurückschrecken vor den Konsequenzen der Quantifizierung?

des Geistes. Die Quantifizierung seiner Potenz erscheint als die geniale List, sie zu erhalten – und ist doch die Selbsttäuschung des Geistes über seine Potenz wie über die Macht der Quantität. Sie soll das Mittel seiner Selbstbestätigung sein, doch was sich bestätigt, ist *sie*. Indem sie ihn mit dem Dauerbeweis seiner Männlichkeit beschäftigt, beweist sie ihm seine Unmännlichkeit und sich als die Sphäre, wo es auf männlich oder nicht-männlich nicht ankommt – wo das Geschlecht gleichgültig ist. So ist die Quantität auch die Kraft, die das Umschlagen des Geschlechts im Geist zur Raison bringt: es aus einem Incubus-Succubus-Alp, aus einem identitätszerrüttenden, unfruchtbaren Hin- und Hergerissensein in einen modernen wissenschaftlichen Zugriff verwandelt und in aller Stille jene keusche Ehe von Geist und Natur stiftet, zu der, wie gezeigt, der Geist sich nur ermannen kann, indem er sich verjungfräulicht, indem er seine Männlichkeit ebenso verliert wie gewinnt und daher nicht aufhören kann, sie zu gewinnen – zur Gewinnsucht seiner selbst wird, weil er den Verlust seines Selbst verspürt.

Diese Sucht, dieses »Ich bin nur ich selbst, sofern ich *mehr* ich selbst werde« bezeichnet das, was man den dritten Akt im welthistorischen Drama der Losmachung des Geistes von den Erscheinungen der Natur nennen könnte. Der erste war die Losmachung von der Großen Mutter – Errichtung des Patriarchats. Der zweite war die Losmachung vom Mythos – Logifizierung des Patriarchats. Weil aber die Losmachung in bestimmter Hinsicht auch *keine* war – das Patriarchat nicht volle Emanzipation vom Matriarchat, der Logos nicht Emanzipation vom Myhtos, sondern beide die heimlich-ungewollte Fortdauer des Besiegten im Sieger – beginnt dort, wo diese Einsicht unabweisbar wird, die Flucht vor ihr oder der dritte Akt: die Losmachung des Geistes vom Unglauben an seine Autarkie, ein beschwörendes »ich glaube, hilf meinem Unglauben«[71]. Und da niemand helfen kann als der Glaube selbst, sucht *er* seinem Unglauben abzuhelfen – und intensiviert ihn in dem Maße, in dem er ihn bekämpft. Die erste große Selbsthilfeeinrichtung des Glaubens gegen seinen eigenen Unglauben ist die Inquisition, und Bacon lehrt uns die Induktion als deren Rationalisierung erkennen. Zum einen in dem Sinne, daß die »Befragung« der Natur, die Sucht, ihr Geständnisse zu entlocken, aufhört, ihr systematisch Wahnphantome aus Menschen herauszufoltern, und statt dessen zur methodischen Er-

71 Mark. 9,24

kundung der wirklichen Naturkräfte ansetzt, insofern also rational wird, Vernunft annimmt; zum andern in dem Sinne, daß sie gleichwohl nicht aufhört, Sucht zu sein, sich im Gewand der Induktion vielmehr bloß vermummt, den *Anstrich* von Rationalität gibt.

Diese doppelt rationalisierte Sucht nimmt in jener Umbruchsphase, deren vorder-, hinter- und untergründige Erschütterungen in Bacon einen unvergleichlichen intellektuellen Seismographen gefunden haben, vor allem zwei signifikante Formen an: Neugier und Habgier. Neugier an sich gehört zur menschlichen Naturbeschaffenheit. Aber Neugier, die sich spontan auf das richtet, was die Umstände ihr gerade zutreiben und sich daran je nach Lage mehr oder weniger schnell befriedigt, ist eine andere als jene planmäßig organisierte Neugier, die nicht ruhen kann, jedes irgend erfaßbare Naturphänomen zu rubrizieren, analysieren, quantifizieren, weil nur die Gewißheit, unablässig Neues zu erschließen, mehr Wissen zu erlangen als man hat, noch untrügliche Selbstvergewisserung verschafft. Habgier an sich dürfte ebenfalls kaum jünger sein als die menschliche Spezies. Aber Habgier, die ungezügelt nach allem greift, was glänzt, berauscht, Lust verschafft, ist eine andere als die, die mit erhobenem Zeigefinger die Selbstreglementierung des Subjekts betreibt: »Bedenke, daß die *Zeit Geld* ist; wer täglich 10 Schillinge durch seine Arbeit erwerben könnte und den halben Tag spazierengeht, oder auf seinem Zimmer faulenzt, der darf, auch wenn er nur 6 Pence für sein Vergnügen ausgibt, nicht dies allein berechnen, er hat neben dem noch 5 Schillinge ausgegeben oder vielmehr weggeworfen.« »Wer ein Fünfschillingstück umbringt, *mordet* alles, was damit hätte produziert werden können: ganze Kolonnen von Pfunden Sterling.«[72] Auch hier die gleiche Struktur: Nur wer aus dem, was er geistig und materiell hat, mehr macht, versichert sich seiner selbst, rechtfertigt sein Dasein, gibt ihm Sinn. Kein Zufall, daß gerade im England Bacons diese Art theologisch aufgeladener Habgier jene Blüten zu treiben beginnt, die Max Weber in seiner Studie *Die protestantische Ethik und der Geist des Kapitalismus* gesammelt hat. Die Induktion, die Bacon auf die äußere Natur gerichtet hat, zeigt sich hier zurückgewendet auf die menschliche Lebensführung: als methodisches Erfassen und Analysieren der ungebändigten Natur im Subjekt – etwa

72 B. Franklin, zit. n. M. Weber, *Die protestantische Ethik und der Geist des Kapitalismus*, S. 31

durch »das religiöse Tagebuch, in welches Sünden, Anfechtungen und die in der Gnade gemachten Fortschritte fortlaufend oder auch tabellarisch eingetragen wurden«. Diese »sittliche Buchführung«[73], ein durchaus nicht nur protestantisches, auch für den jesuitischen Katholizismus charakteristisches, durch die »exercitia des Heiligen Ignatius«[74] inspiriertes Phänomen, steigert sich im englischen Calvinismus zu dem Extrem, zu dem sich bei Calvin der reformatorische Gedanke von der grundlosen Gnade Gottes gesteigert hat. Grundlos heißt: Es gibt nichts, womit ein Mensch sich diese Gnade verdienen kann. Gott verwirft und erwählt wie er will. Um aber einen solchen Gott, der über jeden längst unwiderruflich entschieden hat, aber keinem verrät, wie, überhaupt auszuhalten; um von der quälenden Ungewißheit, verdammt oder gerettet zu sein, loszukommen, beginnen die Calvinisten der zweiten und dritten Generation, an sich selbst, ihrem Charakter, ihren Lebensumständen die Anzeichen ihrer Erwählung zu suchen, ihre seelisch-moralischen Höhen und Tiefen, ihre Erfolge und Rückschläge, Glückswürfe und Pechsträhnen akribisch zu vermerken, um, wo immer ihre Habe, Tugend, Disziplin, Glaubenssicherheit sich eindeutig vermehrt, den verstohlenen Gnadenwink Gottes zu erspähen. Sie klammern sich an die orientierende, von der Ungewißheit errettende Kraft der Quantität, die dort am größten ist, wo sie sich am bestimmtesten ausdrückt: in Zahlen. Ein Mehr oder Minder an Geld ist ungleich klarer registrierbar als ein Mehr oder Minder an Anfechtung, Nachlässigkeit, Zuversicht, und so avanciert wie von selbst materieller Reichtum zum zuverlässigsten Anzeichen für das, was man für sein Leben gern sicher hätte und nie sicher erfährt: die Erwählung. In »dem Streben nach Reichtum als *Zweck* den Gipfel des Verwerflichen, in der Erlangung des Reichtums als *Frucht* der Berufsarbeit« – und zwar einer »rastlosen, stetigen, systematischen« – »aber den Segen Gottes« zu erblicken, ist die Notwehr des Calvinismus gegen seine eigene Verunsicherung, und »das äußere Ergebnis« dieser Haltung lautet: »*Kapitalbildung* durch *asketischen Sparzwang*«[75]. Wer auch nur das Geringste verschwendet, dem verschwindet das einzig Haltgebende: das Mehrwerden dessen, was er hat.

73 M. Weber, *Die protestantische Ethik und der Geist des Kapitalismus*, S. 123
74 A. a. O., S. 116
75 A. a. O., S. 192

Der calvinistische Geschäftszwang ist eine besonders krasse Erscheinungsform jenes sich verzweifelt bekämpfenden Zweifels an der männlich-autarken Verfassung des Geistes, aber eben nur *eine*. In der wissenschaftlichen Neugier und Entdeckerfreude der frühen Neuzeit hat sich die gleiche Verzweiflung nur feiner, nämlich fast bis zur Unkenntlichkeit rationalisiert, und wäre nicht ein Autor wie Bacon, der uns diesen Rationalisierungsprozeß mit der Deutlichkeit verrät, mit der er uns *sehen* läßt, wie das Mittelalter in der Neuzeit, die Inquisition in der Induktion, die Hexenverfolgung im Experiment verschwindet – es wäre schwierig, diesem Subtext der beginnenden Neuzeit überhaupt auf die Schliche zu kommen. So aber zeigt sich in der politisch-ökonomischen und der naturwissenschaftlichen Entzauberung der Welt, die sich zunächst getrennt entwickelt haben und erst im Zeitalter Bacons systematisch ineinanderzugreifen anfangen[76], das gleiche verzweifelte Vertrauen auf die rettende Kraft der Quantität am Werk, die ungläubige Hoffnung, ihr werde es gelingen, den Geist von der Erfahrung seiner Nicht-Männlichkeit, Nicht-Autarkie zu heilen, ihn seiner selbst gewiß zu machen – sein Selbst finden zu lassen.

Es leidet keinen Zweifel: Die doppelt rationalisierte Sucht, die da die Seelen bewegt und eine neue Art der Subjektivität zu prägen beginnt, hat genau die Struktur, die, in gesellschaftliche Objektivität übersetzt – das moderne Bewegungsgesetz des Kapitals ergibt. So weit hat Max Weber unbedingt recht: Kein Kapitalismus ohne »Geist des Kapitalismus«, ohne daß eine bestimmte Art menschlicher Subjektivität sich gesellschaftlich objektiviert. Nur sitzt dieser Geist tiefer, als Weber dachte. Man muß schon an Nietzsche, dieser Spürnase für die Selbstvermummungsstrategien moderner Subjektivität, geschult sein, um ihm beizukommen, um zu erkennen, daß die calvinistische Selbstquälerei nur die Spitze eines Eisbergs ist. Dann aber zeigt sich: Was schon an der Geschichte des christlichen Mittelalters erstaunlich war, nämlich

76 Der Wissenschaft treibende Ex-Lordkanzler personifiziert dies Ineinander, entwirft die Methode der Naturbeherrschung als Experte für Menschenbeherrschung und erachtet in beiden Sphären Vermehrung des Bestehenden als das einzig taugliche Mittel zu seiner Sicherung. Könige »stehen am höchsten und haben nichts mehr zu erstreben. Dadurch erschlafft ihr Geist«. Sie haben »weniges zu begehren und vieles zu fürchten«: »ein jammervoller Gemütszustand« (F. Bacon, *Essays*, Nr. 19, Stuttgart 1980, S. 62). Das sind nicht die »Heroen und Übermenschen«, die die keusche Ehe mit der Natur verheißt.

wie sehr ihre maßgeblichen Bewegungen und Konstellationen sich als der gleichsam ausgefaltete, ins Großformat übersetzte christliche Charakter erwiesen, das läßt unter gewandelten Bedingungen nun erneut erstaunen. Die Entstehung des Kapitalismus ist alles andere als ein einfacher, geradliniger Prozeß – und doch ist das, was auf verschiedenen Wegen und Umwegen schließlich herauskommt, eine gesellschaftliche Struktur, in der der Glaube an die rettende Kraft der Quantität sich versachlicht, ein innerer Zwang sich entäußert, eine seelenökonomische Maßnahme sich in physisch-ökonomische Notwendigkeit übersetzt hat. Der Witz dieser Struktur: Sie hat nur so lange Bestand, Identität, wie das, was sie strukturiert, mehr wird als es ist. Der Kapitalismus ist zum Wirtschaftswachstum verdammt. Verringert es sich, reagiert er mit Krisen und Kriegen, bleibt es aus, bricht er zusammen. In der Entstehung dieses Zwangsmechanismus ist »Kapitalbildung durch asketischen Sparzwang« nur *ein* Moment, viel gravierender das, was Marx am Modellfall England als »sogenannte ursprüngliche Akkumulation« dargestellt hat: »der Scheidungsprozeß des Arbeiters vom Eigentum an seinen Arbeitsbedingungen«, der »in die Annalen der Menschheit« »mit Zügen von Blut und Feuer«[77] eingeschrieben ist. Ob die mittelalterlichen Bauern frei oder leibeigen waren – sie gehörten selbstverständlich zu der Scholle, die sie beackerten. Wo aber Grund und Boden ihre Lehensaura einbüßen und zu Waren entzaubert werden, mit denen der Käufer oder Pächter machen kann, was er will und aus denen mehr zu machen als sie sind ihm als ihr einziger Sinn erscheint, und wo systematischer Wollverkauf, also Schafzucht großen Stils eine solche Steigerung verspricht, da macht die »Verwandlung von Ackerland in Weide (zur Schaftrift usw.), leicht zu versehen durch wenige Hirten«[78] zahllose Bauern überflüssig. Die »gewaltsame Verjagung der Bauernschaft von dem Grund und Boden«[79], auf dem sie seit alters her Knechtsdienste leistete, aber sich immerhin auch ernährte, war die Folge – und eine Grundvoraussetzung der sich bildenden neuen Gesellschaft. Bauern ohne Scholle, Handwerker ohne Werkzeug und Werkstatt, freigesetzt aus allen herkömmlichen Feudal- und Zunftabhängigkeiten, aber damit auch frei von allen herkömmlichen Arbeits- und Selbsterhaltungsmit-

77 K. Marx, *Das Kapital*, Bd. I, S. 753
78 F. Bacon, *Geschichte Heinrichs VII*, zit. n. K. Marx, *Das Kapital*, Bd. I, S. 757
79 K. Marx, *Das Kapital*, Bd. I, S. 756

teln, buchstäblich mittellos: Sie ergeben jene flexible Menschenmasse, die, wenn sie nicht rauben oder betteln will, um fast jeden Preis ihre Arbeitskraft verkaufen muß. Die gemeinsame Not macht aus dieser Masse die Klasse der Lohnarbeiter. Die gemeinsame Not richtet freilich auch die Lohnarbeiter gegeneinander. Auf dem Arbeitsmarkt ist jeder der Konkurrent des anderen. Die klassenbildende Kraft ist auch klassenzersetzend.

Sporadisch hat es Lohnarbeit längst gegeben.[80] Aber erst eine Subjektivität, die sich an die rettende Kraft der Quantität klammert, lernt systematisch ausgenutzte Lohnarbeit als Quell unablässig fortgesetzter Bereicherung entdecken, lernt den Kauf der massenhaft sich feilbietenden Arbeitskraft als jene Steigerung der eigenen Potenz erfahren, die die ersehnte Selbstvergewisserung verschafft, wird gierig nach etwas, was so aussieht, als würde es tatsächlich Autarkie verleihen: Besitz von Produktionsmitteln. Wer über Grund und Boden, Werkzeug und Werkstätten verfügt, dem fallen auch die Arbeitskräfte zu, die davon losgerissen wurden. Mittellos wie sie sind, können sie ohne den, der sie kauft, nicht leben, während, wer die Macht hat, sie zu kaufen oder liegenzulassen, auf niemanden angewiesen scheint. Er mutet an wie ein *ens a se*, ein Sein durch sich selbst. Sie hingegen, die ihre Existenz ihrem Käufer verdanken, durch ihn als Lohnarbeiter definiert werden, sind ein *ens per aliud* (Sein durch anderes). Produktionsmittel stiften wie nie zuvor Identität. In dem Maße, wie sie veräußerlich, käuflich, zu Waren werden, werden es auch die Arbeitskräfte, die zuerst durch die Gewalt der Faust von ihnen losgerissen und dann durch die Gewalt des Hungers mit ihnen wiedervereinigt werden: eine Ware mit der andern zum Zwecke der unablässigen Erzeugung von – Waren. Wo das geschieht, ist Kapital nicht länger nur Austauschmedium fertiger Produkte, sondern hat auf die Fertigung selbst übergegriffen, nimmt allmählich den gesamten gesellschaftlichen Produktionsprozeß in Regie, wird zum Mittel, um Arbeitskräfte an Produktionsinstrumenten auf Rohstoffe anzuwenden, die daraus entstehenden Produkte in mehr Geld zu verwandeln und dies Geld in erhöhte Produktivität.

80 Schon im Neuen Testament wird das Problem ihrer gerechten Honorierung gewälzt: Übt der Herr, der verschiedene Tagelöhner verschieden lange in seinem Weinberg arbeiten läßt und abends alle gleich bezahlt, Betrug an denen, die den ganzen Tag geschuftet haben, oder Gnade an den Kurzarbeitern? (Matth. 20,1 ff.)

Kapital ist nicht länger nur klingende Münze, sondern dieser ganze, von selbst nicht aufhören könnende *Prozeß* der Rückwendung in sich selbst zur Steigerung seiner selbst. Er macht Geld, Rohstoffe, Geräte, Arbeitskräfte, Produkte zu seinen verschiedenen Erscheinungsformen, die er durchläuft, vermittelt, verbraucht, und agiert dabei als eine zum gesellschaftlichen Bewegungsgesetz objektivierte Sucht, die kein Bewußtsein von sich, kein Gefühl, keine Seele hat und in der gleichwohl ein Seelenzwang, die sich verzweifelt bekämpfende Verzweiflung an der eigenen Autarkie, das »Ich bin nur ich selbst, sofern ich *mehr* ich selbst werde« – zum Sachzwang geworden ist. Insofern ist das Kapital mehr noch »automatisches Subjekt«[81], als Marx meinte: nicht nur »lebendige Arbeit in sich absorbierend – ›als hätt' es Lieb im Leibe‹ –«[82], nicht nur eigensinnig wirkend, ohne einen eigenen Sinn zu haben, sondern es *ist* wirkliche, gegen ihre eigene Zerrüttung ankämpfende Subjektivität – derart in Gesellschaft übersetzt, in Übergröße verfremdet, in Öffentlichkeit vermummt, daß ihr eigenes objektiviertes Subjektsein kaum mehr kenntlich ist.

In dem Maße, wie das Kapital gesellschaftliche Identität stiftet, d. h. die Produktionsweise in Regie nimmt, die Gesellschaft als kapitalistische identifizierbar macht, befördert es auch den Identifikationsprozeß der Lohnarbeiter mit ihren Arbeitsbedingungen. Nachdem anfangs die verjagte, mittellos und vagabundierend gemachte Landbevölkerung »durch *grotesk-terroristische Gesetze* in eine dem System der Lohnarbeit notwendige Disziplin hineingepeitscht, -gebrandmarkt, -gefoltert«[83] wurde, wofür Marx aus englischen, französischen, holländischen Quellen erdrückendes Beweismaterial anführt, entwickelt sich mit Etablierung der neuen Produktionsweise »eine Arbeiterklasse, die aus Erziehung, Tradition, Gewohnheit, die Anforderungen jener Produktionsweise als selbstverständliche Naturgesetze anerkennt«[84] und ihr Produktivsein fürs Kapital, ihren Beitrag zu seiner Vermehrung als Ausweis ihrer eigenen Daseinsberechtigung, als Selbstlegitimation schätzen lernt.[85] Denn die Kraft der Quantität, die dem um die Gewiß-

81 K. Marx, *Das Kapital*, Bd. I, S. 161
82 K. Marx, *Grundrisse der Kritik der politischen Ökonomie*, Berlin 1974, S. 592
83 K. Marx, *Das Kapital*, Bd. I, S. 776
84 A. a. O., S. 777
85 Wieviel Selbstsicherheit das Verrichten einer im Sinne des Kapitals produktiven

heit seiner Autarkie gebrachten Geist seinen metaphysischen Halt wiedergeben soll, offenbart sich dem Lohnarbeiter als physischer Halt. Seine Selbstvergewisserung ist zunächst einmal materielle Notwendigkeit. Er kann nur überleben, sofern er seine Arbeitskraft verkauft. Sein zur Ware entzaubertes, auf das, was sich rechnet, reduziertes Selbst ist das einzige, worauf er wirklich rechnen kann, das einzige, was ihn seiner selbst versichert: der leibhaftig gewordene Beweis für die rettende Kraft der Quantität, der dermaßen kräftig ist, daß er auch auf die Nutznießer der Lohnarbeit überspringt, ihren seelischen Zwang zur unaufhörlichen Selbstbestätigung durch Selbststeigerung in den ökonomischen Dauerzwang der Konkurrenz übersetzt und die einzelnen Kapitaleigner permanent vor die Alternative von Expansion und Pleite stellt. So entpuppt sich die Identität, die der Besitz von Produktionsmitteln stiftet, als eine, der ihr Besitzer nicht minder hinterherläuft als seiner seelischen. Auch ökonomisch ist er nicht das autarke *ens a se*, als das er schien. Unter ungleich komfortableren Bedingungen ist er zu der gleichen unablässigen Selbstvergewisserung verdammt, die er den Lohnarbeitern abverlangt. Die Entwicklung der modernen Gesellschaft ist denn auch doppelt verlaufen, hat einerseits Ausbeuter und Ausgebeutete zunächst als Klassen gegeneinander profiliert, andererseits gerade dabei in beiden den metaphysischen Glauben an die rettende Kraft der Quantität bis zum physischen Bedürfnis vertieft und jene geistig-seelische Nivellierung zwischen Bürgern und Proletariern eingeleitet, für die Nietzsche schon einen Blick hatte[86], ehe diese Klassen real in sich zerfielen, ineinander eindrangen und die Klassenherrschaft undeutlich werden ließen, ohne ihre Grundlagen anzutasten.[87]

So viel zumindest ist klar: In der Konstitution der kapitalistischen

Arbeit noch dem ärmsten Schlucker leiht, zeigt schlagend der Vergleich des Lohnarbeiters mit seiner nicht für Lohn und damit scheinbar überhaupt nicht arbeitenden, von ihm unmittelbar abhängigen Frau. Dazu s. u., Kap. 5

86 Vgl. Verf., *Der tolle Mensch. Nietzsche und der Wahnsinn der Vernunft*, Frankfurt am Main 1989, S. 99ff.

87 Wo der kollektive Zwang zum Verkauf der eigenen Arbeitskraft als Ware ebenso herrscht wie der zu unentwegtem Wirtschaftswachstum, da herrscht selbstverständlich Kapitalismus. Lächerlich, so zu tun, als hätten wir ihn hinter uns. Unternehmerzigarre, Kinderarbeit, 12-Stunden-Tag sind nicht seine notwendigen Bedingungen. Auf der Schokoladenseite des Weltmarkts kann er durchaus die relativ milde Form annehmen, die man »soziale Marktwirtschaft« nennt – und deren Kehrseite »Dritte Welt« heißt. Beide sind zwei Seiten derselben Sache – derselben Weltwirtschaftsord-

Gesellschaft rationalisiert sich der gleiche verzweifelte, nicht aufhören könnende und daher zu keinem Ergebnis kommende Autarkiebeweis des Geistes, der sich auch in der Baconschen Induktion versteckt. Es sind Männer, die ihn in Gang setzen, weil es Männer sind, die ihn besonders nötig haben. In ihnen tastet der Zweifel an der Autarkie nicht nur christliches Seelenheil und intellektuelle Selbstgewißheit an, sondern ein Archaischeres, Tiefersitzendes: das patriarchale Gefühl sich selbst genügender Manneskraft. Die Entfesselung jenes Prozesses, der das Kapital aus einem Austauschmedium fertiger Produkte in ein gesamtgesellschaftliches Produktionsverhältnis verwandelt, hat durchaus eine sexuelle Tiefendimension, ist ein Wegarbeitenwollen des vitalen Potenzproblems, das das Patriarchat mit sich selbst hat, seit es vom Christentum infiziert und durchnagt ist. Doch was es dabei wegarbeitet, ist seine Potenz. Es beschwört die Kraft der Quantität herbei, um seine Männlichkeit daran wiederaufzurichten; doch was es aufrichtet, ist die Herrschaft der Quantität. Die Selbstermannung des Geistes, die Bacon vorschwebte, realisiert sich als Selbstentmannung des Geistes. Nicht nur, daß jene systematische Hab- und Neugier, ohne die der Kapitalismus nie in Gang gekommen wäre und die sich als Selbstbestätigungszwang eines traumatisierten, an seinem männlichen *point d'honneur* getroffenen Geistes entpuppte, den Männlichkeitsbeweis schuldig bleibt, den sie unablässig zu erbringen sucht; sie produziert in der Ware Arbeitskraft zugleich das Gegen- und Schreckbild ihrer eigenen Unmännlichkeit. Die gewaltsame Trennung von den Produktionsmitteln läßt den Produzenten lediglich ihr Arbeitsvermögen, die bloße, abstrakte Potenz, sich zu erhalten, die zugleich die Impotenz ist, sich zu erhalten, solange sie nicht gekauft wird. Erst wenn sie als Ware akzeptiert ist und auf andere Waren angewendet wird, entfaltet sie ihre Potenz, erst wenn die Geschicklichkeit, das *know how*, womit sie ein Material in eine nützliche Form bringt, zugleich die Vereinigung zweier Quanta ist, und zwar so, daß das vernunftbegabte Wertquantum dem andern, vernunftlosen, Wert zufügt, in ihm mehr Wert zeugt als es hat – dann erst wirkt die Arbeitskraft produktiv, dann erst geschieht auch im ökonomischen Prozeß, was Bacon in der naturwissenschaftlichen Induktion stattfinden sah: die Verausgabung von Potenz zur Erzeugung

nung. Die sozialen Errungenschaften der fortgeschrittensten Industrieländer haben einen Reichtum zur Bedingung, der ganze Kontinente in Armut hält.

von mehr Potenz, eines beständig potenter werdenden Geschlechts »von Heroen und Übermenschen«. Doch der ökonomische Prozeß entmythologisiert zugleich solchen Heroenglauben, er gibt von selbst den unheroischen Klartext zur »männlichen Geburt der Zeit«, ohne daß man ihn erst umständlich entschlüsseln müßte. Die Potenz der Ware Arbeitskraft ist nicht deren autarke Manneskraft, sondern die geborgte Kraft der Quantität. Die aber ist geschlechtsindifferent. Männlich und weiblich sind ihr einerlei. Sie versichert den Geist seiner selbst nur, sofern sie ihn seines Geschlechts verunsichert – es umschlagen läßt. Wie die Ermannung des Geistes zu planmäßiger Naturbeherrschung seine Verweiblichung verlangte, so auch hier: Die Arbeitskraft kann zeugend, potent nur sein, sofern sie empfängt. Nur ist ihr Sich-Empfänglichmachen nicht Selbstreinigung des Geistes von allen Idolen, sondern illusionsloses Sich-Feilbieten auf dem Arbeitsmarkt, nicht reflexive Verjungfräulichung, sondern unreflektierte Prostitution, die sich als solche zunächst gar nicht wahrnimmt. In aller Stille, hinter dem Rücken aller Beteiligten nimmt der Arbeitsmarkt die Insignien einer Sexualität an, die die »keusche Ehe« des Patriarchats stets begleitet hat wie der Schatten das Licht – und die gesellschaftsfähig wird, indem sie zum nackten, unerotischen gesellschaftlichen Zwang wird. Der Arbeitsmarkt tendiert zum sterilisierten Bordell.

Nun zeigt sich, warum Luthers Formel von der Hure Vernunft so prophetisch war. Sie trifft das Wesen der modernen Lohnarbeit. Einem Käufer nicht irgend etwas, sondern sich selbst offerieren, einem fremden Zweck zu Willen sein, ihm gegen Geld die eigenen Fähigkeiten für einen Großteil des Tages hingeben: das wird in dem Maße, wie der Kapitalismus sich verallgemeinert, zur allgemeinen Bedingung dafür, daß Menschen ihr eigenstes, ihr persönliches Wissen und Können überhaupt artikulieren und gesellschaftlich wirksam machen dürfen. Bacons Vision eines neuen, glücklichen Zeitalters, einer Rückannäherung ans Paradies durch methodisch geleitete Induktion des Geistes in die Natur hat zugleich das Wesen der Lohnarbeit, ohne es zu erwähnen, vorausgefühlt und idealisiert. Er hat geahnt, daß, wenn planmäßige wissenschaftliche Entdeckung und Erfindung sich mit ebenso planmäßiger Anwendung des Entdeckten und Erfundenen verbindet, eine nie gekannte Entfesselung menschlicher Produktivkräfte stattfinden wird, und die große Maschinerie und Industrie ist der Beweis dafür: In ihr ballen sich Menschheitskräfte zu übermenschlicher Größe. Aber das

Ineinandergreifen von Wissenschaft und Anwendung ist zugleich das einer spezifischen Neugier und Habgier, in der der gleiche sich selbst verleugnende, still verzweifelte Identitätszwang waltet. Und dies Zwanghafte, in der aufblühenden Naturwissenschaft sich sublim versteckend, in der kapitalistischen Produktionsweise brutal hervortretend, zwingt schließlich auch die naturwissenschaftliche Forschung unter die Bedingungen dieser Produktionsweise, macht auch ihre Resultate immer gewaltiger und das forschende Subjekt immer ohnmächtiger – immer mehr zur angewandten Ware Arbeitskraft. Deren spezifische Doppelgeschlechtlichkeit – nur als Hure darf sie Wert zeugen – ist die Prosa zu Bacons lyrischem Hymnus auf die »keusche Ehe« von Geist und Natur: der total ernüchterte, versachlichte, zur materiellen Grundlage einer ganzen Gesellschaft rationalisierte Incubus-Succubus: der moderne Androgyn par excellence.[88]

Die Ware Arbeitskraft gibt, längst bevor sie zur allgemeinen Grundlage des Gesellschaftsprozesses geworden ist, bereits das ungenannte Modell des modernen Geistes ab: bei Descartes. Auch er ein Seismograph seiner Epoche. Eine Generation jünger als Bacon, steht er schon tiefer in der neuen Zeit und spricht die Macht der Quantität in dem Maße deutlicher aus, wie er das Seelendrama, das ihr zum Sieg verhilft, unkenntlicher macht. Die doppelte Rationalisierung tut einen entscheidenden Schritt voran. Der Selbstzweifel, mit dem die christliche Epo-

88 Schon der antike Androgyn war, wie gezeigt, ein Schreckbild (s. o. Kap. 2, Anm. 31). Vollkommene Schönheit wurde als Aphrodite, Apoll, Hermes etc. dargestellt, aber nicht als Hermaphrodit. Dem sieht man die Zwangsvereinigung schon von ferne an. Und diesen Makel wird er auch dort nicht los, wo er, wie im England des 17. Jh., vergeistigt wiederaufersteht: als Kontrastbild zur Baconschen Art der Naturbeherrschung, als Symbol einer alternativen, alchimistisch gefärbten, auf Vereinigung der Geschlechter wie der kosmischen Elemente ausgerichteten Naturwissenschaft (vgl. Evelyn Fox Keller, *Liebe, Macht und Erkenntnis*, München 1986, S. 53 ff.). Wo statt des Steins der Weisen »der Same des wichtigsten Lebewesens, der Same von Himmel und Erde, unser geheimster und wunderbarster Hermaphrodit« (Thomas Vaughan, *Anthroposophia Theomagica*, zit. n. E. Fox Keller, a. a. O., S. 57) das Forschungsziel ist, ist weder ein Wissenschaftskonzept entworfen, das sich neben dem Baconschen blicken lassen könnte, noch ein Bild versöhnter Natur. Vielmehr waltet, ob bewußt oder unbewußt, die Zwangsvorstellung einer Einheit, die kein Andersbleiben gestattet. Hermaphrodit ist stehendes Bild für das Verschwinden des Unterschiedenen ineinander. Der Incubus-Succubus ist der in Unruhe aufgelöste Hermaphrodit: Verschwinden ineinander als unentwegtes Umschlagen ineinander – ein Urtypus moderner Unruhe und Ungewißheit.

che die Subjektivität durchtrieben hat, artikuliert sich nicht mehr als Verzweiflungsausbruch wie in Luthers Stoßseufzer nach dem gnädigen Gott, er bewegt sich domestiziert an der Leine einer wissenschaftlichen Methode, die vorab gewiß ist, ihn zu beheben und deren Erfolgsgeheimnis Mathematik heißt. »Jene langen Ketten ganz einfacher und leichter Folgerungen, wie sie die Geometer zu brauchen pflegen, um die schwierigsten Beweisführungen zustande zu bringen, hatten in mir die Vorstellung erweckt, daß alle möglichen Objekte der menschlichen Erkenntnis auf ähnliche Weise einander folgen«[89] – wenn man nur die Regel beachtet, »niemals eine Sache als wahr anzunehmen, die ich nicht als solche sicher und einleuchtend (certo et evidenter) erkennen würde«, »nur soviel zu begreifen, wie sich meinem Geist so klar und deutlich (clare et distincte) darstellen würde, daß ich gar keine Möglichkeit hätte, daran zu zweifeln«[90]. Mathematische Gewißheit, eine, die jeden Zweifel ausschließt, auch in metaphysicis zu erlangen, auch hier den Zweifel systematisch auszuschließen: das verlangt, ihn systematisch auf all und jedes anzuwenden, um herauszufinden, was ihm standhält. Und das erste Bollwerk gegen ihn – ist er selbst. Es ist nämlich unvermeidlich, »daß, während ich so denken wollte, alles sei falsch, doch notwendig *ich*, der das dachte, irgendetwas sein müsse«, woraus sich das berühmte *»ich denke, also bin ich«* »als das erste Prinzip der Philosophie«[91] ergibt. Ein Unprinzip; denn die bloße Gewißheit, zu zweifeln, ist eine verzweifelte Sache, und selbst erste kühne Schlüsse daraus, mit dem Schein mathematischer Präzision vorgetragen, »daß ich eine Substanz sei, deren ganze Wesenheit (essence) oder Natur bloß im *Denken* bestehe«, »so daß dieses *Ich*, das heißt die *Seele*, wodurch ich bin, was ich bin, vom Körper völlig verschieden und selbst leichter zu erkennen ist als dieser und auch ohne Körper nicht aufhören werde, alles zu sein was sie ist«[92] – geben dem Denken zwar hohe Attribute wie Substanz, Selbständigkeit, Unsterblichkeit, aber keinerlei Gewähr, daß auch nur einer seiner Gedanken *wahr* wäre. Sie potenzieren den Zweifel. Wehe, wenn die Methode, die *in* ihn gestürzt hat, nun nicht *aus* ihm

89 R. Descartes, *Abhandlung über die Methode des richtigen Vernunftgebrauchs*, Stuttgart 1977, S. 19
90 A. a. O., S. 18f.
91 A. a. O., S. 31
92 A. a. O., S. 32

führt und unter den zahllosen Vorstellungen, die in der denkenden Substanz umhergeistern, eine findet, die absolut zweifelsfrei ist. Und siehe da: Unzweifelhaft ist »mir der Gedanke an ein vollkommneres Wesen als ich selbst gekommen«, aber woher? »Daß das vollkommenste Wesen Folge und Zubehör des weniger vollkommenen sein solle, ist kein geringerer Widerspruch, als daß aus Nichts etwas hervorgehe. Darum konnte ich jene Idee auch nicht für ein Geschöpf meiner selbst halten. Und so blieb nur übrig, daß sie in mich gesetzt war durch ein in Wahrheit vollkommneres Wesen als ich, welches alle Vollkommenheiten, von denen ich eine Idee haben konnte, in sich enthielt«: »durch *Gott*«.[93] Und Gott hat der Mathematik etwas Entscheidendes voraus. Die nämlich enthält nichts, »das mir die *Existenz* ihres Objekts sicher dartun könnte. Denn ich sah zum Beispiel wohl, daß, ein Dreieck angenommen, seine drei Winkel zwei rechten gleich sein mußten, aber ich sah darum noch keinen Beweis, daß es in der Welt ein Dreieck gäbe, während ich bei der Idee eines vollkommenen Wesens, auf deren Prüfung ich wieder zurückkam, fand, daß in dieser Idee die Existenz ganz ebenso liegt wie in der Idee eines Dreiecks, das seine drei Winkel gleich zwei rechten sind, oder in der einer Kreislinie, daß alle ihre Teile gleich weit von ihrem Zentrum abstehen; oder sogar noch einleuchtender. Folglich ist der Satz, *daß Gott als dieses so vollkommene Wesen ist oder existiert*, mindestens ebenso sicher, wie ein geometrischer Beweis es nur irgend sein kann.«[94] Der Gottesbeweis, geführt auf den Kredit des mathematischen, erzeugt umgekehrt den Schein, die Mathematik sei einzig evident auf dem Kredit Gottes; »daß nämlich *alle Dinge, die wir sehr klar und sehr deutlich begreifen, wahr sind*«, ist »nur deshalb sicher, weil Gott ist oder existiert und weil er ein vollkommenes Wesen ist«[95]. Wer vollkommen ist, täuscht nicht – weder sich noch andere. Wenn wir uns also des Eindrucks nicht erwehren können, daß wir einen Körper haben, daß außer der denkenden noch eine ausgedehnte Substanz existiert, in der unbezweifelbare mathematische und physische Gesetzmäßigkeiten walten, so gaukelt uns Gott nichts vor. In der cartesischen Methode wächst die Mathematik gleichsam über sich selbst hinaus: zunächst in den Zweifel an allem, dann in den Beweis

93 A.a.O., S. 33
94 A.a.O., S. 35
95 A.a.O., S. 37

Gottes, aus dem sie schließlich gestärkt in sich zurückkehrt: zu den nüchtern-quantitativen Verhältnissen der ausgedehnten Substanz. Sie beschreibt die Figur der Reflexion. Gott ist ihr Wendepunkt, wo sie aus dem bloß seiner selbst gewissen Zweifel in zweifelsfreie Gewißheit umschlägt, wo sie aus der Selbstentäußerung wieder zu sich kommt. Indem er die denkende Substanz mit der ausgedehnten vermittelt und dafür bürgt, daß bestimmte Gedanken unzweifelhaft wahr sind, gibt er die Mathematik sich selbst zurück. Er fungiert als ihre Selbstversicherung. Seine Evidenz dankt er der Evidenzkraft der Quantität, die er verstärkt. Gott und Mathematik verhalten sich wie Christus und Christopherus: Christus trägt die Welt, aber Christopherus trägt Christus.

Mit wenigen Strichen gibt Descartes hier eine Art Röntgenbild der Moderne. Ihr Fundament ist der Zweifel, ihr Tun sein Wegarbeiten, der Akteur eine auf sich zurückgeworfene, von allem traditionellen Halt losgerissene Subjektivität. Die Scheidung der Produzenten von den Produktionsmitteln reflektiert sich in der Scheidung von denkender und ausgedehnter Substanz. Das in sich selbst gebannte Denken, das sich keines seiner Gedanken sicher sein kann, entspricht der brachliegenden Ware Arbeitskraft, die der Gewißheit ihrer Potenz beraubt ist, und die wissenschaftliche Methode, die das denkende Ich zunächst in verzweifelte Isolation treibt, um es dann um so sicherer mit der Außenwelt zusammenzuschließen, repräsentiert die wirkliche Macht der Quantität, die die Arbeitskraft von den Arbeitsmitteln gnadenlos isoliert, um sie mit neuer Planmäßigkeit wieder daran zu ketten. Arbeitskraft und Arbeitsmittel werden einander äußerlich, fremd gemacht – und so gerade gleichgeschaltet; beide werden zu Waren. Entsprechend firmiert Denken als eigene Substanz – gleichgültig gegen die ausgedehnte und dabei gerade von gleichem Schlage wie sie; in beiden gilt die gleiche Methodologie. Sie entzaubert die Körperwelt, indem sie deren sinnliche Vielfalt auf einfachste mechanische Gesetzmäßigkeiten reduziert und diese soweit wie möglich auf mathematische. Und sie entzaubert den Geist zum Entdecker dieser Gesetzmäßigkeiten, zu einer beharrlich-mechanischen Reduktionsleitung, deren Sinn darin besteht, die ausgedehnte Substanz auf ihre quantitative Essenz zu bringen. Bacon wollte noch beides: die Natur unterwerfen und »ihre Umarmung (...) zu erreichen suchen«. Die cartesische Methode ist eindeutig – einseitig. Stramm reduktiv, reduziert sie auch den Geist, macht ihn zur Denkfunktion. »Res cogitans« nennt Descartes ihn im lateinischen Urtext, wörtlich übersetzt: denkendes Ding. Dinge sind geschlechts- und gefühllos, Menschen nicht. Denken können nur Menschen, Dinge nicht. Denkendes Ding, anscheinend eine naturgegebene, homogene Substanz, ist in Wahrheit eine gewaltsame historische Verquickung. Geist, sofern er als menschliche Arbeitskraft fungiert, ist neutralisiertes Denkding: Ware, die auf andere Waren angewendet wird. Und zwar verhält er sich in doppeltem Sinne neutral. Einerseits in bezug auf die Gegenstände und Produkte seiner Arbeit. An sich gehen sie ihn nichts an; er verausgabt sich an sie nur um Lohnes willen. Andrerseits in bezug auf sich selbst. Seine männliche Provenienz löst sich auf. Nur als »Hure Vernunft« kann er das ausgeben, was er für seine Manneskraft hält; das Geschlecht schlägt in ihm um.

Neutrum, ne-utrum heißt wörtlich: »keines von beiden« – weder männlich noch weiblich. Neutrum ist, was *kein* Geschlecht hat, aber auch, was zwei Geschlechter hat. Auch der Androgyn ist »keines von beiden«, weil beides. Neutral kann sowohl geschlechtslos als auch doppelgeschlechtlich heißen, und der Witz der »res cogitans« ist, beide Bedeutungen in sich zu vereinigen. Der durch die Macht der Quantität sich seiner selbst versichernde Geist entmännlicht sich zum Ding wie zum Weibe. Das Geschlecht wird gleichgültig in dem Sinne, daß es aufhört, aber auch in dem, daß beide Geschlechter gleich gelten. Diese doppelte Vergleichgültigung hat der kapitalistische Arbeitsprozeß tatsächlich in Gang gesetzt. Anfangs waren die Lohnarbeiter noch vorwiegend Männer. An sich jedoch ist dem Kapital das Geschlecht der Ware Arbeitskraft einerlei, und so war es nur eine Frage der Zeit, bis auch Frauen massenhaft in diesen Prozeß hineingezogen wurden.[96] Der Christus, den seine frühe Gemeinde verehrte, war das imaginäre Medium, worin »nicht mehr Mann und Frau«[97] ist – das schlechte Gewissen über die reale Ungleichheit und Unversöhntheit der Geschlechter. Die entfesselte Quantität ist das Medium, worin *wirklich* »nicht mehr Mann und Frau« ist. Aber ihr Gleichwerden ist auch die Neutralisierung ihrer Verschiedenheit, die Aufopferung ihrer Individualität, eine moderne, kollektiv-abstrakte Form jenes schrecklichen Einswerdens

96 Daß sie bis heute teilweise schlechter bezahlt werden als Männer, ist ein Anachronismus des Kapitalismus, den ihm die Frauenbewegung wahrscheinlich abgewöhnen wird, nicht aber seine Existenzbedingung. Dazu s. u. Kap. 5
97 Gal. 3,28

ohne Andersbleiben, das Platon in seiner Vision von den zusammengeketteten Liebenden exemplarisch-sinnlich vorstellte[98]: Gleichschaltung statt Versöhnung. Die Gleichheit der Geschlechter ist im kapitalistischen Produktionsverhältnis selbst angelegt – aber so, daß kein Geschlecht ihrer froh wird, daß beide durch sie gegeneinander vergleichgültigt und miteinander verdinglicht werden.

Subjektivität als denkendes Ding ist denn auch die Keimzelle eines Geschlechtszynismus, der Descartes persönlich fernlag – und der gleichwohl nur den Dualismus von res cogitans und res extensa (wörtlich: ausgedehntes Ding) konsequent praktiziert, als er ein Jahrhundert später Wirklichkeit wird: in einer anachronistischen, schmarotzenden, müßiggehenden Adelsschicht, die im sich formierenden bürgerlichen Frankreich keine Funktion mehr hat – und gerade deshalb sich die Freiheit nehmen kann, den ökonomischen Funktionalismus der modernen Gesellschaft, während er sich noch ausbreitet, als prikkelnden Zeitvertreib virtuos zu veranstalten: als Spiel zwischen den Geschlechtern, bisweilen als eines auf Leben und Tod. Wie Platon die Essenz des athenischen Homosexuellenmilieus erfaßte, indem er es philosophisch überhöhte, so ist es auch hier die literarische Übersteigerung, die den Extrakt des Milieus herausarbeitet. Keiner bietet ihn authentischer als Choderlos de Laclos. Descartes schwankte noch, rechnete zur res cogitans wohl auch die Empfindungen und Leidenschaften – aber als die dunklen Flecken darin, die sich zu mathematischer Klarheit und Deutlichkeit nicht polieren lassen: zum Denken gehörig, ohne es eigentlich zu sein.[99] Es ist nur eine winzige Akzentverschiebung, zu folgern: was nicht Denken ist, gehört auch nicht zur res cogitans. Empfindungen und Leidenschaften sind res extensa, körperlich, womöglich schwache Nerven, aber nichts, was Subjektivität ausmachen könnte. Die konstituiert sich vielmehr so: »*meine* Grundsätze« »wurden nicht, wie die der andern Frauen, aufs Geratewohl erteilt, ungeprüft aufgenommen und gewohnheitsmäßig befolgt. Sie sind die Frucht meines tiefen Nachdenkens; ich habe sie geschaffen und kann sagen, ich bin

98 S. o. Kap. 2, S. 67 ff.

99 Vgl. R. Descartes, *Die Prinzipien der Philosophie*, I, 45 f.; ders., *Die Leidenschaften der Seele*, I, 27 ff.

mein eigenes Werk.«[100] So läßt Laclos die Marquise von Merteuil sprechen, die Drahtzieherin der *Liaisons dangereuses*, eine ökonomisch unabhängige junge Witwe, die es sich angelegen sein läßt, Geschlechtsbeziehungen, fremde und eigene, als »denkendes Ding« zu regeln. »Ich war noch recht jung und fast ohne Interesse: aber mein eigen waren nur meine Gedanken, und es empörte mich, daß man sie mir sollte rauben oder mich auf ihnen ertappen können, wenn ich es nicht wollte. Im Besitz dieser ersten Waffen, probierte ich sie. Ich begnügte mich nicht damit, mich nicht mehr durchschauen zu lassen, ich machte mir den Spaß, mich unter verschiedenen Gestalten zu zeigen. Meiner Gebärden sicher, beobachtete ich meine Reden. Ich regelte die einen wie die anderen nach den Umständen oder auch nur nach meinen Launen. Vom selben Augenblick an gehörte, was ich dachte, mir allein, und ich zeigte nur noch das, was ich mit gutem Nutzen sehen lassen konnte.«[101] Über »die Liebe und ihre Freuden« hat sie zunächst »nur unklare Einbildungen, die nirgends Anhalt fanden«. »Nur mein Kopf gor. Mir stand der Sinn nicht nach Genuß, ich wollte wissen.« »Zum Glück für mich kündigte wenige Tage darauf meine Mutter mir an, ich solle mich verheiraten. Auf der Stelle löschte die Gewißheit, daß Gewünschte zu erfahren, meine Neugier aus, und ich gelangte jungfräulich in Herrn von Merteuils Arme. Ich erwartete mit Seelenruhe den Augenblick, der mich aufklären sollte, und brauchte Überlegung, um Verwirrung und Furcht zu zeigen. Diese erste Nacht, von der man sich gewöhnlich eine so grausame oder so süße Vorstellung macht, bot mir nur Gelegenheit zu Erfahrungen. Schmerz und Lust, ich beobachtete alles genau und erblickte in diesen verschiedenen Empfindungen nur zu sammelnde und zu bedenkende Tatsachen.«[102] Sie werden registriert wie vom strengen Calvinisten im religiösen Tagebuch: um der Selbstvergewisserung willen. Nur nicht so stümperhaft wie beim Calvinisten. Der nämlich steht noch viel zu sehr im Bann von Empfindungen, solange er nötig hat, Empfindungen zu verbannen und sich in Askese und Sparzwang zu üben. Bei der Marquise von Merteuil hingegen ist das Selbst zum denkenden Ding gehärtet, und das – kann sich Empfindungen leisten. Es

100 Ch. de Laclos, *Schlimme Liebschaften*, übers. v. Heinrich Mann, Frankfurt am Main 1972, S. 222
101 A. a. O., S. 223
102 A. a. O., S. 224 f.

verliert durch sie nichts an cartesischer Präzision, denn sie reichen an es nicht wirklich heran, selbst wo es *seine* Empfindungen sind. Das eigentlich Prickelnde ist nicht Begierde, Leidenschaft, Genuß selbst, sondern das Spielen mit ihnen: die Gewißheit, sie zu haben und zugleich cool über sie zu verfügen, als Rechnungsposten, Manövriermasse in einem aufregenden Gesellschaftsspiel. Mit eigenen und fremden Gefühlen spielen und dabei scharf und souverän kalkulieren: das Quantum Macht, das dabei verspürt wird, ist der kalte Rausch, in den die Macht der Quantität versetzt. Daher: »Ausschweifungen darf man sich nur mit Leuten gestatten, die man bald verlassen will.«[103] Daher Hohn und Spott über den Mann, den ernstlich ein Gefühl beschleicht: »Sie sind verliebt. Anders zu Ihnen reden hieße treulos an Ihnen handeln; hieß Ihnen Ihre Krankheit verheimlichen. Sagen Sie mal, schmachtender Liebhaber: die Frauen, die Sie gehabt haben, glauben Sie, daß Sie die vergewaltigt haben? Lieber Gott, wenn man noch so große Lust hat, sich zu ergeben, und es noch so eilig hat – einen Vorwand braucht man doch; und gibt es einen bequemeren für uns als den, der uns den Schein gibt, als wichen wir der Gewalt? Für mich, ich gestehe es, gehört zum Schmeichelhaftesten ein lebhafter, gut ausgeführter Angriff, bei dem alles geordnet obwohl rasch erfolgt; der uns nie in peinliche Verlegenheit setzt, daß wir selber eine Ungeschicklichkeit wieder gutmachen müssen, aus der wir im Gegenteil hätten Gewinn ziehen sollen; der uns den Schein der Vergewaltigung noch bei dem läßt, was wir bewilligen«[104]. Die alten patriarchalen Geschlechtsrollen von Nehmen und Genommenwerden, von Manneskraft und Erliegen firmieren hier nur noch als Kulisse. Das Entscheidende spielt sich dahinter ab: der Kampf der res cogitans gegen ihresgleichen. Die Marquise bedarf freilich der Kulisse, um spielen zu können, um geschützt durch sie die neue Subjektivität zu entfalten, auf die es fürderhin ankommt. »Wenn Sie (...) gesehen haben, wie ich, unter willkürlicher Anordnung von Ereignissen und Meinungen, aus (...) furchtbaren Männern das Spielzeug meiner Launen oder meiner Einfälle machte, wie ich den einen die Lust, den andern die Macht, mir zu schaden, nahm; wenn ich sie abwechselnd und meinem beweglichen Sinn gemäß an meine Gefolgschaft zu fesseln oder von mir wegzustoßen verstanden habe, (...) und wenn inmitten

103 A.a.O., S. 47
104 A.a.O., S. 43

dieser häufigen Umwälzungen mein Ruf sich dennoch rein erhalten hat: haben Sie daraus nicht schließen müssen, daß ich, dazu geboren, mein Geschlecht zu rächen und Ihres zu meistern, mir Mittel zu schaffen gewußt habe, die bis auf mich unbekannt waren?«[105] Das Spiel ist Ernst. Nur wer es beherrscht, bleibt obenauf – gleichgültig, welchen Geschlechts. Daß eine Frau es am besten spielt, verletzt alle Männer, mit denen sie in Berührung kommt; *wie* sie es spielt, zeigt, daß dem Patriarchat die Stunde schon geschlagen hat. Es weiß nur noch nicht, wie es um es steht. Aber die neuen Machtverhältnisse, die es ausgebrütet hat, haben sich längst zu regen begonnen, und die Merteuil ist ihre Protagonistin: »dazu geboren, mein Geschlecht zu rächen«. Doch Rache ist für sie nicht etwa solidarischer Zusammenschluß der Frauen gegen die Männer. Jene »irrsinnigen Frauen, die sich ›gefühlvoll‹ nennen,« denen »die Natur ihre Sinnlichkeit in ihren Kopf verlegt hat, die nie nachgedacht haben und darum ständig Liebe und Liebhaber verwechseln«, »die in ihrem gegenwärtigen Geliebten nicht ihren künftigen Feind zu sehen wissen«[106]: sie sollen genauso hinab wie die Männer, die das Spiel mit den eigenen und fremden Emotionen nicht beherrschen. Und so ist schließlich der einzige, dem die Rächerin ihres Geschlechts sich anvertraut, ein Mann, und zwar gerade der, der annähernd so virtuos spielt wie sie: der Vicomte von Valmont. »Nie hat mir eine Huldigung mehr geschmeichelt; ich begehrte Sie, bevor ich Sie gesehen hatte. Ich war durch Ihren Ruf verführt, es schien mir, als gingen Sie meinem Ruhme ab, ich brannte darauf, Brust an Brust mit Ihnen zu ringen. Es ist die einzige meiner Neigungen, die je einen Augenblick Herrschaft über mich gewonnen hat.«[107] Die Neigung, ihn zu besiegen und die Neigung, sich ihm zu öffnen sind freilich gleich groß. Der einzige, der sie aus der hermetischen Einsamkeit der res cogitans befreien kann, ist ihr Erzrivale, weil nur er genauso wissend ist wie sie. Nicht ihre zeitweilige Liebschaft eint sie; sie erkennen beide im »gegenwärtigen Geliebten« den »künftigen Feind«. Sondern dies Erkennen, das Wissen, worauf es ankommt, was wahre Selbstvergewisserung, Selbstbehauptung ist, was es heißt, denkendes Ding zu sein: *das* bindet sie aneinander, läßt sie gemeinsam, in infamen Intrigen gegen Männer und

105 A.a.O., S. 221
106 A.a.O., S. 221 f.
107 A.a.O., S. 229

Frauen, die Macht der Kalkulation genießen – ohne daß sie aufhören, diese Macht gegeneinander zu erproben.

»Grad und Art der Geschlechtlichkeit eines Menschen reicht bis in den letzten Gipfel seines Geistes hinauf«, lautet Nietzsches berühmtes Diktum.[108] Merteuil und Valmont legen es darauf an, daß die Geschlechtlichkeit überhaupt nicht mehr in den Geist hinaufreicht – und er so erst wirklich frei von ihr, frei *zu* ihr wird. Ein asexueller Geist soll Motor und Regisseur entfesselter Sexualität sein. Sie ausschweifend genießen und dabei den Genuß haben, über ihr zu stehen, sich an nichts und niemanden zu verlieren, auch da noch zu nehmen, wo man zu geben scheint, sich gar im Rausch der Begierde noch als erfolgreich kalkulierendes, Gewinn einstreichendes Selbst zu beweisen: das ist die Rechnung. Sie geht nicht auf. Der bloß noch kalkulierte Genuß ist kastrierter Genuß, die bloß noch manipulierte Geschlechtlichkeit ist neutralisierte Geschlechtlichkeit, ihr Virtuose ein betrogener Betrüger. Valmont ahnt das: »Ich bin empört, (...) daß dieser Mensch, ohne seinen Verstand anzustrengen, ohne sich die geringste Mühe zu geben, bloß indem er einfältig seinem Herzenstriebe folgt, ein Glück findet, das ich nicht erreichen kann.«[109] Glück ist ohne »Selbstpreisgabe an ein Anderes«[110] nicht zu haben. Und denkendes Ding pur zu sein hält auf die Dauer keiner aus. Valmont nicht, denn ihn wandelt ehrliche Liebe an; Merteuil nicht, denn ihr Mitteilungsbedürfnis gegen Valmont ist unkalkuliert; sie gibt ihre Geheimnisse, gibt sich selbst preis. Als Valmont schließlich stürzt, zieht er sie mit hinab. Beide gehen daran zugrunde, res cogitans sein zu wollen und es doch nicht ganz zu können. Ihr Geist, dessen Kitzel es ist, die Sexualität *unter* sich zu wissen, mit ihr zu spielen, ist mit nichts ernster beschäftigt als mit ihr: besessen von ihr, weil er merkt, daß sich ihre Genüsse in dem Maße verflüchtigen, wie er mit ihnen handelt, schachert, rechnet. Die Geschlechtlichkeit beginnt als *horror vacui* in den Geist hinaufzuragen, gegen den ihm nur hilft, sich in ihre Handhabung, Berechnung, Regie immer weiter hineinzusteigern, ihr durch immer neue Intrigen und Abenteuer eine immer höhere Dosis jenes Prickelns abzugewinnen, das ihn allein seiner selbst noch versichert. Selbststeigerung als einziges Mittel gegen den Selbstverlust:

108 F. Nietzsche, *Jenseits von Gut und Böse*, *Werke*, Bd. IV, S. 626
109 Ch. de Laclos, a. a. O., S. 53
110 M. Horkheimer/Th. W. Adorno, *Dialektik der Aufklärung*, S. 112

bis in die Intimität ihrer sexuellen Regungen hinein drückt die Macht der Quantität beiden Geschlechtern dieses ihr Wahrzeichen auf.

Merteuil und Valmont betreiben ihr Spiel mit der gleichen Hingabe wie der Unternehmer sein Geschäft und der Wissenschaftler seine Experimente.[111] Das können sie sich freilich nur leisten, weil sie von der Produktion freigestellt sind. Ein markanter Fall gleichzeitiger Ungleichzeitigkeit: Angehörige einer schmarotzenden, dekadenten, untergehenden Adelsschicht spielen der neuen, aufsteigenden Gesellschaft deren eigene Melodie vor, längst ehe sie sie als die eigene erkennt. Sie exerzieren das moderne Produktionsverhältnis bereits als Geschlechterverhältnis vor, ehe klar ist, daß das Produktionsverhältnis vor dem Geschlechtsleben nicht haltmachen wird. Sie demonstrieren, was es heißt, wenn nicht nur die Arbeitskraft, sondern auch jegliche ihrer Neigungen und Leidenschaften zur Ware wird, mit der zu kalkulieren das Geschäft der Selbstbehauptung ausmacht, wenn Konkurrenz sich noch in die Schlupfwinkel fortsetzt, in denen man sich von ihr zu erholen gedachte, wenn sie noch die zartesten Empfindungen verhärtet, weil sie im Geliebten auch den Rivalen zu sehen zwingt, die Frauen so zwar zum Kampf gegen die Männer ermächtigt, ihnen die gleichen Waffen gibt, aber in einem Kampf, in dem jeder gegen jeden, nicht nur ein Geschlecht gegen das andere steht und jeder, ganz auf sich zurückgeworfen, als res cogitans mit sich so allein ist wie die cartesische Selbstvergewisserung des Zweifels. Merteuil und Valmont sind eine literarische Übertreibung, aber eine, in der jene Art von Gleichberechtigung und Emanzipation, die das kapitalistische Produktionsverhältnis einzig gestattet, mit atemberaubender Konsequenz zu Ende gedacht ist. Hier ist vorausgefühlt, wie die Menschen zueinander stehen werden, wenn die vergleichgültigende Macht der Quantität tatsächlich in alle Poren des gesellschaftlichen Lebens eingedrungen sein wird. Hier treten unnachahmliche, plastische, ganz der Libertinage des 18. Jahrhunderts angehörige Charaktere auf, die gleichwohl weit über ihre Zeit hinausragen: als schillernde, reflektierende Allegorien einer Subjektivität, von der der moderne Single mit häufig wechselndem Geschlechtsverkehr einen

111 Nicht von ungefähr sieht Heinrich Mann in Valmont einen modernen Inquisitor. »Was ein Mensch dem anderen zufügen kann, erfährt man im Laufe dieser Inquisition eines Psychologen, wie man es bei der der Mönche erfährt.« (H. Mann, Einleitung zu Ch. de Laclos, a. a. O., S. 8)

matten, platten Abklatsch darstellt; als kunstvolle, mit Fleisch, Blut und Geschlecht versehene Personifikationen eines Zynismus, der im modernen Alltag als anonyme, banale, gegen Person und Geschlecht gleichgültige ökonomische Gesetzmäßigkeit wirkt – und dabei dennoch wie ein Süchtiger: er kann nicht aufhören, sich in seinem quantifizierenden Tun unablässig zu steigern.

Eine Sache am Punkt ihres Entstehens erfassen heißt oftmals ihr Wesen erfassen. Wer das Patriarchat begreifen will, muß an dessen Ursprung zurück, wer dem Christentum auf den Zahn fühlen will, muß sehen, wie es sich im Neuen Testament offenbart und verbirgt; so muß auch, wer der Neuzeit auf den Grund will, aufdecken, was in ihr verschwunden ist – sich unkenntlich gemacht hat. Es steht ihr ja nicht an der Stirn geschrieben, daß sie längst begonnen hat, bevor sie sich wahrnimmt, daß die Inquisition, die gemeinhin als Wahrzeichen des Mittelalters gilt, auch schon *ihr* Paradigma ist, daß in den Hexenverfolgungen, der modernen Experimentalwissenschaft, dem systematischen Ware-Werden von Dingen, Tieren und Menschen der gleiche Zwang zur Entzauberung der Welt seine verschiedenen Gesichter zeigt: ein Selbstbestätigungszwang des Geistes, der seine Autarkie und tief in ihr seine Männlichkeit angetastet fühlt und einen epochalen Rationalisierungsprozeß anstrengt, um sie sich und aller Welt unablässig zu beweisen. Vordergründig sieht dieser Prozeß aus, als sei er bloß die Fortsetzung der altbekannten Männerherrschaft mit etwas andern Mitteln. So war er auch gedacht. Aber hinterrücks kam etwas anderes in Gang: die Selbstaushebelung des Patriarchats. Männer betreiben verzweifelt die innere und äußere Befestigung ihrer Herrschaft und untergraben sie dabei; der Retter in der Not, die entzaubernde, versachlichende Kraft der Quantität tritt ihre eigene Herrschaft an, statt eine fremde zu stützen, bricht den Bann einer weiblich-dämonischen Bedrohung, der ein ganzes Kollektiv in Atem hielt, indem sie ihren eigenen Bann auszuüben anfängt, eröffnet die Aussicht auf »Heroen und Übermenschen«, die souverän und frei über die Natur verfügen – und entfesselt eine Ökonomie, die wie eine Naturgewalt über Menschen verfügt und ihnen den Heroismus sukzessive austreibt. Kurzum, Männer heben die abstrakte Macht der Quantität auf den Thron – und die Männerherrschaft aus den Angeln.

Wo dieser Vorgang beginnt, ist eine entscheidende Bruchstelle im historischen Kontinuum des Geschlechterkampfs. Die folgende Entwicklung breitet sich darüber wie die Latenzphase über die frühkindlichen Konflikte. Das Kind wächst und gedeiht, nimmt Vernunft und Manieren an, und erst im Stadium einer gewissen Reife bricht die längst überwunden geglaubte Konfliktkonstellation wieder auf, erst jetzt, nachträglich, zeigt sich, wie prägend sie war. So auch hier: Erst vom erwachsenen, zur großen Industrie entfalteten Kapitalismus aus wird allmählich sichtbar, daß in ihm etwas anderes zur Macht gelangt ist als Männer: ein Herrschaftsprinzip, mit dem sie – vorerst jedenfalls – enger liiert sind als Frauen und das dennoch nicht ihr eigenes ist. Es zeigte sich uns als ein in ökonomischen Zwang verwandelter Seelenzwang, in welchem eine desolate subjektive Befindlichkeit, ein sich bekämpfender Selbstverlust, ein manisches »Ich bin nur ich selbst, sofern ich *mehr* ich selbst werde« sich zur treibenden Kraft einer ganzen Gesellschaft objektiviert hat. Dieser Zwang ist im Großen, was die Ware Arbeitskraft oder philosophisch: die res cogitans im Kleinen ist: Neutrum in doppeltem Sinn. Als ökonomischer Sachzwang, der die Menschen zu Waren präpariert und auf den Arbeitsmarkt treibt, gewinnbringend anwendet und verschleißt, hat er zwar viele Agenten und Verwalter beiderlei Geschlechts; er selbst aber ist geschlechtslos: abstrakt, unkörperlich, ungeistig. Und dennoch, ohne einen Funken Empfindung oder Bewußtsein zu haben, verhält er sich wie ein Subjekt mit »Lieb' im Leibe«. Er ist Trieb und Sucht, sich in Investitionen zu verausgaben, sich durch Arbeitskräfte, Produktionsmittel, Produkte hindurch in sich zurückzuschlingen und seine eigene Kraft zu vermehren, und ausgerechnet in diesem blind-kopflosen Tun beschreibt er die Figur der Reflexion – in jener verabsolutierten, scheinbar selbstgenügsamen Weise, wie wir sie an der Großen Mutter und dem dreifaltigen Gott kennengelernt haben. In der Großen Mutter bog sich die weibliche Gebärkraft in sich zurück und regenerierte sich durch sich selbst. Im patriarchalen dreifaltigen Logos bog sich die männliche Energeia in sich zurück und bestätigte sich als rein geistige Potenz. In der Sucht des Kapitals werden Gebärkraft und Energeia eins – und auf fatale Weise real. Verabsolutierte Reflexion ist hier nicht länger nur Deutung, die menschlicher Geist dem kosmischen Geschehen gibt, sondern ein zwar von Menschen in Gang gesetzter, jedoch gegen sie verselbständigter gesellschaftlicher Prozeß, der am besten läuft, wenn er am wenigsten gedeutet und begriffen wird. Wo aber die verabsolutierte Reflexion sich derart wirklich inkarniert, wie es von Christus immer nur behauptet wurde, da sollte es einen schon wundern, wenn nicht auch ihr wahres Wesen zur Erscheinung käme. Und siehe da, sie gibt freimütig zu, worin ihre Selbstgenügsamkeit besteht: nie genug bekommen zu können. Die Sucht des Kapitals ist der Hohn auf die Autarkie der Reflexion, damit auch Hohn sowohl auf die Große Mutter als auch den dreifaltigen Gott – und gleichwohl der Testamentsvollstrecker beider. Kapital als die abstrakte, unstoffliche Bewegung, die gleichermaßen durch Geld, Arbeitskräfte, Maschinen, Produkte hindurchgeht und sie alle zu einem lebendigen Prozeß zusammenschließt, nimmt sich aus wie autarker, Leben stiftender Geist: Energeia. Doch *an sich* ist diese Bewegung – nichts. Sie bedarf der Natur und ihrer Erzeugnisse, der Menschen und ihrer Produkte, ist bloß ein bestimmtes Verhältnis zwischen ihnen, eine Art ihres Stoffwechsels, gebiert, nährt und verschlingt wie Mutter Erde. So ist sie die Indifferenz von Urmutter und Übervater – asexueller Zwang einerseits, welthistorischer, wirklich gewordener Androgyn andererseits. In diesem doppelten Neutrum – geschlechtslos und zweigeschlechtlich – sind Jahrtausende weiblicher und männlicher Geschlechtsherrschaft zusammengenommen und auf ihre Quintessenz gebracht: die verabsolutierte Reflexion. Die Große Mutter war die Gestalt ihrer ersten sinnlichen Blüte, der patriarchale Logos ihre höchste geistige Form. In beiden Fällen war es das Geschlechtsspezifische, sei es das Gebären, sei es das Zeugen, das zur Reflexion überhöht und verabsolutiert wurde. Nun löst sich die Reflexion vom Geschlecht, ohne das Falsche des Geschlechtscharakters loszuwerden: die Verabsolutierung. Eine entsinnlichte, entgeistigte, neutralisierte ökonomische Gesetzmäßigkeit bildet den äußersten Extrakt der Geschlechtsherrschaft, ohne selbst noch Geschlechtsherrschaft zu sein. Das foppt beide Geschlechter, vor allem aber die moderne Frauenbewegung. Wo sie ihren Kampf gegen die Männer beginnt, hat das Patriarchat – aufgehört.

5. Paradox der Frauenbewegung

Im Jahre 1848 erklärte eine Versammlung amerikanischer Frauen die bisherige Geschichte der Menschheit für »eine Geschichte wiederholter Schädigungen und Übergriffe von seiten des Mannes gegenüber der Frau«. »Er hat ihr niemals erlaubt, ihren unveräußerlichen Anspruch auf das politische Stimmrecht auszuüben. Er hat sie gezwungen, sich Gesetzen zu unterwerfen, bei deren Abfassung sie keine Stimme hatte.« »Er hat ihr alles Eigentumsrecht genommen, sogar auf den selbstverdienten Lohn. Er hat sie moralisch zu einem unverantwortlichen Wesen gemacht«. »Er hat fast alle einträglichen Berufe monopolisiert«. »Er hat ihr die Gelegenheit versagt, sich eine gründliche Bildung anzueignen«. Fazit: Frauen sollen »sofort zu allen Rechten und Privilegien zugelassen werden, die ihnen als Bürger der Vereinigten Staaten gehören«[1]. »Da gab es keine Zeitung, von Maine bis Louisiana, die nicht unsere Unabhängigkeitserklärung gebracht und die ganze Sache ins Lächerliche gezogen hätte. Mein guter Vater kam von New York mit dem Nachtzug, um zu sehen, ob ich nicht den Verstand verloren habe«, schreibt Elizabeth Cady-Stanton, die Hauptinitiatorin der Versammlung.[2] Der Mut, den diese Frauen zusammennehmen mußten, um derart an eine ganz von Männern bestimmte Öffentlichkeit zu treten, läßt leicht vergessen, daß sie vergleichsweise glimpflich davonkamen. Ein halbes Jahrhundert zuvor, in der Französischen Revolution, hatte Olympe de Gouges, die Frau, die die frisch proklamierten Menschenrechte als Männerrechte durchschaute und dagegenhielt: »Hat die Frau das Recht, das Schafott zu besteigen, so muß sie auch das Recht haben,

1 *Declaration of Sentiments*, Versammlung amerikanischer Frauen in Seneca Falls (N.Y.) am 19. und 20. Juli 1848, zit. n. Helene Lange, *Die Frauenbewegung in ihren modernen Problemen*, Leipzig 1908, S. 119ff.

2 Zit. n. Clara Zetkin, *Zur Geschichte der proletarischen Frauenbewegung Deutschlands*, Frankfurt am Main 1971, S. 37

die Tribüne zu besteigen« – eben dafür das Schafott besteigen müssen.[3] Und Mary Wollstonecrafts *Rechtfertigung der Rechte der Frauen* sowie Th. G. von Hippels *Bürgerliche Verbesserung der Weiber* (beide 1792) erschienen als leicht zu unterdrückende Meinungen verirrter Einzelkämpfer.

Mitte des 19. Jahrhunderts stehen die gleichen Forderungen ganz anders da. Die industrielle Revolution ist in vollem Gange. Durch ihre Verwandlung der herkömmlichen handwerklichen Arbeitsmittel in große Maschinerie hat der Hunger des Kapitals nach Arbeitskräften sprunghaft zugenommen und empirisch bewiesen, daß ihm die weibliche Arbeitskraft gleichermaßen willkommen ist wie die männliche, sogar willkommener, sofern wehrloser gegen Ausbeutung. »Die Großindustrie braucht zu ihrer Entfaltung die Frauenkraft. Wie der Magnetberg das Eisen der Schiffe, so zog sie fühllos und unaufhaltsam an sich heran, was an freier, oder sagen wir besser ›wehrloser‹ Arbeitskraft da war, wenn auch die Familie dabei auseinanderbrach. Schon 1839 waren von der halben Million Fabrikarbeiter, die es in England gab, mehr als die Hälfte Frauen.«[4] Erst unter solchen Voraussetzungen wird die Formierung von Frauenverbänden, die für gleiche Rechte der Frau, als Arbeiterin wie als Bürgerin, eintreten, allmählich unaufhaltsam. Das Vertrackte daran: Da stemmen sich Frauen mit unerhörtem Mut gegen eine ganze Männerwelt – und verlangen doch nur, worauf der gewaltsame ökonomische Vergleichgültigungsprozeß, den Männer in Gang gesetzt haben, von sich aus hinausläuft: daß eben beide Geschlechter gleich gelten. Die als Anwältinnen ihres Geschlechts dafür kämpfen, befördern dabei zugleich die Eigendynamik, die der abstrakte ökonomische Zwangsmechanismus in sich hat. Seine Initiatoren und Agenten hingegen wollen nicht wahrhaben, wohin seine Dynamik tendiert, wollen seine Profite, aber nicht seine gleichschaltende Kraft. Schon in der Frühzeit der Frauenbewegung deutet sich an, was es heißt, daß das kapitalistische Produktionsverhältnis ein doppeltes Neutrum ist: geschlechtslos und zweigeschlechtlich. Es schlägt nämlich, diabolisch wie ein Incubus-Succubus, jäh um, erscheint männlich insofern, als Männer an seinen Schalthebeln sitzen und den Rahm abschöpfen, weiblich insofern, als die Gleichheitsforderung auch *seine* Tendenz ist – und ist doch

3 A. Bebel, *Die Frau und der Sozialismus*, Berlin 1923, S. 287f.
4 Helene Lange, *Die Frauenbewegung*, a. a. O., S. 10f.

keines von beiden, foppt beide Geschlechter, wenn auch in unterschiedlichem Maße, läßt das Geschlecht, das besonders nötig hat, für die eigenen Belange zu kämpfen, auch besonders im unklaren darüber, wie weit es auch wirklich die eigenen sind, für die es eintritt.

Untrüglicher Indikator dafür ist die Gleichheitsforderung. Sofern sie meint, daß Frauen nicht minder Rechtssubjekte sind als Männer, nicht minder über sich und eigenen Besitz verfügen, sich bilden, versammeln, politisch betätigen dürfen, ist sie klar und eindeutig – und bedeutet doch, je nach sozialer Stellung, auch wieder ganz Verschiedenes: Für die mittellose Frau vornehmlich den Zwang, die eigene Arbeitskraft genauso verkaufen zu müssen wie proletarische Männer, für die Frau aus bürgerlichem Hause die Chance, genauso Künstler, Literat, Intellektueller, Arzt, Jurist zu werden wie Männer ihrer Klasse. Gleichheit heißt sowohl freie Entfaltung der Person unerachtet des Geschlechts als auch freie Entfaltung der Marktgesetze, die aufs Geschlecht nicht achten und Gleichbehandlung auf ihre Weise definieren. Der Geschlechterkampf tritt ins Kraftfeld des Konkurrenzkampfs, und der verwischt die Fronten. Unternehmer betreiben tatkräftig die Gleichstellung der Frau, indem sie vorzugsweise weibliche Arbeitskräfte kaufen, während Arbeiter sich dagegen zusammentun, daß Frauen ihnen die Arbeitsplätze wegnehmen.[5] Dieselben Unternehmer entrüsten sich, wenn ihre Töchter statt Klavier spielen und heiraten lieber studieren, philosophieren, den Betrieb übernehmen wollen, während es für Arbeiter und Arbeiterinnen aufs Geschlecht des Fabrikbesitzers gewöhnlich nicht ankommt. Innerhalb der sozialen Klassen – der bürgerlichen wie der proletarischen – beginnt es zwischen den Geschlechtern auf neue Weise zu knistern, mischt sich in das erotische Verhältnis teils sachte, teils grob und längst nicht so delikat, wie Laclos es pointiert hat, ein Rivalitätsverhältnis ein, das nicht nur Konkurrenten kennt, die einem die geliebte Person streitig machen, sondern auch in der geliebten Person den Konkurrenten sehen lehrt, der die eigene materielle Existenz streitig machen kann. Einerseits gibt das den Frauen Auftrieb. Wo sie den

5 Z. B.: »Der 2. Kongreß des Nationalen Unterstützungsverbandes der Zigarren- und Tabakarbeiter, der 1849 in Leipzig tagte, beschloß nach Erörterung der Lohnfrage und der Möglichkeit, das Arbeitsangebot zu vermindern, das Verbot der Frauenarbeit in den Fabriken zu fordern.« (Cl. Zetkin, *Zur Geschichte der proletarischen Frauenbewegung Deutschlands*, S. 61)

eigenen Lebensunterhalt oder gar den der Familie verdienen, sind sie ihren Männern nicht mehr wehrlos ausgeliefert. Das Konkurrenzverhältnis befreit sie aus einer unmittelbaren Abhängigkeit, die um so unwürdiger ist, je weniger sie Anlaß haben, ihre Männer zu lieben.[6] Andererseits träufelt es in jedes wirkliche Liebesverhältnis jenes Gift des gegenseitigen Sich-Messens, Berechnens, Belauerns, Benutzens, dessen zersetzende Kraft uns Laclos prophetisch vor Augen geführt hat. Die Gleichstellung der Frau als Konkurrentin sät eine neue Form von Zwietracht innerhalb ihrer sozialen Klasse, ohne die materielle Ungleichheit von Arbeiterinnen und Bürgerinnen anzutasten.

Daß bloß Gleichheit fordern ans Entscheidende nicht heranreicht, sogar darum betrügt, ist in der Frauenbewegung bald bemerkt worden. »Das Leben des Kulturmenschen«, schreibt Helene Lange, der Kopf im Bund Deutscher Frauenvereine um 1900, »ist im wesentlichen in zwei Kreise zusammengefaßt; einen kleineren: die Familie, und einen größeren: die Gesellschaft.«[7] Das Hauptübel der Moderne sieht sie im »Hinauswandern einer menschlichen Tätigkeit nach der anderen aus dem primitiven Bereich der Familie hinaus in die soziale Gemeinschaft«[8], bis sich schließlich »der Gegensatz zwischen Familieninteresse und Produktionsinteresse heute zur grellsten Dissonanz« steigert. Auch die Frau wird »von der Großindustrie vielfach wie von einem unüberwindlichen Sieger als willenlose, ja widerstrebende Beute mitgerissen«, »um fern der häuslichen Heimstätte an irgendeinem vakanten Posten der volkswirtschaftlichen Produktion eingestellt zu werden«. Andererseits ist sie diejenige, »die den letzten, den nach unsrer Überzeugung unveräußerlichen Kern der Institution der Familie gegen die seelenlosen Gewalten der technischen Entwicklung mit Leib und Leben zu schützen hat«[9], und dieser Kern, ein »Stück Natur, das wie Ur-

6 »Es gibt wohl keine größere Tortur als die, welche ein menschliches Wesen zwingt, sich die Liebkosungen einer ungeliebten Person gefallen zu lassen. (...) Ist eine solche Ehe nicht schlimmer als Prostitution? Die Prostituierte hat bis zu einem gewissen Grade die Freiheit,« »den Kauf der Umarmung desjenigen zurückzuweisen, der ihr aus irgend einem Grunde nicht zusagt.« (A. Bebel, a.a.O., S. 117f.). Der Tatbestand der Vergewaltigung in der Ehe ist hier bereits klar benannt.

7 H. Lange, a.a.O., S. 8

8 A.a.O., S. 9

9 A.a.O., S. 11f.

gestein (...) übrig bleiben muß: das ist die Mutterschaft«.[10] Die Frau muß ihre alte, naturgegebene Rolle neu ergreifen und selbst in Regie nehmen. Dazu braucht sie Versammlungs- und Stimmrecht, Zulassung zu allen Bildungsinstitutionen und Berufssparten, kurzum volle rechtlich-politische Gleichstellung mit dem Mann – aber um anders bleiben zu können als er – und um ihr Anders-Sein, das bisher auf Haus und Herd beschränkt war, zu einer »öffentlichen Mission«[11] zu machen. »Wie der Mann als Staatsangehöriger für Erhaltung, Förderung und Verteidigung seines Landes eintreten muß, so hat die Frau als Staatsangehörige für Behagen, Ordnung und Ausschmückung im Staate Sorge zu tragen.«[12] Als »Träger persönlicher Lebenselemente« markiert sie den »Gegensatz zu der harten Objektivität, den mechanischen Notwendigkeiten des sozialen Geschehens«[13]. »Individuelle Erziehung, individuelle Armenpflege, Heimatkunst, individualisierende Handhabung der industriellen Gesetzgebung, das sind die Schlagworte.«[14]

Helene Lange zeigt sicheres Gespür für die vergleichgültigende Kraft, die der moderne ökonomische Zwangsmechanismus auf Individualität und Geschlecht ausübt, auch für die Naturschranken, die er hat (Mutterschaft bedeutet fürs Kapital immer Ausfallszeit) – aber gar keines für die Herkunft des Weiblichkeitsbildes, mit dem sie die physische Tatsache des Gebärens übermalt. Es handelt sich um ein modernes Porträt der uralten Echidna, ihrer oberen, domestizierten Hälfte, versteht sich. Ehe, Häuslichkeit, Mütterlichkeit, Behaglichkeit, individuelle Fürsorge, Gefühl, Dekoration, alles das, worauf eine bestimmte Familienform das weibliche Geschlecht seit Jahrhunderten getrimmt und stilisiert hat, das, was selbstgefällige Biedermänner von der Frau ihrer Träume erwarten – ausgerechnet das sollen die wirklichen Frauen als ihr Eigenstes begreifen und vor dem Zerfall bewahren, indem sie es in Staatsbürgertugend übersetzen. Solche Tugend wirkt freilich vornehmlich als Schmieröl der Marktgesetze, behandelt ihren anonymen, kalten Mechanismus mit dem Maß an Individualität, Wärme, Herzblut, ohne das sie auf Dauer kaum zu ertragen sind. Was bei Dilthey die Geistes-

10 A.a.O., S. 9
11 A.a.O., S. 102
12 A.a.O., S. 103
13 A.a.O., S. 104
14 A.a.O., S. 102

wissenschaften gegen die Naturwissenschaften leisten sollen, nämlich Rettung des seelenvollen Reichs »von Leidenschaft, dichterischem Gestalten, denkendem Ersinnen«, das »im inneren Erlebnis seinen selbständigen Ursprung und sein Material hat«[15], vor der seelenlosen Verfügung der Technik und Naturbeherrschung; was noch bei Habermas die »Lebenswelt« gegen die »Systemwelt« bieten soll, nämlich Schutz des »verständigungsorientierten Handelns, der argumentativen Rede, der Erfahrung und des objektivierenden Denkens, des moralischen Urteils und der ästhetischen Kritik«[16] gegen die »provokative Bedrohung« »der Monetarisierung und Bürokratisierung«, »die die symbolischen Strukturen der Lebenswelt *im ganzen* in Frage stellt«[17] – das verspricht sich Helene Lange von der anheimelnden Kraft der Weiblichkeit: daß Gesellschaft und Staat *nicht* zur bloßen Maschinerie erkalten, die seelen- und gnadenlos Menschen und Material verwaltet und verschleißt. Und wie Dilthey und Habermas führt sie die abstrakten ökonomischen Zwänge, die da über die moderne Welt gekommen sind, nicht etwa auf ein bestimmtes Produktions- und Herrschaftsverhältnis zurück; »die *technische Entwicklung an sich*, auch abgesehen von ihrer geldwirtschaftlichen Seite«[18] sei die treibende Kraft in diesem Prozeß, womit der Kapitalismus auf ein bloßes Geldverhältnis verkürzt wird – auch bei Habermas ist er nur noch ein System, das den »Verkehr zwischen den Unternehmungen wie auch den Austausch mit den nicht-ökonomischen Umgebungen (...) über monetäre Kanäle abwickelt«[19] – und das, was den Kapitalismus eigentlich ausmacht, nämlich sein spezifisches Produktionsverhältnis, sich in ein technisches Verhältnis verflüchtigt. Keine Erinnerung mehr an die Gewalt, die Habgier, den Autarkiezwang, die in der Scheidung von Produzenten und Produktionsmitteln am Werk waren; statt dessen ein man weiß nicht wie in Gang gekommenes »Hinauswandern einer menschlichen Tätigkeit nach der anderen aus dem primitiven Bereich der Familie hinaus in die soziale Gemein-

15 W. Dilthey, *Einleitung in die Geisteswissenschaften*, Werke, Bd. I, Stuttgart 1959, S. 9

16 J. Habermas, *Theorie des kommunikativen Handelns*, Frankfurt am Main 1981, Bd. 2, S. 587

17 A. a. O., S. 593

18 H. Lange, a. a. O., S. 15

19 J. Habermas, a. a. O., S. 256

schaft«[20] oder, wie Habermas sagen würde, eine »Entkoppelung von System und Lebenswelt«[21], bei der die technische Eigendynamik der modernen Systemwelt freigesetzt wurde. Nicht, daß dabei immer alles glatt ging; es gab auch Fehlschaltungen. Wenn etwa »die Frauen überall, in der Erziehung, im Beruf, im Familienrecht, in der sozialen Bewegungsfreiheit vom Staat im Stich gelassen wurden«, so ist das »ein Organisationsfehler des modernen Staates« – zum Glück ein durch rechtlich-politische Gleichstellung korrigierbarer und »natürlich nicht böser Wille – wie das naive Glaubensbekenntnis der amerikanischen Frauen (sc. von Seneca Falls) annimmt«[22]. Organisationsfehler lassen sich beheben. Die »technische Entwicklung an sich« hingegen – will sagen »die funktionale Vernetzung«, »normfreie Regelung von Kooperationszusammenhängen«[23], Systemwelt, die um die Jahrhundertwende bloß noch nicht so hieß – ist ebensowenig behebbar wie die Schwerkraft, sondern nur erträglich zu machen, zu besänftigen, zu beseelen durch etwas, was *nicht* System, Mechanik, Maschine ist: inneres Erlebnis, Lebenswelt, Weiblichkeit.

Helene Lange gibt uns die weibliche Variante einer Argumentation, die vornehmlich durch Männer bekannt und beliebt geworden ist und heute als ein maßgebliches gesellschaftstheoretisches Paradigma gilt. Sie sträubt sich gegen den abstrakten Zwangsmechanismus der modernen Gesellschaft, aber auch dagegen, ihn geistig zu durchdringen. Sie mag ihn nicht als einen in Sachlichkeit vermummten, doppelt rationalisierten Androgyn, als Objektivation subjektiver Zwangsverhältnisse erkennen, nimmt seine Sachlichkeit vielmehr für bare Münze, läßt sich von ihr weismachen, sie sei ein Jenseits von Gut und Böse, »ein Stück normfreier Sozialität«[24] – und will ihr dennoch nicht das letzte Wort lassen, sie durch ein Anderes, von Systemzwängen Unberührtes unterlaufen, erweichen, humanisieren.[25] Daß das zum gewünschten Resultat

20 H. Lange, a. a. O., S. 9
21 J. Habermas, a. a. O., S. 229
22 H. Lange, a. a. O., S. 104
23 J. Habermas, a. a. O., S. 226
24 A. a. O., S. 256
25 Daß in diesem Anderen gerade das sitzt, wovon es frei sein soll, nämlich der keineswegs normfreie Wurm der Systemwelt, ist andernorts gezeigt worden. Vgl. Verf., ›Habermas oder Wie kritische Theorie gesellschaftsfähig wurde‹, in: G. Bolte (Hg.), *Unkritische Theorie. Gegen Habermas*, Lüneburg 1989, S. 21 ff.

nicht führt, wird an der weiblichen Variante besonders deutlich. Gegen die Männer besteht sie auf weiblicher Gleichberechtigung, gegen die vergleichgültigende Kraft der abstrakten Wirtschaftszwänge auf der öffentlichen Mission der Weiblichkeit, und beide Male sind ihre eigenen Forderungen – auch *nicht* ihre eigenen. Sofern sie sich gegen die Männer richtet, arbeitet sie auch im Dienste der Vergleichgültigung. Das weiß sie; deshalb ist ihr Gleichberechtigung allein nicht genug: bloße »Frauenrechtlerei«[26], die ums eigene Geschlecht betrügt. Sofern sie sich aber gegen die Vergleichgültigung richtet, arbeitet sie auch im Dienste der Männer, und das weiß sie nicht, stülpt sich das patriarchale Idol der ehrbaren, dekorativen, Gefühl, Wärme, Behaglichkeit ausstrahlenden Hausfrau und Mutter über, als wär's von Frauen selbst entworfene, authentische Weiblichkeit, und untergräbt die Selbstbestimmung der Frau ausgerechnet dort, wo sie über die rechtlich-politische Gleichberechtigung hinausgetrieben werden soll. Der Kampf gegen das, was die von Männern verwaltete moderne Großindustrie Frauen antut, mündet in die »Ausschmückung« des modernen Industriestaats. Frauen geben ihm, was sie für ihr Eigenstes und Bestes halten, damit er es ihnen nicht nimmt. Beim Versuch, sich den spezifischen Charakter ihres Geschlechts zu erhalten, erhalten sie den Männern ein patriarchales Idol und dem modernen kapitalistischen Staat das Ansehen, sich durch Weiblichkeit vergemütlichen zu lassen. Ums eigene Geschlecht werden sie gerade da betrogen, wo sie es reklamieren. Die doppelte Selbstbestimmung, auf die es abgesehen war – der Frau als Mensch und der Frau als Frau – kehrt sich in selbstgemachte Fremdbestimmung. Die Menschenrechte sollen den Frauen zu sich selbst verhelfen – dazu, sich selbst an die Kandare ihrer herkömmlichen Rolle zu nehmen, die den Männern zu entgleiten beginnt, sich selbst auf geschlechtsspezifische, unverwechselbare Weise, pflegend, fürsorgend, einfühlend für ein gesellschaftliches Ganzes aufzuopfern, das all diese Wärme und Hingabe begierig in sich aufsaugt, um gestärkt durch sie um so kälter und gleichgültiger seine abstrakten Zwänge über die Individuen beiderlei Geschlechts ergehen zu lassen.[27]

26 H. Lange, a. a. O., S. 29

27 Daß der Bund Deutscher Frauenvereine, für den Helene Lange repräsentativ ist, mit seiner Politik der »institutionellen Einbindung von Mütterlichkeit in den Staat« einem Frauenbild vorgearbeitet hat, das im Nationalsozialismus dann mit Mutter-

Schwer zu sagen, wer patriarchaler ist: die Richtung der Frauenbewegung, für die Helene Lange steht, oder jener Kreis von Wiener Querköpfen, dessen Mittelpunkt Karl Kraus, dessen Organ die ›Fackel‹ und dessen Bestreben die Verteidigung der Frauen gegen die Frauenemanzipation ist. An der nämlich sieht Kraus nur das ganze Elend ausbrechen, das Männer dem weiblichen Geschlecht seit Jahrhunderten angetan haben. »Hättet ihr die Rechte des Frauenkörpers anerkannt, hättet ihr die Unterleibeigenschaft aufgehoben (...), nie wären die Frauen auf den lächerlichen Einfall gekommen, sich als Männer zu verkleiden, um als Weiber im Werte zu steigen!«[28] »Die Frauen verlangen das aktive und das passive Wahlrecht. Daß sie das Recht haben sollen, jeden Mann zu wählen, und daß man ihnen keinen Vorwurf mehr mache, wenn sie sich von wem immer wählen lassen? Behüte der Himmel: Sie meinen es politisch! Aber auf so verzweifelte Gedanken sind sie von den Männern gebracht worden. Jetzt wird diesen nichts anderes übrig bleiben, als von der Regierung zu verlangen, daß ihnen endlich die Menstruation bewilligt werde.«[29] Politische Gleichberechtigung der Frau ist schlicht pervers – aber es ist männliche Perversion, die sich darin ausdrückt. Das Messen des weiblichen Geschlechts mit männlichen Maßstäben, das brutale Ignorieren seiner Andersartigkeit, dieser Dauerakt einer kollektiven Vergewaltigung schlägt nun auf die Männer zurück, beschert ihnen Frauen, die so sein wollen wie sie, und während der honorige Bürger sich darüber entrüstet und die ehrbare Ehefrau einklagt, sieht Kraus in dieser nur die Kehrseite der Emanzipierten. »Das eheliche Schlafzimmer ist das Zusammenleben von Roheit und Martyrium«[30] und die Frauenbewegung die Verrohung der Märtyrer. Die häuslich-fürsorglich-mütterliche Frauenehrbarkeit riecht aufs strengste nach dem Muff des Philisters, dessen »Wollust« darin besteht, »sich mit einer Frau in das Prokrustesbett seiner Weltanschauung zu legen«[31] und dann zu glauben, eine Frau genossen zu haben. Eine impotente Wollust übrigens, nämlich Impotenz

kreuzen dekoriert wurde, zeigt Barbara Brick, ›Die Aufgabe des Leibes zwischen Aufklärung und Gegenaufklärung‹, in: G. Schmid Noerr (Hg.), *Metamorphosen der Aufklärung*, Tübingen 1988, S. 154ff.

28 K. Kraus, *Sprüche und Widersprüche*, in: ders., *Aphorismen*, *Schriften*, hg. v. Chr. Wagenknecht, Bd. 8, Frankfurt am Main 1986, S. 49

29 K. Kraus, a. a. O., S. 50

30 K. Kraus, *Nachts*, in: ders., *Aphorismen*, a. a. O., S. 315

31 K. Kraus, *Sprüche und Widersprüche*, S. 22

des Mannes, die Frau als Frau zu be-greifen – geistig *und* physisch. Als Geschlechtswesen reicht der Mann an die Frau ohnehin nicht heran. »Der Zustand der Geschlechter ist so beschämend wie das Resultat der einzelnen Liebeshandlung: Die Frau hat weniger an Lust gewonnen, als der Mann an Kraft verloren hat. Hier ist Differenz statt Summe.« »Hier ist der wahre Betrug. Denn nichts paßt zu einer Lust, die erst beginnt, schlechter als eine Kraft, die schon zu Ende ist; keine Situation, in der Menschen zueinander geraten können, ist erbarmungsloser und keine erbarmungswürdiger. In dieser Lücke wohnt die ganze Krankheit der Welt. Eine soziale Ordnung, die das nicht erkennt und sich nicht entschließt, das Maß der Freiheit zu vertauschen, hat die Menschheit preisgegeben.«[32]

Nun versteht man, was »die Rechte des Frauenkörpers« sind. Im wesentlichen reduzieren sie sich auf eines: das weibliche Naturrecht der entfesselten Sinnlichkeit. »Der Mann hat fünf Sinne, das Weib bloß einen.«[33] Und das ist »eben der Geschlechtssinn«, »der beim Weibe – mehr noch als beim sexuellsten Mann – alle anderen Sinne betäubt und in jedem Begriffe anästhesierend wirkt«[34]. Er betäubt, wenn ihm freier Lauf gelassen wird, die Frau insofern, als er ihr alle Reserven nimmt, alle Scheu, sich noch an den miesesten Kerl zu verschenken, und er betäubt die Männer insofern, als er sie in den Bann nämlicher Frau zieht und sie ihr nicht gerecht werden läßt. »Hundert Männer werden ihrer Armut inne vor einem Weib, das reich wird durch Verschwendung.«[35] Und für diese Armut rächen sie sich, vergreifen sich an den Frauen, statt sie zu begreifen, legen ihnen Maßstäbe, Kriterien, Grundsätze an, die für sie nicht und für die sie nicht geschaffen sind – und da beginnt die männliche Impotenz geistig zu werden. »Moralische Verantwortung ist das, was dem Mann fehlt, wenn er es von der Frau verlangt.«[36] Daß er sexuell an sie nicht heranreicht, ist Natur. Aber die Unfähigkeit, dazu zu stehen, am eigenen Geschlecht den Mangel an Sinnlichkeit zu erkennen, von der das andere den Überfluß hat, die Unfähigkeit, die Frauen anders als mit den Augen dieses Mangels, d. h. der Logik, Moral, Weltanschauung zu betrachten – das ist die selbstgemachte Widernatur, für

32 K. Kraus, *Nachts*, S. 313
33 K. Kraus, *Sprüche und Widersprüche*, S. 13
34 A. a. O., S. 17
35 A. a. O., S. 16
36 A. a. O., S. 40

die der Mann verantwortlich ist: sein welthistorisches Versagen. »Die Lust des Mannes wäre nur ein gottloser Zeitvertreib und nie erschaffen worden, wenn sie nicht das Zubehör der weiblichen Lust wäre. Die Umkehrung dieses Verhältnisses zu einer Ordnung, in der sich eine ärmliche Pointe als Hauptsache aufspielt und nachdem sie verpufft ist, das reiche Epos der Natur tyrannisch abbricht, bedeutet den Weltuntergang: auch wenn ihn die Welt bei technischer, intellektueller und sportlicher Entschädigung durch ein paar Generationen nicht spürt und nicht mehr Phantasie genug hat, sich ihn vorzustellen.«[37] Das reiche Epos der Natur tyrannisch abbrechen: das ist die Geistlosigkeit par excellence, die eine lustlose Welt gebiert. Das Resultat ist Unmännlichkeit und Unweiblichkeit: Männer, die nicht Manns genug sind, dem weiblichen Geschlecht sein Naturrecht zu lassen, und Frauen, die sich das gefallen lassen und, sei es als Ehefrauen, sei es als Emanzipierte, bereitwillig männliche Maßstäbe annehmen.

Unsittlich und pervers ist für Kraus nicht, was die Justiz als sexuelle Perversion inkriminiert, sondern eine Justiz, die aufs zudringlichste ihre Nase in die Sexualität steckt (»Der Skandal fängt an, wenn die Polizei ihm ein Ende macht«[38]), ein Weltzustand, in dem das wahre Wesen der Frau ein Schand- und Schattendasein fristen muß: die Prostitution. »Die Eifersucht des Mannes ist eine soziale Einrichtung, die Prostitution der Frau ist ein Naturtrieb.«[39] Frauen, die das nicht hören wollen, haben sich schon männlichen Maßstäben ergeben, Männer, die sich darüber ereifern, offenbaren nur ihre Eifersucht. Sie ist die Signatur geistiger Impotenz. Es ist dieselbe Sittlichkeit, Justiz, Impotenz, die über die Prostitution die Nase rümpft und dem Weltkrieg ergeben dient. Der erbitterte, unbeirrte, jahrzehntelange Kampf, den Kraus dagegen geführt hat, ein Kampf, der immer auch ein Eintreten für die Belange der wirklichen Prostituierten war, die ihr Elend am wenigsten verdient haben und die Schande einer ganzen Gesellschaft ausbaden müssen – schöpft einen beträchtlichen Teil seiner Kraft aus der Idealisierung der Prostitution. »Daß doch die Frauenemanzipation darauf ausginge, das Schandmal der anatomischen Ehre des Weibes zu beseitigen und männ-

37 K. Kraus, *Nachts*, S. 305
38 K. Kraus, *Sprüche und Widersprüche*, S. 45
39 Ebd.

licher Blindheit zu zeigen, daß es eine prostitutio in integrum gibt!«[40] Was die Theologie restitutio in integrum, Wiederherstellung des naturgemäßen, integren, paradiesischen Urzustands nennt, kann nur gelingen durch Wiedereinsetzung der Frau ins Naturrecht des weiblichen Geschlechts. Eine Frauenbewegung, die gegen die Prostitution kämpft, statt sie zu adeln, sie aus der Verdammnis einer widernatürlichen Gesellschaft hinaus- und zur Urgestalt authentischer Weiblichkeit zurückzuführen, hintertreibt die Frauenemanzipation. Deren Platzhalter hingegen ist – der Zuhälter. »Daß die bürgerliche Gesellschaft mit Verachtung auf den Zuhälter blickt, ist begreiflich; denn er ist der heroische Widerpart ihrer Unterhaltungen. Sie sind bloß die schlechteren Christen, er aber ist der bessere Teufel. Er ist der Antipolizist, der die Prostituierte sicherer vor dem Staat schützt, als der Staat die Gesellschaft vor ihr. Er ist der letzte moralische Rückhalt eines Weibes, das an der guten Gesellschaft zuschanden geht. Von ihr kann sie nur reich werden, von ihm wird sie schön. Wenn er sie ausraubt, so hat sie mehr davon, als wenn die anderen sie beschenken. Weil er ›zu ihr hält‹, ist er mißachteter als sie selbst; aber diese Mißachtung ist nur ein Mantel des Neides: die Gesellschaft muß ihre Lust bezahlen, sie empfängt Ware für Geld, aber das Weib empfängt das Geld und behält die Lust, um den Einen doppelt zu beschenken. Dort ist die Liebe eine ökonomische Angelegenheit; hier macht eine Naturgewalt die Rechnung.«[41] In einer widernatürlichen Welt werden die Verworfenen, Ausgestoßenen zur letzten Zuflucht des Natürlichen. In der Frau, die sich Zahllosen verkauft, aber nur Einem rückhaltlos schenkt, in dem Mann, der noch dann, wenn er sie ausraubt, mehr für ihr weibliches Naturrecht tut als alle die, die sie bezahlen, überwintert der geschundene Rest wahrer Liebe.

Ob es freilich möglich ist, daß eine Frau, die ihren Leib ständig verkaufen muß, noch so viel unverstümmelter Seele zurückbehält, daß sie sich dem Einen ganz schenken kann; ob dieser Eine, »der bessere Teufel«, nicht noch diabolisch genug ist, um ihr samt dem Geld auch noch den letzten Funken Lust zu rauben – das hat Kraus nicht empirisch untersucht, und es hat ihn auch nicht weiter interessiert. Er kämpft gegen das Elend der Prostitution; aber er erträgt die Prostitution nur

40 A.a.O., S. 50
41 A.a.O., S. 46

durch ihre Stilisierung. Die Frau als *das* Geschöpf der Sinnlichkeit, an das keine männliche Logik, Moral, Weltanschauung heranreicht, ist nicht minder männliche Projektion als die ehrbare Haus- und Ehefrau – nur eine ungleich sensiblere. Aus ihr spricht nicht die Roheit des saturierten Bürgers, sondern die Überempfindlichkeit des Künstlers für die lähmende Wirkung, die die abstrakten ökonomischen Zwänge der modernen Gesellschaft auf die lebendige Individualität und damit auch auf den unverwechselbaren, authentischen Ausdruck von Subjektivität, *die Kunst* ausüben. Wo die Individuen austauschbar und die Geschlechter gleich-gültig werden, versiegt eine der entscheidenden Quellen künstlerischer Inspiration. Das Bild der Frau als personifizierter Sinnlichkeit entspringt der Kastrationsangst der Inspiration, steigt in Männern auf, die in der Kunst ihre Männlichkeit und in der Männlichkeit die Kunst bedroht fühlen – und genau merken, wie es um Sinnlichkeit, Männlichkeit, Kunst bestellt ist. »Es ist gut, daß es der Gesellschaft, die daran ist, die weibliche Lust trocken zu legen, zuerst mit der männlichen Phantasie gelingt. Sie wäre sonst durch die Vorstellung ihres Endes behindert.«[42] Und wo sie sich ihr Ende nicht mehr vorstellen kann, *ist* sie am Ende: Phantasie, die nicht mehr aus eigener Einbildungskraft schöpft, Geist, der nicht mehr sich selbst gehört, sondern am Tropf der gesellschaftlichen Apparatur hängt. Dagegen bäumt Kraus sich auf. Sein lebenslanger Kampf gegen die Phrase ist Kampf gegen die Apparatur gewordene Sprache, in der die Menschheit ausspricht, wer in ihrem Geist und in ihren Gefühlen regiert. Dieser Kampf braucht Kraft, braucht Halt an Idealen. Kraus gibt es selbst zu: »Ein Weib, dessen Sinnlichkeit nie aussetzt, und ein Mann, dem ununterbrochen Gedanken kommen: zwei Ideale der Menschlichkeit, die der Menschheit krankhaft erscheinen.«[43] Das ist natürlich eine männliche Projektion, aber eine aus Notwehr gegen die Macht, die beide Geschlechter um beides zu betrügen droht: die eigene Lust und den eigenen Geist. Kraus stößt zwar ins alte Horn der Männlichkeit und Autarkie des Geistes, aber es erklingt dabei ein neuer, unpartriarchaler Ton. Der autarke, aus sich selbst schöpfende Geist ist die letzte Bastion gegen die abstrakten Mächte der modernen Gesellschaft, aber er schöpft nur aus sich selbst, solange er aus anderem schöpft. »Des Weibes Sinnlichkeit ist der Urquell, an dem sich des

42 K. Kraus, *Nachts*, S. 305
43 K. Kraus, *Sprüche und Widersprüche*, S. 20

Mannes Geistigkeit Erneuerung holt.«[44] Der ungegängelte Gedanke lebt von der ungegängelten Sinnlichkeit; beide zusammen erst machen die letzte Bastion aus. Wo der Geist ganz bei sich ist, ist er ganz in ein Anderes verloren. »Die wahre Beziehung der Geschlechter ist es, wenn der Mann bekennt: Ich habe keinen andern Gedanken als dich und darum immer neue!«[45] Die Frau ist Zubehör des männlichen Geistes, aber nur, sofern die männliche Lust Zubehör der weiblichen ist. Als Geschlechtswesen steht der Mann so weit unter der Frau wie als Geistwesen über ihr, aber er steht nur dann über ihr, wenn er *weiß*, wie sehr er unter ihr steht. »Die Begierde des Mannes ist nichts, was der Betrachtung lohnt.«[46] Auf seinen Geist kommt es an, und der bewährt sich darin, daß er die sinnliche Überlegenheit der Frau erkennt und nur so die Frau als Frau begreift – sie ebenso genießt wie ihr gerecht wird. Nur wo wahrer Geist ist, ist wahre Lust, und die ist beim Mann geistiger, bei der Frau sinnlicher. Doch was bei ihm mehr ist als nur Sinnenlust, ist auch weniger Sinnenlust. Sein Plus ist auch Minus, ihr Minus auch Plus. Daher das Ineinander von Gering- und Hochschätzung der Frau. »Mit Frauen führe ich gern einen Monolog. Aber die Zwiesprache mit mir selbst ist anregender.«[47] »Die Frauen sind die besten, mit denen man am wenigsten spricht.«[48] Das heißt einerseits: als Geistwesen sind Frauen nicht satisfaktionsfähig – »nichts, was der Betrachtung lohnt«. Andererseits: An authentische Sinnlichkeit reicht Sprache nicht heran. Der »Urquell, an dem sich des Mannes Geistigkeit Erneuerung holt«, läßt sich mit Worten nie ausschöpfen. Er ist das unaussprechliche Mysterium der Sprache. Es ist ein Zeichen »künstlerischer Phantasie, vor einer echten Frau zum Masochisten zu werden und an einer unechten zum Sadisten. Man brutalisiert dieser die gebildete Unnatur heraus, bis das Weib zum Vorschein kommt. Die es schon ist, gegen die bleibt nichts mehr zu tun übrig, als sie anzubeten.«[49]

44 A. a. O., S. 13
45 Ebd.
46 A. a. O., S. 16
47 A. a. O., S. 32
48 A. a. O., S. 20
49 A. a. O., S. 28. Das ist nicht nur graue Geschlechtertheorie – auch ein ganzes Stück Selbstportrait. Wo Kraus ernstlich liebt, sind »warten« und »dienen« häufig wiederholte Worte. Das paßt durchaus zum »Kampf für das erotische Selbstbestimmungsrecht der Frau gegen Staat und Justiz. Vom Beschützer in rechtlichen Dingen zum

Der Geist mit der Peitsche vor der unechten Sinnlichkeit, auf Knien vor der echten: nur so kann er für Kraus Geist bleiben. Die wahre Sinnlichkeit als das qualitativ Andere, unerreicht vom Geist, aber auch von der geist- und lusttötenden Maschinerie der modernen Gesellschaft: nur so kann sie die rettende Instanz sein, an der er sich aufrichtet zum kräftezehrenden Kampf gegen diese Maschinerie.[50] Der ungegängelte, aus sich selbst schöpfende Geist ist der Zuhälter der ungegängelten Sinnlichkeit, beide zusammen sind die Verworfenen einer Gesellschaft, die die Vernunft zur Hure und die Sinnlichkeit zur Rechenaufgabe gemacht hat. Die Libertinage, die Laclos schilderte, war die Durchsetzung der Marktgesetze im Geschlechtsleben. Die Libertinage, die Kraus vorschwebt, sucht Geist und Geschlecht vor eben diesen Gesetzen zu retten. Verworfen ist sie einerseits in dem Sinn, wie der Kommerzienrat das Wiener Künstlermilieu um 1900 verworfen findet, andererseits in einem tiefen theologischen Sinn: verworfen vom Weltlauf. Als Stein des allgemeinen Anstoßes ist sie zugleich der »Stein, den die Bauleute verworfen haben«[51] und der einzig zum Eckstein einer befreiten Menschheit taugt: die sinnliche Entsprechung zu jener geistigen

Diener in Liebesdingen ist nur ein Schritt – und vom Diener zum Sklaven ein weiterer. ›Ich glaube, daß ich vorgestern die Zügel meiner Großmeisterschaft endgültig verloren habe und zum Liebessklaven geworden bin‹, schreibt er (...) voller verzweifelter Selbstbeschuldigungen an seine damalige Geliebte, Berthe Maria Denk. Der ›andere‹ Kraus ist kein heroischer ›Großmeister‹, sondern ein weicher, verletzlicher, empfindlicher Mann.« (Nike Wagner, *Geist und Geschlecht. Karl Kraus und die Erotik der Wiener Moderne*, Frankfurt am Main 1987, S. 175)

50 Das unterscheidet Kraus von Weininger, der gerade im entfesselten Bewegungsgesetz der modernen Welt die entfesselte weibliche Sexualität am Werk wähnt, dem die Moderne, will sagen »die Zeit des Kapitalismus und des Marxismus, die Zeit, der Geschichte, Leben, Wissenschaft, alles nur mehr Ökonomie und Technik ist«, als »die weibischeste aller Zeiten« erscheint, als »diese ganze moderne Koitus-Kultur«, die Geist und Mann hinabzieht (O. Weininger, *Geschlecht und Charakter*. München 1980, S. 441 u. 443). Weiningers überfeines Gespür für die Mächte, in denen authentischer Geist zu ersticken droht, und seine Unfähigkeit, anders als paranoisch auf sie zu reagieren; sein klares Bewußtsein vom Ende des Patriarchats und sein Wahn, das weibliche Geschlecht sei dafür verantwortlich: dieser Zwiespalt, aus dem älteste patriarchale Zwangsvorstellungen und subtilste psychologische Einsichten ungeschieden aufsteigen, ergibt so etwas wie einen umgestülpten Inquisitor. Die eigene Seelenpein, die die Hexenverfolger einst aufs weibliche Geschlecht abwälzten, wird hier in einem großen literarischen Wurf geständig, und statt Hand an unschuldige Frauen zu legen, richtet Weininger die Pistole gegen sich selbst.

51 Psalm 118,22

Libertinage, die Kraus unermüdlich, mit eiserner Disziplin und in vollem Bewußtsein ihrer Verworfenheit, gegen die Übermacht der Presse übt.

Keiner war sensibler als Kraus für das Ausmaß der vergleichgültigenden Kraft, mit der die kapitalistische Gesellschaft Sexualität, Sinnlichkeit, Phantasie, Inspiration heimsucht. Instinktsicher hat er gespürt, daß, solange es diese Kraft ist, die die Welt zusammenhält, die Frauenemanzipation nicht weiter führen wird als zur gleichberechtigten Eingliederung des weiblichen Geschlechts in den laufenden Gesellschaftsprozeß. Daß »die Rechte des Frauenkörpers« nur dann geltend gemacht werden können, die »Unterleibeigenschaft« nur dann aufhört, wenn die Frau vom Mann nicht länger ökonomisch abhängig ist, hat er nicht sehen wollen, weil er nur allzu genau sah, daß in der bestehenden Gesellschaft ökonomische Unabhängigkeit nur um den Preis des Eintritts in den allseitigen Konkurrenzkampf gewährt wird, der alles Glück, das aus der Geschlechtsdifferenz entspringen kann, angreift. Kraus will mehr als die Gleichstellung der Frauen, weil er merkt, wie Gleichstellung ums Entscheidende betrügt. Aber weil in der bestehenden Gesellschaft mehr nicht zu haben ist, überfliegt er sie gleichsam, proklamiert ein weibliches Naturrecht jenseits des bürgerlichen Rechts und ignoriert, daß dies Jenseits nur durch ein ihm feindlich gesonnenes Diesseits hindurch erreichbar ist, daß die Gleichberechtigung sowohl Hemmschuh eigenständiger Weiblichkeit als auch Bedingung ihrer Möglichkeit ist. Weibliches Naturrecht hier und jetzt *anstatt* gleicher bürgerlicher Rechte: Dieser mutige Einsatz für die Frauen, der von den Männern so unerhört viel verlangt, nämlich Verzicht auf alle Rechts- und Moralansprüche ans andere Geschlecht, im Klartext: vollkommene Überwindung männlicher Eifersucht – bedeutet *auch* Entmündigung der Frauen, schreibt ihnen die Grenzen vor, in denen sie sich entfalten dürfen, schneidet ihr Glück von dem des Geistes ab, nimmt sie als vernunftbegabte Lebewesen nicht für voll, verfällt auf die alte patriarchale Zuordnung von Mann und Geist, Weib und Sinnlichkeit als *ultima ratio* im Kampf gegen eine Gesellschaft, die Geist und Sinnlichkeit in beiden Geschlechtern bedroht. Im Bund Deutscher Frauenvereine richten Frauen ein Weiblichkeitsbild auf, dessen patriarchale Hausbakkenheit sie um die Früchte der Gleichberechtigung betrügt. In Kraus ersteht ein Weiblichkeitsbild, das sich komplementär dazu verhält wie die untere Hälfte der Echidna zur oberen, ein Bild, das die Moral-,

Rechts- und Produktionsverhältnisse der modernen Gesellschaft sprengt, alles das am weiblichen Geschlecht stark macht, was Patriarchen je an ihm gefürchtet haben – aber nicht abläßt von der patriarchalen Obsession, die den Geist für den Mann reserviert und die Frau ins Prokrustesbett der Sinnlichkeit legt. Wie entfesselt diese Sinnlichkeit auch gedacht sein mag – sie bleibt »Geschlechtsidol des Mannes«[52], gewaltsame Abkapselung der Frau vom Geist, des Geistes von der Frau. Nur in Form dieser Abkapselung hat Kraus seine Einsicht ertragen können, daß der Geist nichts Abgekapseltes ist, den Namen Geist nur verdient, wo er durch Sinnlichkeit entzündet ist, in ihr seine geheime Urheberin weiß, die ihm gibt, was sie nicht hat: Inspiration. Der folgende Aphorismus ist die Kurzschrift dieses Zwiespalts: ein patriarchales Dekret, sofern er als Auskunft über die Bestimmung von Mann und Frau genommen, und eine Signatur des versöhnten Zustands, sobald er als Allegorie für das Verhältnis von Geist und Sinnlichkeit gelesen wird – Versöhnung mit der Unversöhntheit des Patriarchats, aber eine, in der die Versöhnung die Unversöhntheit übertönt. »Die sterile Lust des Mannes nährt sich an dem sterilen Geist des Weibes. Aber an weiblicher Lust nährt sich der männliche Geist. Sie schafft seine Werke. Durch all das, was dem Weib nicht gegeben ist, bewirkt es, daß der Mann seine Gaben nütze. Bücher und Bilder werden von der Frau geschaffen, – nicht von jener, die sie selbst schreibt und malt. Ein Werk wird zur Welt gebracht: hier zeugte das Weib, was der Mann gebar.«[53]

Kraus war Paradoxen wahrlich nicht abhold (»Man muß der Menschheit so lange mit ›Paradoxen‹ auf den Schädel hämmern, bis sie merkt, daß es die einzigen Wahrheiten sind«[54]), aber um das spezifische Paradox, in das die moderne Gesellschaft das weibliche Geschlecht verwickelt hat und damit auch all seine Anstrengungen, sich daraus zu befreien, hat er sich gedrückt. Wer hingegen, scheinbar beiläufig, darauf zu sprechen kommt, ist Marx – und zwar in dem Zusammenhang, wo er darstellt, wie das Kapital die Gestalt großer Industrie annimmt, mit unwiderstehlicher Gewalt männliche wie weibliche Arbeitskraft ansaugt und aussaugt, sogar kindliche, sofern ihr nicht Kinderschutz ge-

52 N. Wagner, a.a.O., S. 132
53 K. Kraus, *Sprüche und Widersprüche*, S. 13
54 K. Kraus, *Die Fackel*, Nr. 237, Wien 1907, S. 19

wissen Einhalt gebietet[55], und dabei »mit der ökonomischen Grundlage des alten Familienwesens und der ihr entsprechenden Familienarbeit auch die alten Familienverhältnisse selbst auflöst«. Er fährt fort: »So furchtbar und ekelhaft nun die Auflösung des alten Familienwesens innerhalb des kapitalistischen Systems erscheint, so schafft nichtsdestoweniger die große Industrie mit der entscheidenden Rolle, die sie den Weibern, jungen Personen und Kindern beiderlei Geschlechts in gesellschaftlich organisierten Produktionsprozessen jenseits der Sphäre des Hauswesens zuweist, die neue ökonomische Grundlage für eine höhere Form der Familie und des Verhältnisses beider Geschlechter«, weil »die Zusammensetzung des kombinierten Arbeitspersonals aus Individuen beiderlei Geschlechts und der verschiedensten Altersstufen, obgleich in ihrer naturwüchsig brutalen, kapitalistischen Form, wo der Arbeiter für den Produktionsprozeß, nicht der Produktionsprozeß für den Arbeiter da ist, Pestquelle des Verderbs und der Sklaverei, unter entsprechenden Verhältnissen umgekehrt zur Quelle humaner Entwicklung umschlagen muß«.[56] An diesem Passus ist allein das letzte Wort problematisch: Es *muß* nicht so kommen, selbst »unter entsprechenden Verhältnissen«. Aber die Möglichkeit ist da. Im gegenwärtigen Elend steckt selbst schon das Potential seiner Überwindung; in der um »alle Ruhe, Festigkeit, Sicherheit der Lebenslage«[57] gebrachten Arbeitskraft, die sich heute hier, morgen vielleicht schon woanders verdingen muß und bloß als »Träger einer gesellschaftlichen Detailfunktion« vegetiert, ist selbst schon, gleichsam spiegelverkehrt, »das total entwickelte Individuum«[58] vorgebildet, für das verschiedene Tätigkeiten verschiedene Medien der Selbstentfaltung darstellen; in der frühen Bekanntschaft der Kinder mit der modernen Produktionsweise liegt selbst schon die Chance einer vielseitigen polytechnischen Ausbildung, und entsprechend trägt die Gleichstellung von Mann und Frau als Arbeitskraft selbst schon die Möglichkeit einer »höheren Form« der Geschlechtsbeziehung in sich, nämlich auf Basis wechselseitiger materieller Unabhän-

55 Daß heute weltweit etwa 200 Millionen Kinder ihre Arbeitskraft zu Markte tragen, zeigt auf einen Blick, daß die soziale Marktwirtschaft ein lokales, der Kapitalismus ein globales Phänomen ist.

56 K. Marx, *Das Kapital*, Bd. I, S. 514 ff.

57 A. a. O., S. 512

58 A. a. O., S. 513

gigkeit. Aber Potenz, Chance, Möglichkeit ist nie Gewähr, Garantie – und wird um so blasser und unwirklicher, je länger sie ungenutzt liegen bleibt, je länger und heftiger eben die Gesellschaft, die sie eröffnet, sich auch mit aller Gewalt gegen ihre Verwirklichung sperrt. Diese Lage ist ebenso paradox wie der Weg, der, wenn überhaupt einer, aus ihr herausführt. »Die Entwicklung der Widersprüche einer geschichtlichen Produktionsform ist (...) der einzig geschichtliche Weg ihrer Auflösung und Neugestaltung.«[59] Auf Mann und Frau bezogen: Ihre volle rechtliche, politische, ökonomische Gleichstellung ergibt unter gegebenen Bedingungen die fortschreitende Aufopferung ihrer Geschlechtsdifferenz statt deren freie Entfaltung – und ist doch der einzige Weg dorthin. Nur zwischen Gleichrangigen kann die individuelle wie sexuelle Ungleichheit ungegängelt zum Zuge kommen. Aber Gleichrangigkeit für sich genommen ist die Erstickung der Ungleichheit.

Am Proletariat des 19. Jahrhunderts ist auf besonders krasse und brutale Weise vorexerziert worden, was nach und nach die ganze Gesellschaft erfaßt: die volle Eingliederung der Frau in den Arbeitsprozeß, die Infektion der Familien-, Privat- und Intimsphäre mit allgemeinen ökonomischen Zwängen, die Gleichschaltung der Geschlechter. Der Teil der Frauenbewegung, der sich auf Marx berief, kümmerte sich vornehmlich um die ökonomische Seite dieses Prozesses, hatte mehr als genug damit zu tun, den zwischen Fabrik und Familie hin- und hergerissenen, als Lohn- wie Hausarbeiterinnen verschlissenen Frauen ihr Elend zu mildern und das Bewußtsein für dessen Ursachen zu schärfen – und daher kein Sensorium für die vergleichsweise subtile Art, in der die gleichen Zwänge im Wirtschafts- und Seelenleben des Bürgertums die Bewegungen auslösten, die sich in Ibsen, Strindberg, Kraus reflektieren – und erst recht keine Zeit für den Entwurf eines neuen Weiblichkeitsbilds, an dem heutige Feministinnen basteln. Was der Entfaltung von Weiblichkeit *entgegen*steht, war ihr Thema, nicht was Frausein an sich sei oder dermaleinst bedeuten könnte. Und entgegen steht ihr »so-

59 A.a.O., S. 514; ein Satz, der sich nach dem Zusammenbruch des sogenannten Sozialismus im Osten übrigens in einem furchtbaren, von Marx so nicht gemeinten Sinne als wahr erweisen könnte. Vielleicht war's für diese Menschheit noch nicht genug mit der »Entwicklung der Widersprüche«, vielleicht muß der Kapitalismus erst bis in den letzten Winkel der Erde vordringen, sich in ganz Asien, Afrika, Südamerika austoben, bis sich erneut auf sein Bewegungsgesetz besonnen und ernstlich gefragt wird, wie es weltweit zu brechen wäre – wenn es dann noch Menschen gibt.

wohl die Lohnsklaverei, unter der das weibliche Proletariat am meisten schmachtet, wie die Geschlechtssklaverei, die mit unseren Eigentums- und Erwerbszuständen aufs innigste verknüpft ist«[60]. »Die Frauenfrage ist also für uns nur eine Seite der allgemeinen sozialen Frage«, »kann daher ihre endgültige Lösung nur finden durch die Aufhebung der gesellschaftlichen Gegensätze und Beseitigung der aus diesen hervorgehenden Übel«[61] – und ist dabei in die besondere Schwierigkeit verwikkelt, daß einerseits »alle Frauen ohne Unterschied ihrer sozialen Stellung (...) ein durch unsere Kulturentwicklung von der Männerwelt beherrschtes und benachteiligtes Geschlecht«[62] sind, andrerseits der »Klassengegensatz, der zwischen der Kapitalisten- und Arbeiterklasse klafft«, »auch innerhalb der Frauenbewegung vorhanden«[63] ist. Frauen stehen gemeinsam gegen Männer, sofern sie Gleichstellung verlangen. Frauen stehen gemeinsam mit ihren Männern gegen andere Frauen und Männer, sofern sie gegen einen ökonomischen Mechanismus kämpfen, der Gleichstellung nur als Gleichschaltung innerhalb gegebener sozialer Klassen oder allenfalls im allgemeinen Konkurrenzkampf zuläßt. Der Widersinn einer Situation, die die Frauen zwingt, sowohl für ihre volle Integration in die bürgerliche Gesellschaft einzutreten als auch zugleich für die Überwindung dieser Gesellschaft, in die voll integriert zu sein den entscheidenden Übeln nämlich nicht abhilft, ist von den Protagonisten der proletarischen Frauenbewegung, namentlich Bebel und Zetkin, nicht unterschlagen, wohl aber unterschätzt und durch revolutionären Enthusiasmus schließlich übertüncht worden. Da wird dann behauptet, daß es sich bei der Befreiung beider Geschlechter, will sagen »bei der Verwirklichung des Sozialismus nicht um willkürliches Einreißen und Aufbauen, sondern um ein naturgeschichtliches Werden handelt«[64], also offenbar um ein unaufhaltsames, durch dessen Eigendynamik sich jegliche Paradoxie wie der Frühnebel durch die Sonne auflöst und »das Ziel erreicht wird, wie immer die dem Fortschritt der Menschheit feindlichen Mächte sich dagegen wehren und sträuben mö-

60 A. Bebel, a. a. O., S. 7
61 A. a. O., S. 3
62 A. a. O., S. 6
63 A. a. O., S. 7
64 A. a. O., S. 509

gen«[65]. Und 1928 klingt das so: »Wohl ist der imperialistische Weltkrieg reichlich vier Jahre durch die Geschichte geschritten, zerstörend, blutige Spuren hinterlassend«. »Allein, in der Geschichte hat sich eine noch gewaltigere Erscheinung erhoben. Die proletarische Revolution ist in dem ehemaligen Zarenreich aufgestanden, das zertrümmernd, was fallen muß, um den Boden für das freizulegen, was wachsen und reifen soll, schöpferisch Neues formend.« »Lenin hat das alte rote Banner des revolutionären Weltsozialismus mit starker Faust ergriffen, es weht über der Kommunistischen Internationale, zum Kampfe anfeuernd, Sieg verheißend. Die Proletarier, die ausgebeuteten und versklavten des Westens und Ostens stoßen unter diesem Zeichen und dieser Führung gegen den imperialistischen Kapitalismus vor.« Dabei »dürfen die Proletarierinnen nicht fehlen, in denen die klassenbewußte Tradition ehrenvoller Kampfjahre gesund und stark fortlebt. Die Zahl dieser Proletarierinnen wächst, ihre Reihen festigen sich, ihre Erkenntnis gewinnt an Klarheit, ihr Wille an unerschütterlicher Entschlossenheit, ihr Handeln an zielsicherer Tatkraft.«[66]

Dieser angestrengte, alle zuvor entfalteten Schwierigkeiten niederschreiende Optimismus geht heute, gegen Ende des 20. Jahrhunderts, ebenso auf die Nerven wie die Fahrlässigkeit Blochs, noch 1959 zu dekretieren: »Die Sowjetunion kennt keine Frauenfrage mehr, weil sie die Arbeiterfrage gelöst hat«[67] – als hätte es den Stalinismus nie gegeben, als sei die »Frauenfrage« eine, die sich von selbst und nebenbei erledige, wenn nur das kapitalistische Produktionsverhältnis durchbrochen werde. Das hohle Pathos solcher Siegesparolen geht aber auch insofern auf den Nerv, als es in seiner Unwahrheit zugleich bittere Wahrheit enthält, nämlich schlagend klarmacht, wie fern der besagte Sieg gerückt ist, dem man sich Anfang des Jahrhunderts noch mit guten Gründen nahe wähnen konnte, wie blaß die Möglichkeit eines Vereins freier Menschen geworden ist und wie wenig das an der Einsicht ändert, daß von der bestehenden Gesellschaft bestenfalls die Vergleichgültigung der Geschlechter zu erwarten ist – eine Einsicht, deren ökonomische Außenseite die proletarische Frauenbewegung, deren psychologische Innenseite ein Karl Kraus entwickelt hat, und gegen die sie sich beide

65 A. a. O., S. 516
66 Cl. Zetkin, a. a. O., S. 174 f.
67 E. Bloch, *Das Prinzip Hoffnung*, Bd. 2, Frankfurt am Main 1959, S. 694

auf ihre Weise stemmten: der eine auf dem verlorenen Posten des Einzelkämpfers, aber mit sicherem Gespür für das ganze Ausmauß der modernen Zwänge; die andere mit einer hoffnungsvollen Massenbasis, aber ohne genügend Offenheit für die eigene paradoxe Situation und schon gar nicht dafür, daß das Land aller revolutionären Erwartungen dies Paradox noch einmal auf seine Weise reproduziert. Wie die Frau erst einmal in die bürgerliche Gesellschaft integriert werden muß, um sie zu überwinden, so stand die Sowjetunion vor der ungeheuren Aufgabe, eine bürgerliche Gesellschaft erst einmal aus dem Boden zu stampfen, ursprüngliche Akkumulation des Kapitals, bürgerliche, industrielle Revolution, alle drei zur gleichen Zeit zu veranstalten und obendrein noch sozialistisch umzuwälzen. Es war gleichsam die Frau unter den großen europäischen Nationen, die da die revolutionäre Initiative ergriff und weltgeschichtlich gesehen vielleicht kaum minder auf verlorenem Posten stand als Karl Kraus in Wien gegen die Lokalpresse.

Der Fortschritt der Frauenbewegung seit den 20er Jahren ist beträchtlich, geht in so viele Richtungen, Verzweigungen, Verästelungen, daß eine gemeinsame Linie darin kaum noch zu erkennen wäre – wäre er in seiner Vielfalt nicht ein zuverlässiger Gradmesser des Fortschritts, den die Intergrationskraft des Kapitals seither in Wirtschafts-, Geschlechts-, Gefühls- und Geistesleben gemacht hat. In der alten proletarischen Frauenbewegung war noch ein schlichter, aber klarer Begriff davon vorhanden, daß die abstrakten Zwänge, die die Frauen als Arbeitskräfte auf den Markt treiben, nicht umstandslos von gleichem Schlage sind wie die unmittelbaren, die Männer in der Familien- und Privatsphäre auf sie ausüben. Zwar spricht schon Bebel davon, daß es in beiden Fällen die »Männerwelt«[68] sei, der sie gegenüberstehen, aber um den Unterschied klarzumachen: Die Macht, die Männer auf eigene Faust ausagieren, ist nicht dieselbe wie die, der sie als Agenten dienen. Daß beide nicht fein säuberlich getrennt voneinander auftreten, erschwert nicht nur den Widerstand gegen sie, zwingt Frauen nicht nur, an zwei sich in die Quere kommenden Fronten aktiv zu werden, nämlich sowohl gegen Männer als auch gemeinsam mit Männern gegen das neutrale Produktionsverhältnis – sondern lädt geradezu dazu ein, beide miteinander zu verwechseln. Und wenn es ein signifikant Gemeinsa-

68 A. Bebel, a. a. O., S. 6

mes in der neuesten Frauenbewegung gibt, dann dies, diese Einladung gründlich angenommen zu haben. »Die zutreffendste und grundlegendste Aussage über unsere Kultur ist die, daß sie im Patriarchat wurzelt.«[69] Das ist so ein Gemeinplatz, auf dem sich alle treffen können. Wer wollte auch bestreiten, daß die letzten drei Jahrtausende auf diesem Globus maßgeblich von Männern geprägt wurden? Daß aber das Patriarchat selbst in etwas wurzelt, daß Matriarchat insofern ebenso zu den Grundlagen »unserer Kultur« gehört, wenn damit die abendländische gemeint ist; daß aus einer Wurzel gewöhnlich etwas anderes wächst als eine Wurzel, insofern »unsere Kultur«, wenn damit die kapitalistische Gesellschaft gemeint ist, keineswegs schon deshalb patriarchal ist, weil aus dem Patriarchat hervorgegangen: das sind Feinheiten, die im Gemeinplatz keinen Platz haben. Der gestattet nur eine Unterscheidung zwischen »traditionellen Patriarchaten« und »modernen, reformierten patriarchalischen Gesellschaften«[70] – und die ist einer der sichersten Wege, das Wesen moderner Herrschaft zu verfehlen. Herrschaftsanalyse schrumpft auf Benachteiligungsanalyse. Die Arbeit, »die von zwei Dritteln der weiblichen Bevölkerung in den meisten entwickelten Ländern geleistet wird, ist nicht bezahlte Arbeit«. »Das eine Drittel der Frauen in bezahlter Anstellung hat ein Durchschnittseinkommen, das ungefähr der Hälfte des Durchschnittseinkommens der Männer entspricht.«[71] Es folgen Zahlen. »Die Diskrepanz wird dadurch noch verstärkt, daß das Ausbildungsniveau der Frauen durchschnittlich höher liegt als das der Männer auf der gleichen Einkommensstufe. Außerdem sind die Positionen, die den Frauen in den modernen Patriarchaten offenstehen, mit wenigen Ausnahmen ihrer Art nach niedrig, schlecht bezahlt und ohne Ansehen.«[72] »Und selbst wenn sie an der Güterproduktion in einem Angestelltenverhältnis teilhaben, sind sie weder in der Besitzerposition noch in Kontrollstellen, noch verstehen sie den Prozeß, an dem sie teilnehmen. (...) ein Kühlschrank ist ein Gerät, das von allen Frauen verwendet, von einigen in Fabriken zusammenmontiert wird und dessen Prinzip nur von einigen wenigen mit wissenschaftlicher Ausbildung verstanden wird. Die Schwerindu-

69 Kate Millett, *Sexus und Herrschaft*, München 1974, S. 92
70 A. a. O., S. 58
71 A. a. O., S. 58 f.
72 A. a. O., S. 59

strie jedoch, die den Stahl dafür walzt und die Modelle für die Bestandteile macht, liegt ausschließlich in männlichen Händen.«[73] Womit stillschweigend unterstellt ist: Würden Frauen gleich viel verdienen und besitzen wie Männer, genauso viel oder wenig unbezahlte Arbeit verrichten wie sie, gleichen Zugang zu allen Bildungseinrichtungen und Berufen haben, zu gleichen Teilen in Kontrollpositionen und Chefetagen vertreten sein: dann wäre das Herrschaftsprinzip, in dem »unsere Kultur (...) wurzelt«, radikal beseitigt. Das Gegenteil ist freilich der Fall: Dann erst träte es ungeschminkt hervor, dann erst zeigte sich, was Vergleichgültigung der Geschlechter heißt: Befreiung des kapitalistischen Konkurrenzkampfs von all den patriarchalen Einschränkungen, die ihm gegenwärtig noch an allen Ecken und Enden anhaften und tiefer sitzen, als die Frauenbewegung um 1900 sich träumen ließ. Wie wenig sie durch die formalrechtliche und politische Gleichstellung schon beseitigt sind, wie sie in den Poren des Privat- und Geschäftslebens, der Erziehung und Bildung, in Parteien und Vereinen mehr oder weniger subtil weiterleben, dafür hat die Frauenbewegung der letzten Jahrzehnte einer relativ breiten Öffentlichkeit die Augen geöffnet. Sie selbst freilich hat ihr geistiges Auge fest geschlossen, sofern sie folgerte: Weil Frauen unter moderner Herrschaft insgesamt mehr zu leiden haben als Männer, ist ihr Wesen patriarchal. Nicht *einer* der herrschenden Marktmechanismen, nicht einer der Zwänge, die die Arbeitskraft zur Ware, die Individualität zum Bestandteil einer gigantischen Kalkulier- und Manövriermasse, die Menschen zu Anhängseln der von ihnen selbst entfesselten Maschinerie gemacht haben, wäre schon damit entkräftet, daß Frauen in allen Sparten gleiche Bezahlung, 50 % aller Chefsessel und Lehrstühle erreicht hätten und vor jeder Art sexueller Belästigung sicher wären. Vielmehr stellte sich umgekehrt heraus, wie genügsam das moderne Herrschaftsprinzip ist, auf wieviel es verzichten kann, ohne aufzuhören, die Macht zu sein, die die Gesellschaft im Innersten zusammenhält. Wie sich mit der Durchbrechung des kapitalistischen Produktionsverhältnisses keineswegs automatisch die »Frauenfrage« erledigt, so ist mit dem Ende der Männerprivilegien erst recht nicht das Produktionsverhältnis zu Ende. Die Vergleichgültigung der Geschlechter gehört vielmehr zu seinen treibenden Kräften und hat ihre Möglichkeiten noch längst nicht ausgeschöpft. Und wo die Frauenbe-

73 A. a. O., S. 61

wegung es unternimmt, dem Kapitalismus seine patriarchalen Flausen auszutreiben, da agiert sie mit dem Rückenwind der Geschichte. Kein Zweifel, daß sie in dieser Hinsicht im Vormarsch ist. Daß inzwischen die Frauenquote (bis zu 50% aller gesellschaftlichen Schlüsselpositionen für Frauen) ebenso ernstlich zur Debatte steht wie vor einigen Generationen das Frauenstimmrecht, zeigt untrüglich an, wohin der Trend geht. Er geschieht den Männern recht, aber ob er deshalb schon zur Befreiung der Frauen führt, ist fraglicher denn je.

Die vergleichgültigende Kraft der Kapitalbewegung, die wir als doppeltes Neutrum, geschlechtslos und zweigeschlechtlich, kennengelernt haben, die jäh männlich oder weiblich erscheinen, beiden Geschlechtern vorgaukeln kann, ihre Sache zu betreiben, und doch bloß die eigene betreibt, nämlich das Mehrwerden dessen, was sie schon ist: diese Kraft läßt es sich durchaus nicht gefallen, wenn die Rechnung ohne sie gemacht wird. Allen Versuchen, sie unter Männerherrschaft zu verbuchen, dreht sie eine Nase, und zwar um so gründlicher, je grundsätzlicher diese Versuche ausholen, je tiefer sie in männlichen Verhaltensweisen und Geistesregungen nach der patriarchalen Substanz moderner Herrschaft schürfen, je radikaler sie mit der bestehenden Gesellschaft als einer männlichen Unkultur zugunsten einer weiblichen Kultur brechen wollen – kurzum, je mehr sie die Gestalt dessen annehmen, was sich feministische Theorie oder Philosophie nennt. »Der Feminismus ist (...) eine Weltanschauung, die sich auf alle Probleme bezieht und nicht auf einen Spezialkatalog von ›Frauenproblemen‹ reduziert ist«. »Das heißt nicht, daß jene Problembereiche, auf die Feministinnen in besonderem Maße politisch aufmerksam gemacht haben – gleicher Lohn, reproduktive Rechte, sexuelle Selbstbestimmung –, aufgegeben oder heruntergespielt werden. Vielmehr geht es darum, die Einsichten, die wir aus unserer Arbeit in diesen Bereichen gewonnen haben, für andere Belange fruchtbar zu machen und die vielfältigen Probleme von Unterdrückung und Herrschaft zu einer umfassenden feministischen Vision von sozialer Veränderung und Gerechtigkeit zusammenzufassen.«[74] Diese Vision schöpft ihre Kraft aus zweierlei: der Obsession

74 ›Workshopbericht Feministische Perspektiven, 2. Internationaler und Interdisziplinärer Frauenkongreß in Groningen, 1984‹, zit. n. Elisabeth List, ›Denkverhältnisse. Feminismus als Kritik‹, in: *Denkverhältnisse. Feminismus und Kritik*, hg. v. Elisabeth List und Herlinde Studer, Frankfurt am Main 1989, S. 10

vom patriarchalen Wesen moderner Herrschaft plus einer geschlechtsspezifischen Folgerung daraus: Weil es Männer sind, die die Verhaltens- und Denkmuster der bestehenden Gesellschaft geprägt haben, sind die einzigen Hoffnungsträger für ein radikal anderes Verhalten und Denken – Frauen. Nur ihnen ist noch so viel Unverdorbenheit zuzutrauen, daß sie dies qualitativ Andere ins Werk setzen, zu dem Männer aufgrund ihrer Natur, Geschichte, sozialen Stellung, Seelenprobleme oder was auch immer den Kopf nicht frei haben. Kreation einer spezifisch weiblichen Weltanschauung, Theorie, Philosophie – das geschieht nicht auf dem dornigen Weg der Kritik am Logos, die ihn dort, wo er über seine Verhältnisse lebt und Autarkie vorspiegelt, stets auch als patriarchal bloßstellt, aber indem sie seine eigenen Mittel gegen ihn wendet, ihn mit seinen eigenen unhintergehbaren logischen Errungenschaften, d. h. *vernünftig* kritisiert. Spezifisch weibliche Weltanschauung, Theorie, Philosophie heißt vielmehr: neuer Weg jenseits aller alten. Ein Logos, den Männer entwickelten, kann keine Errungenschaften hervorgebracht haben, die es zu retten lohnte. »Philosophie in ihrer traditionellen und gegenwärtigen Gestalt ist so durchgängig von Männern bestimmt, so gänzlich Resultat geschlechtsspezifischer Produktion, daß es weder möglich noch auch nur erstrebenswert sein kann, diesen Sachverhalt zu verändern auf dem Wege der Integration von Frauen in diese Art des philosophischen Geschäfts oder durch Addition sogenannter Frauenthemen zum philosophischen Diskurs. Wenn sich wirklich etwas verändern soll, dann – so scheint es – muß sich alles verändern«[75]. Radikaler Neuanfang ist also geboten, und es gibt Frauen, die ihn so praktizieren, daß einem die Augen übergehen.

Die »ganze Welt stöhnt unter dem Regiment des Phallus«[76], schreibt Mary Daly, »das sowohl den Rassismus und Genozid als auch Vergewaltigungsmentalität und Gynozid hervorbringt«[77] und gegen das nur »Gynergie«[78] hilft: »jene weibliche Energie, die zugleich be-greift und

75 Cornelia Klinger ›Das Bild der Frau in der Philosophie und die Reflexion von Frauen auf die Philosophie‹, in: *Wie männlich ist die Wissenschaft*, hg. v. Karin Hausen und Helga Nowotny, Frankfurt am Main 1986, S. 76

76 Mary Daly, *Reine Lust. Elemental-feministische Philosophie*, München 1986, S. 15

77 A. a. O., S. 13

78 A. a. O., S. 27

er-schafft«[79], »kreativ« ist »genau wie die Kräfte der Natur«[80], eine spezifisch »weibliche Lust«, die Frauen »wahrsagen: voraussehen, voraussagen, vorauswissen« läßt, erfüllt ist vom »Glanz, der von den ursprünglichen Kräften der Schöpfung aus- und auf sie zurückstrahlt«[81] – und das krasse Gegenteil zur phallischen Lust darstellt, die »gewalttätig und hemmungslos«, »auf Vernichtung aus«, »ontologisch böse ist mit dem Endzweck, das weibliche Sei-en zu bremsen, zu brechen«[82]. Diese Aufteilung der Welt in Gut und Böse ist in jedem Sinne des Wortes indiskutabel. Entweder man fällt darauf herein; dann ist mit keinem Argument mehr zu helfen. Oder man bleibt bei Verstand; dann erkennt man sofort, daß die beschworene »Gynergie« nur eine umbenannte, unendlich primitivierte aristotelische Energeia ist: durch einen Wust weiblicher Attribute jeglicher Konsistenz beraubt, nicht aber ihrer idealistischen Grundstruktur. »In der klassischen philosophischen Tradition bedeutet *Erste Philosophie* Ontologie, die ›Philosophie des Seins‹. In der Elementalen Um-schreibung geben wir der Philosophie des Sei-ens den Namen *Erste Philosophie*.«[83] Und die besteht darin, »unsere gestohlenen Flammen wieder-zu-be-Zeichnen / wieder für uns zurückzufordern, den prometheischen Diebstahl des Feuers rückgängig zu machen«, kurz, im »Wiedererlangen unserer Gynergie«[84]. Ausgerechnet das Selbstherrlich-Patriarchale des philosophischen Idealismus, nämlich Herleitung der Welt und ihres Sinns aus einem Ersten, Autarken, feiert in plumpster Form, im Entwurf einer »Häxokratie, der Anderen Welt (Hinter-Grund), wo die Häxen, Weisen, Alten, Harpyien, Furien, Amazonen, Spinster wohnen«[85], fröhliche Urständ, und der patriarchal-gnostische Mythos von der guten Urmacht, die in die Fänge einer bösen Gegenmacht geraten ist und sich daraus befreien muß, wird auf ähnlich glaubwürdige Weise in einen matriarchalen verwandelt, wie Großvater wirklich der Weihnachtsmann wird, wenn er sich Bart und Pappnase anklebt.

Daly wäre nicht erwähnenswert, verhielte die übrige feministische

79 A.a.O., S. 28
80 A.a.O., S. 29
81 A.a.O., S. 11
82 A.a.O., S. 9f.
83 A.a.O., S. 43
84 A.a.O., S. 33
85 A.a.O., S. 22

Philosophie sich nicht zu ihr wie die Mäßigung zum Extrem, die Beschwichtigung zum Tatbestand. Nein, männlich = böse, weiblich = gut ist wirklich zu primitiv, befindet Heide Göttner-Abendroth. Als Matriarchatsforscherin plädiert sie für eine andere Lösung: eine menschliche Urepoche, wo das Weibliche noch unverbogen die Gesellschaft durchwaltete. »Es gab keine ›gut-böse‹ oder ›oben-unten‹-Gegensätze, Moralkodices und Schuldkomplexe«. »Denn jede Kraft galt als göttlich, die unheimlichen, zerstörerischen Kräfte ebenso wie die freundlichen, aufbauenden.«[86] »Insofern war die Göttin in jeder Frau und in jedem Mann«. »Denn sie ist die Erde, auf der die Menschen leben, oder der Kosmos, den sie über sich erblicken.«[87] »Und die Menschen hatten kein anderes Interesse, als durch ihr praktisch-ökonomisches, soziales und spirituelles Verhalten diese kosmische Harmonie, der sie sich unmittelbar verbunden fühlten, (...) zu erhalten.«[88] Und aus dieser seligen Einheit mit der Natur wurden sie eines schönen Tages vom »arroganten männlichen Geist« geworfen, der plötzlich, vom Hafer gestochen, lieber über Natur gebieten, als mit ihr eins sein wollte. »Diese unheilvolle erste Spaltung und Abwertung zu Beginn der patriarchalen Geschichte zog alle weiteren Abspaltungen und Abwertungen einschließlich aller mörderischen und selbstmörderischen Kriege nach sich.«[89] »Kosmetik ist die Lehre vom Kosmos des Weibes«, heißt es bei Kraus.[90] Es bedarf schon einer indezenten Menge geistiger Schminke, um das Matriarchat als das paradiesische Idyll erscheinen zu lassen, von dem das Patriarchat sich dann als der Sündenfall abhebt[91], und das Ergebnis ist eine neue Version des alten patriarchalen Mythos vom seligen Urzustand und Verfall samt Wiederkehr der peinlichen Frage: Wie konnte das Böse aus dem Guten hervorkriechen, wenn es denn wirklich das Gute war?

Um die Beweislast dafür nicht tragen zu müssen, wollen manche lieber gar nicht so genau wissen, wie es vor der Männerherrschaft aussah – »eine phylogenetische Erklärung des Patriarchats lehne ich ab«[92] – und

86 Heide Göttner-Abendroth, *Für die Musen*, Frankfurt am Main 1988, S. 55
87 A. a. O., S. 54
88 A. a. O., S. 30
89 Ebd.
90 K. Kraus, *Sprüche und Widersprüche*, a. a. O., S. 24
91 S. o., Kap. 1, Anm. 53
92 Astrid Nettling, ›Identität und Weiblichkeit‹, in: *Was Philosophinnen denken*, hg. v. Halina Bendkowski und Brigitte Weisshaupt, Zürich 1983, S. 149

beschränken sich darauf, das unverbogen Weibliche allein aus der Negation des Männlichen hervorzutreiben, das sie in allen Poren der Sexualität, des Unbewußten, der bestehenden Denk- und Sprechformen unheilvoll triumphieren sehen. Ist nicht Freuds Theorie der weiblichen Sexualität eine Kurzschrift der ganzen patriarchalen Kultur? Der Glaube, daß das kleine Mädchen, weil ohne Penis, sich naturnotwendig als mangelhaft, als ohne das, was Geschlechtlichkeit eigentlich ausmacht, erfahren muß – ist das nicht die spezifisch männliche Sicht, die in der Frau gar keine eigene Subjektivität erkennen kann, sondern nur einen Mangel an männlicher? Die unfähig ist, etwas anderes zu tun als gewaltsam zu subsumieren, zu identifizieren – und daher im Anderen immer nur sich oder ein Objekt zu entdecken vermag? Das ist die Auffassung von Luce Irigaray. »Jede bisherige Theorie des Subjekts hat dem ›Männlichen‹ entsprochen. In der Unterwerfung unter eine solche Theorie verzichtet die Frau, ohne es zu wissen, auf die Besonderheit ihrer Beziehung zum Imaginären« und »macht sich darin selbst noch einmal zum Objekt«[93]. Und der besondere Draht zum Imaginären, den das weibliche Geschlecht sein eigen nennen darf: wie wird der heiß? Indem Frauen »die logischen Raster der Leser-Schreibers zerlegen, seine Vernunft aus dem Gleis werfen«, sich nicht scheuen, die *»Syntax umzustürzen«*: durch »Umkehren der Verkoppelungen, durch Modifikationen der Kontinuität, des Stromwechsels, der Frequenz, der Intensität«, »so daß man für lange Zeit nicht mehr vorhersehen kann, von wo, worauf hin, wann, wie, warum dies oder jenes geschieht«. In alledem wirkt eine »Kraft, die nicht mehr nach einem bestimmten *Plan* kanalisierbar ist«[94]. »Eine funkelnde und glühende Tiefe auch der Sprache« kündigt sich an. »Das Umschmelzen ihres Wahrheitswertes ist da nicht mehr fern.«[95] Und fern ist da vor allem nicht die prophetische Glossolalie, die den Ausbruch aus dem Gefängnis aller bestehenden Logik und Syntax probt, sich als Auftakt zur neuen befreiten Sprache wähnt und bestenfalls suggerieren, aber nie zeigen kann – dazu müßte sie in Logik und Syntax zurück –, daß das qualitativ Andere, als dessen Vorbote sie sich präsen-

93 Luce Irigaray, *Speculum, Spiegel des anderen Geschlechts*, Frankfurt am Main 1980, S. 169
94 A. a. O., S. 181
95 A. a. O., S. 183

tiert, etwas qualitativ Anderes ist als ein ganz gewöhnliches Delirieren.[96]

Drei repräsentative Positionen feministischer Theorie: sie schöpfen auch schon die drei Möglichkeiten aus, die das authentisch Weibliche, das jenseits aller männlichen Beschränktheit gedeiht, grundsätzlich hat. Entweder es ist das von Natur aus Gute (Daly), oder es war in der guten alten Zeit das Gute und ist wiederzubeleben (Göttner-Abendroth), oder es ist die Disposition zum Guten, die letzte unverdorbene Ressource, woraus es noch entspringen kann (Irigaray): Vergangenheit, ewige Gegenwart oder Zukunft. Der Disput darüber, welche Version nun die richtige sei, setzt selbstverständlich voraus, daß es das authentisch Weibliche *an sich* gibt, und wirkt wie ein Abziehbild der theologischen Diskussion, ob Gott besser als unvordenklicher Urgrund, als das, was uns unbedingt angeht oder als der Zukünftige zu verstehen sei. Feministische Philosphie ohne das Weibliche an sich ist wie Christentum ohne Christus, und diejenigen, die dies Ansich vermeiden wollen, weil sie es als Abklatsch von Altpatriarchalem erahnen, und gleichwohl feministische Philosophinnen sein wollen, sind mit Ausflüchten, Dementis, Absichtserklärungen, Prolegomena zu etwas, wozu es nie kommt, voll ausgelastet. Etwa so: Weiblichkeit muß »nicht immer wieder als das ›legendäre Andere‹ ausstaffiert werden; es könnte (...) vielmehr eine Theorie der Alterität und damit eine *andere* Theorie entwikkelt werden«[97] – als ob die dann etwas ganz Anderes als das ganz Andere wäre. Oder: »Geisteswissenschaftliche Analysen über das Frausein« nehmen dadurch, daß sie »denkenden Frauen zu ihrem Selbstverstehen, Selbstwerden und Selbstsein« verhelfen, »geschlechtsspezifischen Charakter an«[98] – als ob in der Farbenlehre die Begriffe selber grün und blau würden. Oder: Weibliche Intellektualität tritt »anders

96 Schon der Apostel Paulus hat in der christlichen Gemeinde zu Korinth Bekanntschaft mit ihr gemacht und ihr gründlich mißtraut: »Wenn die leblosen Dinge, sei es eine Flöte oder eine Leier, obgleich sie einen Laut von sich geben, die Töne trotzdem nicht unterscheiden lassen, wie soll man erkennen, was auf der Flöte oder auf der Leier gespielt wird?« »So auch ihr, wenn ihr mit der Zunge nicht eine verständliche Rede darbietet, wie soll man das Gesprochene verstehen? Ihr werdet ja in den Wind reden.« 1. Kor. 14,7 u. 9

97 Brigitte Weisshaupt, ›Dissidenz als Aufklärung‹, in: *Was Philosophinnen denken*, Bd. II, hg. v. Manon Andreas-Grisebach / Brigitte Weisshaupt, Zürich 1986, S. 14

98 B. Weisshaupt, a. a. O., S. 16

als ein männliches Denken von Anfang an fragend dem eigenen Geschlecht« gegenüber, und »die Antwort auf jenes Fragen (...) sind wir selbst«[99]. Man glaubt Heidegger zu hören: »was ist das Sein? Es ist Es selbst.«[100] Und allenthalben nagt das alte philosophische Relativismus-Problem. Zu spezifisch weiblicher Theorie gehört, daß Männer unfähig zu ihr sind – zu befangen in ihren geschlechtsspezifischen Verhaltens- und Denkmustern. Aber um sie zu rezipieren, reicht ihr Grips aus. »Feministische Philosophie ist genauso wenig nur für Frauen verstehbar und für Frauen relevant wie griechisches Denken nur für Griechen«[101]. Ihre Einsichten sollten sich beide Geschlechter hinter die Ohren schreiben, was nur Sinn macht, wenn sie für beide gelten – übergeschlechtlich sind. Wenn feministische Theorie *nicht* darauf aus wäre, einer ganzen patriarchalen Kultur die Scheuklappen männlichen Wahrnehmens und Denkens wegzureißen und so überhaupt erst zu realisieren, was Philosophie bisher vergeblich prätendierte, nämlich ein von Verdrängungen, blinden Flecken, Unterdrückungen befreites Leben – sie könnte keinen Augenblick an ihre Mission glauben. Entweder sie beansprucht, auf besserem Wege zu sein als alle männlichen, oder sie nimmt ihre eigene Kritik an der Männerherrschaft nicht ernst. Sie kann sich nicht artikulieren, ohne Geltung für beide Geschlechter, will sagen für alle Menschen zu verlangen, aber sie artikuliert sich im Namen eines geschlechtsspezifischen Vermögens und will von Maßstäben logischer Allgemeingültigkeit nichts wissen, weil »die Okkupation des Allgemeinen durch das Männliche für die Etablierung und Erhaltung eines geschlechtsspezifischen Herrschaftssystems verantwortlich«[102] sei. Kurzum, auf den Prüfstand der Allgemeingültigkeit will sie nicht, denn den haben Männer eingerichtet, aber bloß partikular sein will sie auch nicht. Zwar soll sie »das je eigene Frausein zum Ausgangspunkt«[103] nehmen – wenn sie das ernstlich täte, käme auf jede Frau eine eigene Philosophie –, aber ihr Anspruch ist dabei durchaus, »allgemeine Sätze und Normen hervorzubringen«, und der »gründet im Unterschied zum

99 Margaretha Huber, ›Gibt es eine weibliche Philosophie‹, in: *Was Philosophinnen denken*, Bd. I, S. 296

100 M. Heidegger, *Über den Humanismus*, Frankfurt am Main 1949, S. 22

101 C. Klinger, a. a. O., S. 80

102 A. a. O., S. 81

103 A. a. O., S. 79f.

männlichen Denken nicht auf der Verdrängung oder Verleugnung der Partialität der Herkunft dieser Theorie. Herrschaftlich wird partielles Denken, wenn es diese Partialität zu verschleiern sucht.«[104] Mit andern Worten: Männliche Allgemeinheit ist untriftig, weil sie nicht zugibt, daß sie in Wahrheit bloß aufgespreizte Partikularität ist; weibliche Allgemeinheit ist triftig, weil sie es zugibt. Man ist solcher Albernheiten bald müde und dankbar, wenn dahinter allmählich des Pudels Kern zum Vorschein kommt: »die Situation von Frauen, in der es zuletzt nicht darum geht, auf dem theoretischen Parkett abstrakte Schlachten zu schlagen«. Vielmehr »ist feministische Theorie der Kampf um die eigene Wirklichkeit – um die eigene Sexualität, die eigene Geschichte und Kultur, um eine der Situation von Frauen entsprechende Erfahrung von Gemeinschaft, eine Form der Macht, eine eigene Erfahrung des Heiligen«[105].

Dies Geständnis verrät mehr als beabsichtigt. Wer den Kampf um »die eigene Wirklichkeit« aufnimmt, den treibt das sichere Gefühl ihres Verlusts. Wo aber stellt sich dieses Gefühl ein? Etwa bei Frauen im antiken Patriarchat Griechenlands oder Roms oder in den Familienverhältnissen des christlichen Mittelalters? Nicht daß wir wüßten. Für Geburt und Aufzucht der Kinder da zu sein, den Männern unterworfen und zu Willen, ohne wie sie über Eigentum zu verfügen, Zugang zu höherer Bildung zu haben, überhaupt Rechtssubjekte zu sein: *so* erfuhren Frauen da auf einprägsame Weise ihre fest definierte, geschlechtsspezifische Wirklichkeit. Sehr wohl war das ihre »eigene Wirklichkeit«, denn *sie* ertrugen sie. Daß es in gewisser Hinsicht auch *nicht* ihre eigene war, weil aufgezwungen und nicht Produkt weiblicher Selbstbestimmung, stellte sich erst heraus, als sie aus den Fugen der Tradition ging, als die weibliche Arbeitskraft ebenso wie die männliche zur Massenware wurde und in den Sog der großindustriellen Kapitalbewegung geriet, die »nicht existieren« kann, »ohne die Produktionsinstrumente, also die Produktionsverhältnisse, also sämtliche gesellschaftlichen Verhältnisse fortwährend zu revolutionieren« und jene »ununterbrochene Erschütterung aller gesellschaftlichen Zustände, die ewige Unsicher-

104 A. a. O., S. 81
105 E. List, *Denkverhältnisse*, S. 31

heit und Bewegung«[106] in Gang setzt, die schon Marx und Engels diagnostizierten. Daß die Frau, die potentiell genauso Ware Arbeitskraft wie der Mann ist, damit über kurz oder lang auf allen Gebieten einem gnadenlosen Konkurrenzkampf ausgesetzt ist, wurde gezeigt. Im günstigsten Fall verliert sie dabei das Joch ihrer traditionellen Rolle, in jedem Fall aber den Rückhalt, den es ihr immerhin bot: die Sicherheit, mit Gebären, Kindererziehung, Hausarbeit die Bestimmung ihres Geschlechts zu erfüllen, als Frau identifiziert und geachtet zu sein und sich daher selbst als Frau identifizieren zu können. Wo diese Sicherheit schwindet, beginnt der Verlust einer weiblichen Wirklichkeit, die einerseits nie die eigene war und andererseits doch alles, was Frauen ihr eigen nennen konnten. Und nun erst hebt die Selbstsuche der Frauen an. Sie reagiert nicht aufs Patriarchat, sondern darauf, daß es aufhört: auf die Vergleichgültigung der Geschlechter. Solange der Gesellschaftsprozeß nach deren Pfeife tanzt, kann weibliche Selbstsuche nicht anders verlaufen als die Rettung der Männlichkeit des Geistes durch permanente Selbststeigerung: ergebnislos. Wie diese statt Selbstermannung Selbstentmannung des Geistes ergab, so ergibt jene statt weiblicher Selbstverwirklichung Selbstentwirklichung. Die Geschlechter ähneln sich einander an, und gerade diejenigen, die sich am heftigsten dagegen sträuben und für ihr Geschlecht eine »eigene Wirklichkeit« reklamieren, tragen kräftig dazu bei. Schon die Weiblichkeit, die Helene Lange aufs Programm setzte, war nicht die authentisch-selbstbestimmte, als die sie vorgestellt wurde, und wo ihre neuesten feministischen Versionen über das Stadium der Ankündigung, der Versicherung, daß sie existiere, im Entstehen sei oder dringend entwickelt werden müsse, auch nur irgend hinausragen, blicken allenthalben gute alte patriarchale Bekannte aus ihr hervor. Das Geschlecht schlägt in ihr um; was ihr eigenes zu sein schien, verdampft. Statt daß Frauen demonstrieren, was authentische Weiblichkeit ist, demonstriert ihnen das moderne Herrschaftsprinzip, wie es mit Weiblichkeit und Männlichkeit umspringt. Diejenigen, die es als patriarchal verkennen, läßt es dastehen als solche, die den unsichtbaren Chef nicht von den sichtbaren Bütteln zu unterscheiden vermögen, die den Sack schlagen und nicht einmal den Esel meinen, die sich noch so über die »Männerwelt« entrüsten

106 K. Marx/F. Engels, *Manifest der Kommunistischen Partei, MEW*, Bd. 4, Berlin 1977, S. 465

können und doch mit deren erdrückender Mehrheit einig darüber sind, vom Kapital als einer abstrakten und dennoch höchst realen, sich in sich selbst zurückschlingenden, zu ewigem Wachstum verdammten, subjektlosen Subjektivität beiderlei und keines Geschlechts geflissentlich abzusehen.

Es geht in der Frauenbewegung auch nicht anders als sonst in der modernen Welt: Täglich bringt sie etwas Neues und nichts, was unzweideutig nach geistigem Fortschritt aussieht. Darin wirkt das Vertrackte ihres Ursprungs nach. Es hat etwas von objektiv historischer Tragik, daß sie erst entstanden ist, als das Patriarchat aufhörte. Es ist ja nicht so, daß es vor dem 19. Jahrhundert keine Gründe für organisierten weiblichen Widerstand gegeben hätte, den heutige Feministinnen nicht von ungefähr so gern in die einst als Hexen Verfolgten zurückprojizieren. Männern steht es nicht an, mit der Frage »Warum habt ihr euch nicht eher und heftiger gewehrt?« von den Frauen auch noch Rechtfertigung für ihre Leiden zu verlangen. Aber wie eine Frau, und zwar eine für die Emanzipation ihres Geschlechts unmißverständlich engagierte, zu Anfang dieses Jahrhunderts von dieser Frage umgetrieben wurde, soll nicht verschwiegen werden. »Die Minderwertigkeit der Frau ist wirklich eine gar nicht mehr zu bestreitende Tatsache.« »Ein Beweis für die wenigen, die vielleicht noch daran zweifeln, genügt; hätten charaktervolle, sinnbegabte Menschen sich soziale Einrichtungen, Gesetze gefallen lassen, wie sie von Männern nach Männermaß zurechtgeschnitten wurden; hätten sie sich auch nur Schriften gefallen lassen, wie die von Möbius, Strindberg, Weininger, ohne mit einem Generalaufstand, einem Generalstreik, die Haltlosigkeit und Unlogik der dort aufgestellten Behauptungen zu erweisen?« »Alle Frauen, die jetzt einem Mann das Leben auspolstern, einem Vater, Bruder, Gatten oder Geliebten, hätten als Antwort mit einem Schlag die ›Arbeit niederlegen‹ sollen, hätten sie nicht gewußt, daß die Beschuldigungen wahr sind, treffend wahr. Die, die für einen Mann kochen, scheuern und putzen, damit sein Leben behaglich ist, die, die für einen Mann sich jede Freude versagen, damit er an des Lebens Sonnenseite wohnen kann, die, die seine Bequemlichkeit stützen, indem sie einem Mann dienen, als ›geheime‹ Buchhalterin, Sekretärin, die durch ihre Grazie und Bildung einen Salon bilden, in dem der Mann Besteller seiner Arbeit, Beklatscher seiner Kunst findet, und die, die durch ihre Schönheit oder sonstige Reize dem Manne dienen, sie alle wären aufgestanden und hätten gestreikt, wenn sie aufrechte, vernunftbegabte Wesen wären und nicht verkümmerte Sklavenseelen.«[107] Daß Frauen sich ihren Status allzulange gefallen ließen, daß ihr Aufbegehren von Anfang an von einem Zu spät und Zu wenig überschattet sein könnte, das ihm wie ein Fluch anhaftet: das haben schon damals nur die wenigsten zu sagen gewagt, und je offensichtlicher es wird, desto weniger hört man davon reden. Es ist in der Tat ein gewisses Zu spät, das die Frauenbewegung zu einem »Gegenstoß in sich selbst«[108] gemacht hat. Daß sie die Gleichberechtigung mit den Männern erst nachholen muß, wo doch für Männer und Frauen längst etwas anderes auf der Tagesordnung steht, daß ihr Kampf um Gleichstellung auch einer für die Vergleichgültigung ist, ihr Kampf gegen die Vergleichgültigung auch die Gleichstellung zu kurz kommen läßt: das ist die eigentliche Doppelbelastung der Frau (die von Beruf und Hausarbeit ist nur eine Erscheinungsform davon) – die paradoxe Konstellation, die vielleicht nicht minder tragische Verstrickung ist als jene, aus der einst das Patriarchat erwuchs. Wieder sind die Frauen die am meisten daran Leidenden und am wenigsten daran Schuldigen. Doch es ist auch *ihre* Konstellation, in die sie da geraten sind. Sie haben das Paradox nicht gemacht, aber es ist auch nicht ohne sie geworden, und was daraus wird, hängt auch von ihnen ab.

»Man muß der Menschheit so lange mit ›Paradoxen‹ auf den Schädel hämmern, bis sie merkt, daß es die einzigen Wahrheiten sind«[109]. Im Falle von Sexus und Geist allemal. Das Begreifen der wirklichen Doppelbelastung der Frauen, das rückhaltlose Bloßlegen der Paradoxie, die der freien Entfaltung des weiblichen Geschlechts entgegensteht: *das* ist die Bewährungsprobe des Geistes am weiblichen Geschlecht, die beide Geschlechter zu bestehen haben. Nur eine Menschheit, die reif ist für diese Paradoxie, ist reif, darüber hinauszukommen. Um sie zu begreifen, muß aber ihre Vorgeschichte begriffen werden, und die führt unweigerlich – bis in die Steinzeit zurück. Bei keinem Thema hat menschliche Frühgeschichte stärkere Fernwirkung auf die Gegenwart als bei Sexus und Geist. Man muß sich klarmachen, inwiefern das Patriarchat unbewältigtes Matriarchat ist, inwiefern der Kapitalismus aus dem Pa-

107 Harriet Straub, *Zerrissene Briefe*, Auswahl der Ausgabe von 1913, hg. v. L. Lütkehaus, Freiburg 1990, S. 68 f.
108 G. W. F. Hegel, *Wissenschaft der Logik* II, *Werke*, a. a. O., Bd. 6, S. 27
109 K. Kraus, *Die Fackel*, Nr. 237, 1907, S. 19

triarchat hinausgewachsen ist, sowohl die Indifferenz als auch die Quintessenz von Patriarchat und Matriarchat darstellt, sowohl subjektlos als auch Subjekt ist, kein Bewußtsein hat und dennoch die Figur der Reflexion beschreibt, sowohl mit Sexualität als auch mit Theologie vollgesogen ist und beide zu ökonomischen Sachzwängen neutralisiert hat – wenn man die Geschlechterkonstellation von heute ins rechte Licht rücken will. Deshalb hatte dies Buch keine andere Wahl, als beim archaischen Matriarchat anzufangen. Daß es dabei, gleichsam beiher, einen kleinen sporadischen Abriß des philosophischen Idealismus gegeben hat, liegt daran, daß dessen Entstehen mit dem Selbstverständnis des Geschlechts zutiefst verbunden ist und seine Geltung dort nicht aufhört, wo er nicht mehr in philosophischen Koryphäen daherkommt. In der Kapitalbewegung hat er auf geistlose und geisttötende Weise materielle Realität angenommen. Machte seine traditionelle patriarchale Form sich das Verhältnis von Geist und Natur auf fatale Weise am Verhältnis von Mann und Frau plausibel, so betreibt seine kapitalistische Form die Indifferenz von Geist und Natur und damit auch die Indifferenz der Geschlechter. Nur wo begriffen wird, was der Geschlechtlichkeit dabei widerfährt, reicht sie noch »bis in den Gipfel des Geistes hinauf«, und zwar so, wie sie vernünftigerweise einzig hinaufreichen kann: als Quelle der Inspiration, als aufgehobenes, über sich hinausgewachsenes Geschlecht, nicht unmittelbar als männlich oder weiblich.[110] Im Entwurf einer neuen Weiblichkeit hingegen, die nicht verhindern kann, nach Mann zu schmecken, weil der philosophische Idealismus sich unbegriffen in ihr fortsetzt, verrät sich nur die Impotenz eines Geistes, mit dessen Inspiriertheit durchs Geschlecht es nicht mehr weit her ist.

Was frei entfaltete Weiblichkeit ist, könnte sich erst im Zusammenhang mit frei entfalteter Männlichkeit herausstellen. In die Zwänge der bestehenden Gesellschaft sind beide Geschlechter in unterschiedlicher Weise verstrickt, aber sie können sich nur gemeinsam daraus befreien. So ist es nicht nur die verdammte Pflicht und Schuldigkeit der Männer, den Frauen beim Ausgang aus ihrer paradoxen Situation zu helfen und so für ein paar Jahrtausende Patriarchat ein wenig Buße zu leisten; es ist auch in ihrem eigenen Interesse. So hinterhältig das abstrakte Prinzip moderner Herrschaft, dieser Incubus-Succubus, das Geschlecht auch

110 S. o. Kap. 2, S. 105 ff.

umschlagen läßt und Männer und Frauen gegeneinander ausspielt – sein Tun begreifen ist der erste Schritt dazu, sich gegen ihn zusammenzuschließen. Und so könnte der gemeinsame Feind, wenn er nur endlich als solcher erkannt würde, eine Gemeinsamkeit zwischen den Geschlechtern in Gang setzen, zu der sie sich von sich aus nicht aufzuraffen vermochten. Er, der beide Geschlechter foppt, könnte von beiden gefoppt werden. Seine diabolische Kraft gegen ihn selbst kehren: das ist die einzige Perspektive, die er übrigläßt. Dazu ist notwendig, in ihm sein eigenes Gegenbild wahrzunehmen. Der geschlechtslose Androgyn, der die bestehende Gesellschaft in Bewegung hält, ein Geschlecht ins andere umschlagen läßt und beiden ihre Identität raubt, ist die diabolisch verzerrte Form dessen, was bei den Kirchenvätern *communicatio idiomatum* hieß: wechselseitige Mitteilung der Eigenarten, die beiden Seiten ihre volle Identität erst durch den Einklang mit der anderen gibt. In der Theologie war dieser Ausdruck auf die beiden Naturen Christi gemünzt. Aber wie, wenn er unversehens und durchaus gegen seine Intention auf den Begriff brächte, was der einzig vernünftige Zustand zwischen den Geschlechtern wäre? Der nämlich impliziert, daß beide, je auf ihre Weise, je nach Fähigkeit und Bedürfnis sowohl Geist als auch Sinnlichkeit ineinanderspielen lassen, und die Bedingung dafür hat ausgerechnet der moderne Androgyn geschaffen, indem er die alte patriarchale Gleichung Geist = männlich, Natur = weiblich obsolet gemacht hat. Damit ist communicatio idiomatum zwischen den Geschlechtern überhaupt erst möglich geworden. Wieviel jemals von ihr wirklich wird, steht dahin. Allerdings könnte sie ein beträchtliches Stück weit herauswachsen aus dem gemeinsamen Kampf gegen das, was sie gegenwärtig übermächtig verhindert. Aber dazu müßte wenigstens klar sein, worin die Übermacht besteht. Wo ihr nicht einmal geistig auf den Grund und Nerv gegangen wird, triumphiert sie ungebrochen.

Philosophie

Jean Le Rond D'Alembert
Einleitung zur 'Enzyklopädie'
Herausgegeben und mit einem Essay von Günther Mensching
Band 6580

Jean Le Rond D'Alembert
Denis Diderot u.a.
Enzyklopädie
Eine Auswahl
Herausgegeben von Günther Berger. Band 6584

Francis Bacon
Weisheit der Alten
Herausgegeben und mit einem Essay von Philipp Rippel. Band 6588

Seyla Benhabib
Kritik, Norm und Utopie
Die normativen Grundlagen der Kritischen Theorie
Band 10723

Ernst Cassirer,
Jean Starobinski,
Robert Darnton
Drei Vorschläge, Rousseau zu lesen
Band 6569

René Descartes
Ausgewählte Schriften
Herausgegeben von Ivo Frenzel. Band 6549

Denis Diderot
Über die Natur
Herausgegeben und mit einem Essay von Jochen Köhler
Band 6583

Hans-Georg Gadamer (Hg.)
Philosophisches Lesebuch
3 Bände: 6576/6577/6578

Jens Heise
Traumdiskurse
Die Träume der Philosophie und die Psychologie des Traums. Band 6585

Thomas Hobbes
Behemoth oder Das Lange Parlament
Herausgegeben und mit einem Essay von Herfried Münkler. Band 10038

Max Horkheimer
Gesellschaft im Übergang
Aufsätze, Reden und Vorträge 1942–1970. Herausgegeben von Werner Brede. Band 6545

Sozialphilosophische Studien
Aufsätze, Reden und Vorträge 1930–1972. Herausgegeben von Werner Brede. Band 6540

Zur Kritik der instrumentellen Vernunft
Band 7355

Fischer Taschenbuch Verlag

fi 69/9a

Fischer Wissenschaft

Eine Auswahl

Michail M. Bachtin
Formen der Zeit im Roman
Untersuchungen zur historischen Poetik
Band 7418

Ernst Cassirer
Der Mythus des Staates
Band 7351

Ernst Robert Curtius
Kritische Essays zur europäischen Literatur
Band 7350

Robert Darnton
Literaten im Untergrund
Lesen, Schreiben und Publizieren im vorrevolutionären Frankreich
Band 7412

Mary Douglas
Ritual, Tabu und Körpersymbolik
Sozialanthropologische Studien in Industriegesellschaft und Stammeskultur
Band 7365

Heidrun Hesse
Vernunft und Selbstbehauptung
Band 7343

Max Horkheimer
Zur Kritik der instrumentellen Vernunft
Band 7355

Martin Jay
Dialektische Phantasie
Band 6546

Fischer Taschenbuch Verlag

fi 406 / 8 a

Fischer Wissenschaft
Eine Auswahl

Alfred Lorenzer
Das Konzil der Buchhalter
Die Zerstörung der Sinnlichkeit
Eine Religionsgeschichte
Band 7340

Bronislaw Malinowski
Magie, Wissenschaft und Religion / Und andere Schriften
Band 7335

Das Denken des Marquis de Sade
Mit Beiträgen von Roland Barthes, Hubert Damisch, Pierre Klossowski, Philippe Sollers, Michel Tort
Band 7413

Sergio Moravia
Beobachtende Vernunft
Philosophie und Anthropologie in der Aufklärung
Band 7410

Herfried Münkler
Machiavelli
Die Begründung des politischen Denkens der Neuzeit aus der Krise der Republik Florenz
Band 7342

Jean Piaget
Biologie und Erkenntnis
Über die Beziehungen zwischen organischen Regulationen und kognitiven Prozessen
Band 7333

Marthe Robert
Das Alte im Neuen
Von Don Quichotte zu Franz Kafka
Band 7346

Viktor Šklovskij
Theorie der Prosa
Band 7339

Jean Starobinski
Montaigne
Denken und Existenz
Band 7411